ココミル
cocomiru

四国

水鏡になった瞬間のレア絶景！
父母ヶ浜(P44)

写真提供：三豊市観光交流課

自然が織りなす神秘の風景、
巧みの技が光る造形、アート。
奇跡の瞬間を追いかけて、
四国をぐるりとめぐりましょう。

個性派４県、自然美あふれる 四国の絶景に心躍る旅へ

左：海辺を走る観光列車・伊予灘ものがたり(P57)／右上：大正浪漫漂う洋館・萬翠荘(P59)／右下：アートにひたる・道後温泉別館 飛鳥乃湯泉(P53)

ほうきでジャンプ！道の駅 小豆島オリーブ公園(P31)

天空のブランコ遊び、雲辺寺山頂公園（P44）

誰と行く？恋人の聖地・
エンジェルロード(P30)

香川

見ているだけじゃ物足りない。
写真を撮って、絶景の一部になるのはいかが？

歴史が息づくレトロな町のあちこちに、
あざやかな色彩が溶け込んでいます。

愛媛

華やかな装飾が連なる
町並み、内子町(P62)

瀬戸内の島々をつなぐ、しまなみ海道(P64)

睡蓮が花咲く水の庭「モネの庭」(P102)

雲に手が届きそうな、四国カルスト 天狗高原(P103)

沈下橋めぐりも
楽しい清流、
四万十川(P88)

高知

奇跡のブルーに感動、
にこ淵(P102)

美しすぎる風景が目の前に広がる。
神秘の世界に、言葉を失うかもしれません。

船が宙に浮いてるような、柏島(折込裏)

目もくらむような断崖の秘境、祖谷渓(P115)

高さも造りも
迫力満点、祖谷の
かずら橋(P115)

徳島

目の前に広がる昔話の世界。
落合集落(P117)

ダイナミックな自然美に感動必至！
世界中の名画も必見です。

名画大集合！圧巻の
大塚国際美術館(P112)

上から見る?船から見る?鳴門のうず潮(P110)

四国へ旅する前に知っておきたいこと

ひと口に四国といっても各県の魅力はさまざま。
それらを余すことなく楽しむために、
見どころや移動手段の予習をしておきましょう。

四国ってどんなところ?

本州と3つの橋でつながる 海・山・川と自然豊かな場所

香川・愛媛・高知・徳島の4県から成る、ぐるりと海に囲まれた四国。本州とは3つの橋でつながり、それぞれの橋とその付近は観光地として賑わっています。四国八十八ヵ所でも知られ、お参りするお遍路さんの姿は風物詩です。

広島の尾道と愛媛の今治を結ぶ
しまなみ海道(来島海峡大橋)

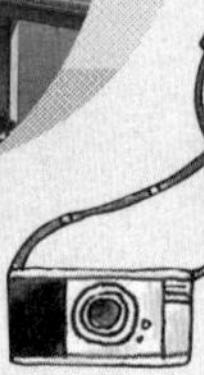

紅葉に色づく
奥祖谷の二重
かずら橋

見ているだけでも
心が躍る阿波おどり

おすすめシーズンはいつ?

お目当てのスポットの ベストシーズンを事前にチェック

しまなみ海道(☞P64)や四万十川(☞P88)で、海や川の魅力を満喫するなら春から夏がおすすめ。祖谷渓(☞P114)は見事な紅葉を見せる秋が人気です。高知のよさこい祭り(☞P106)と徳島の阿波おどり(☞P120)はお盆前後に開催されるので、一緒に楽しむこともできます。

移動はどうするの?

四国内の移動は時間がかかるので車がおすすめ

効率的に四国内を巡るなら、何といっても車が便利。JR主要駅や空港のそばにはレンタカーがあるので利用しましょう。公共交通機関を利用する場合、主要都市間の移動にはJRか高速バスを利用します。発車時刻や乗り継ぎなど下調べをして、計画的に移動しましょう。

爽快なシーサイドドライブが楽しめるしまなみ海道(多々羅大橋)

風情あふれる四万十川

観光にどのくらいかかる?

4県を欲張りに楽しむなら最低2泊3日は必要です

せっかく四国に行くなら4県の異なる魅力を満喫したいけれど、各県の主要都市間の移動には2～4時間ほどかかります。それらの移動の時間も含めると、最低2泊3日のプランを立てましょう。1泊2日なら1～2県にスポットを絞ったプランを立てるのがおすすめです。

絶対に見逃せないスポットは?

世界に誇るみどころがバラエティ豊かに点在します

自然を満喫するなら世界三大潮流のひとつ鳴門のうず潮(☞P110)や、日本最後の清流・四万十川(☞P88)。歴史や芸術にふれるなら日本屈指の古湯・道後温泉(☞P52)や、世界に誇るアートの島・直島(☞P32)、一生に一度は参りたいといわれるこんぴらさん(☞P22)へ。

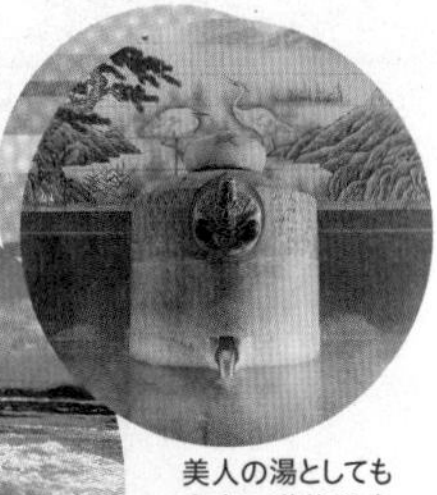

美人の湯としても名高い道後温泉本館

春と秋の大潮時が特に大きい鳴門のうず潮

四国で話題のアートって?

島の自然とアートの融合が魅力、ゆったりと芸術鑑賞を

瀬戸内海に浮かぶ島々では、3年に一度開催される瀬戸内国際芸術祭をきっかけに、アート活動がますます盛んに。島アートの代表格、直島・豊島・犬島（☞P32〜35）や、しまなみ海道の美術館（☞P65）など四国は現代アートの宝庫です。

建築ファン必見の今治市伊東豊雄建築ミュージアム（☞P65）

さぬきうどんの店巡りをするのも人気（☞P36）

高知に行ったら必食のカツオのたたき（☞P96）

ぜひ味わいたいのは?

さぬきうどんだけじゃない！鯛やカツオにご当地グルメ

四国といえば香川のさぬきうどん（☞P36）が有名ですが、愛媛の鯛そうめん（☞P69）、高知のカツオのたたき（☞P96）、徳島ラーメン（☞P124）など各県の名物グルメも必食です。ここでしか味わえないご当地グルメ（☞P40・68・90・126）もぜひ味わってみて。

愛媛の鯛そうめんは見た目も華やか（☞P69）

おみやげは何がいい？

現代風にアレンジされた工芸品やかわいいお菓子が人気

昔ながらの伝統工芸品や和菓子も、最近お洒落に変化しつつあります。長年引き継がれた伝統の技に、現代の感性をプラスした雑貨は自分用にも買いたいほど。香川（☞P42）、愛媛（☞P70）、高知（☞P100）、徳島（☞P130）のおみやげをぜひチェックして。

徳島・小男鹿本舗 冨士屋 本店（☞P129）の銘菓

香川の名物・和三盆のお菓子（☞P42）

木製のバッグ monacca（☞P101）

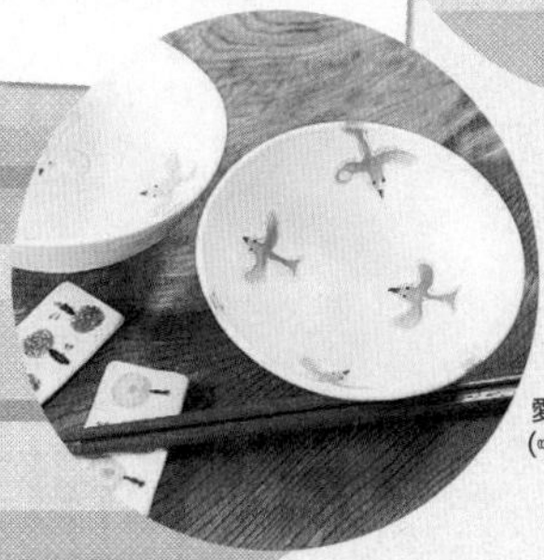

愛媛の砥部焼（☞P61）は有名

道後温泉にある宿・別邸 朧月夜（☞P74）

温泉に入れる宿泊地は？

道後温泉に大歩危祖谷温泉 etc.のんびりリラックスしましょう

愛媛の道後温泉は言わずと知れた天下の名湯（☞P74）。道後温泉から松山タウンの中心地まで路面電車で10分なので観光やショッピングも手軽に楽しめます。ほかにも、徳島の秘境の湯・祖谷温泉（☞P133）、香川のこんぴら温泉郷（☞P47）なども人気の温泉地です。

四国って こんなところ

海・山・川に、温泉ありと、個性豊かな四県が集まる四国。みどころ観光から雄大な自然、人気グルメなど、楽しみがいっぱいです。

各主要都市へのアクセスは いろいろあって便利

四国へは、JR・飛行機・フェリーなど公共交通機関のほか、瀬戸大橋をはじめとした3つの橋を渡って本州から車で向かうこともできます。初日に向かう場所までの便利なアクセスを選んで、じっくりプランを練りましょう。

四国内ではプランにあった 移動手段をチョイスして

限られた時間で効率よく四国を回るなら、車での移動がベスト。レンタカーや観光タクシーなどを上手に利用しましょう。各主要都市付近の観光地巡りがメインなら、電車やバスも便利です。主要都市から離れたスポットは便数が少ない場合もありますので、事前に発着時刻の確認などをして、予定を組んでおくのがおすすめです。

山道の多い四国 ドライブにはゆとりをもって

四国は中央を東西に貫く四国山地があるため国道には山道、高速道路にはトンネルが多くあります。山間部では国道とはいえ道幅の狭いところもあるので、時間にゆとりをもったドライブをしましょう。温暖な四国ですが積雪することもありますので、冬の寒い日には道路状況の確認も忘れずに。

▼保存修理工事中も入浴可。道後温泉本館の霊の湯

ここをチェック

道後温泉☞P52
松山タウン☞P58
砥部焼☞P60
内子☞P62
しまなみ海道☞P64
愛媛グルメ☞P68

2 愛媛

…P49

日本最古級の温泉として知られる松山の道後温泉は年齢を問わず人気。しまなみ海道の玄関口・今治はタオルやB級グルメも話題。むかし町・内子もおすすめです。

▲悠々と流れる四万十川に架かる沈下橋

しまなみ海道（西瀬戸自動車道）

尾道と今治を結び、サイクリングができることでも人気が高い。

来島海峡大橋は四国側最初の橋

瀬戸大橋
（瀬戸中央自動車道）

倉敷と坂出を結ぶ、本州と四国をつないだ最初の橋。下段を鉄道が走る。

穏やかな瀬戸内の景色に溶け込む瀬戸大橋

▲「一生に一度はこんぴら参り」の金刀比羅宮

1 香川

・・・P19

日本一小さな県で、「うどん県」として名を馳せるさぬきうどんの地。瀬戸内の島々での島アートやこんぴらさんは、ぜひ一度は訪れてみたい人気のスポットです。

ここをチェック

こんぴらさん☞P22
高松タウン☞P26
小豆島☞P30
直島☞P32
豊島・犬島☞P34・35
さぬきうどん☞P36

神戸淡路鳴門自動車道
（明石海峡大橋&大鳴門橋）

淡路島経由で神戸と鳴門を結ぶ、関西以東からの入口。

大鳴門橋の下には鳴門のうず潮が

ここをチェック

鳴門☞P110
大塚国際美術館☞P112
祖谷渓☞P114
脇町☞P118
阿波おどり☞P120
徳島タウン☞P122

4 徳島

・・・P107

パワフルな阿波おどりが有名な徳島。世界三大潮流のひとつに数えられる鳴門のうず潮や、秘境祖谷など、大自然の織りなす絶景も見逃せません。

3 高知

・・・P77

太平洋側に東西に広がる高知。清流・四万十川や足摺岬、室戸岬などのダイナミックな自然は圧倒的。カツオのたたきや黒潮が育んだグルメも存分に堪能しましょう。

ここをチェック

桂浜☞P82
高知タウン☞P86
四万十川☞P88
足摺岬☞P92
室戸岬☞P94
カツオ料理☞P96

▲阿波おどりの時期は街が熱気に包まれる

2泊3日、とっておきの四国の旅

4県巡り ゴールデンコース

1日目

9:00 高松駅

出発ー！

香川

まずはうどん県・香川から出発。四国4県の移動は車が便利。レンタカーを借りて出発！

9:30 さぬきうどん

讃岐富士周辺にあるさぬきうどんの店へ。立ち寄るお店は事前に下調べを(☞P38)

11:30 こんぴらさん

四国のパワースポット

一生に一度は参りたいといわれる金刀比羅宮（☞P22）で参拝

途中、境内中腹にあるカフェ&レストラン 神椿(☞P23)でひと休み&ランチ

門前町（☞P24）でおみやげ探し。琴平町を車で出発し、約2時間で愛媛県へ

16:00 道後温泉本館

疲れを癒やそう

愛媛

松山道後に到着したら、日本最古級の温泉・道後温泉本館(☞P52)でほっとひと息

17:00 道後ぎやまんガラスミュージアム

和ガラスの輝きにうっとり。ライトアップされた庭もムード満点(☞P55)

18:00 道後温泉別館 飛鳥乃湯泉

温泉はもちろん、愛媛の伝統工芸と最先端アートも楽しもう(☞P53)

18:45 道後ハイカラ通り

道後温泉本館前から道後温泉駅まで続く通り（☞P54）で湯上がりさんぽを満喫

20:00 道後の宿

初日の夜は、道後温泉周辺に立ち並ぶ温泉宿（☞P74）にチェックイン

おやすみ…

2日目

おはよう！

10:40 高知へ到着

道後を8時に出発し、約2時間で三志像が建つ高知駅に到着。駐車場に車を停めて町歩きへ

11:00 ひろめ市場

高知

高知のうまいもんが揃う巨大な屋台村（☞P86）で、高知観光の前に腹ごしらえ

海あり、山あり、温泉あり、みどころいっぱいの四国。
ご当地グルメから観光名所まで、4県の人気スポットを巡る、
四国一周のドライブ旅に出かけましょう。

ヒーリング効果たっぷり

12:30 高知県立牧野植物園

五台山頂上付近にある話題の植物園へ。四季折々の花が咲き誇る空間を散策(☞P84)

絶景ぜよ〜

14:30 桂浜

桂浜そばにある坂本龍馬像(☞P82)前で、記念撮影。桂浜 海のテラスに立ち寄ろう！

浜辺にある桂浜水族館(☞P83)でしかできない、ふれあい体験が盛りだくさん

18:00 土佐 せれくとしょっぷ てんこす

高知全域の個性豊かなみやげ物が勢揃いするなかで、イイもの探し(☞P100)

おやすみ…　**3日目**　おはよう！

19:00 高知市内宿泊

高知市内の宿(☞P104)にチェックイン。レンタカーなら少し郊外の宿でもOK

11:00 徳島・鳴門へ到着

高知をレンタカーで出発し、約2時間15分で徳島の鳴門市内へ到着

ダイナミックなうず潮に圧倒！

11:15 鳴門公園

観潮船や「大鳴門橋遊歩道渦の道」から、スケールの大きなうず潮を見学(☞P110)

千畳敷展望台にあるうづ乃家(☞P111)で、鳴門の幸満載の鯛丼に舌鼓

大塚国際美術館(☞P112)で、陶板により忠実に再現された名画を鑑賞

踊る阿呆に見る阿呆♪

16:30 阿波おどり会館

全国的に有名な阿波おどりの祭りの熱気を体感しよう(☞P121)

1階のあるでよ徳島(☞P130)で、豊富なアイテムからおみやげをセレクト

到着ー！

18:30 徳島駅

レンタカーを返却。帰りの電車まで時間があれば、徳島ラーメン(☞P124)を食べよう

せっかく来たんですもの

もう1日プラスしてひと足延ばしてみませんか？

四国最南端エリアの足摺岬と柏島

絶景ドライブが最高な足摺岬(☞P92)、船の影が海底にくっきり映る奇跡のような光景を求めて多くの人が訪れる柏島(☞折込裏)でのんびり。

ロケ地としても人気の小豆島

映画『魔女の宅急便』や『八日目の蟬』のロケ地になった小豆島でフォトジェニックな旅を。オリーブや醤油などの島名物もチェック(☞P30)。

～ しまなみ海道＆小豆島ドライブ　2泊3日の島巡り旅 ～

1日目

9:00 松山駅

出発ー！

駅近くでレンタカーを借りよう。海沿いを走り、しまなみ海道まで約1時間30分

11:00 しまなみ海道

しまなみ海道（☞P64）で、絶景と合わせて島のグルメやアートも満喫

名物グルメで晩ごはん

18:00 今治焼き鳥

今治へ行き、名物・今治焼き鳥（☞P67）に舌鼓。まずは、鉄板で挟んで焼く皮を注文！

おやすみ…

20:00 道後の宿

松山に戻ったら、道後温泉周辺の宿（☞P74）で、ドライブの疲れを癒やそう

2日目

おはよう！

8:00 道後を出発

道後温泉から高速道路を使って香川・高松へ向かおう。高松市内までは約3時間

11:00 さぬきうどん巡り

さぬきうどんの店（☞P36）をハシゴしよう。営業時間は事前にチェック

どれにしようか迷っちゃう

15:00 まちのシューレ963

高松丸亀町商店街へ。讃岐のいいものを扱う人気の雑貨店（☞P28）でショッピング

17:40 高松港

高松港から国際両備フェリーで小豆島・池田港へ。約1時間の船旅を楽しもう

おやすみ…

19:00 小豆島の宿

島の恵みが味わえる「醤油会席」が評判の宿・島宿真里（☞P46）にチェックイン

3日目

おはよう！

9:00 小豆島

エンジェルロード（☞P30）など、島の風景やグルメを巡る癒やしのドライブへ

16:00 小豆島を出発

土庄港なら16：30発、池田港なら16：25発のフェリーで高松港へ

到着ー！

18:00 高松駅

高松駅へ到着。時間があれば、骨付鳥（☞P40）を味わうのもおすすめ

島や昔町＆絶景を巡る　テーマ別2泊3日の旅

目的別コース

瀬戸内海の島々の穏やかな風景。
歴史を刻む昔町や、秘境といわれるスポット。
四国をディープに楽しむプランはいかが？

～ 昔町＆絶景ドライブ 2泊3日のしっとり大人旅 ～

1日目

出発ー!

8:30 徳島駅

徳島

駅近くでレンタカーを借りたら、高速道路を使って脇町を目指そう

9:10 脇町うだつの町並み

藍屋敷が掲げた「うだつ」が特徴的な昔町（☞P118）をおさんぽしよう

町並みのそばにある、脇町劇場 オデオン座（☞P118）は昭和レトロな雰囲気

お昼ごはん

12:00 祖谷

脇町から祖谷へは車で約1時間20分。ランチ祖谷そば（☞P116）などの郷土料理を

ユラユラ揺れる～

祖谷川に架かる、スリル満点の祖谷のかずら橋（☞P115）を渡ってみよう

18:00 祖谷温泉の宿

秘境ならではの絶景を楽しめる温泉宿（☞133）にチェックイン。疲れを癒やそう

おやすみ…

2日目

おはよう！

8:00 祖谷を出発

高知・四万十川へ。河口付近までは約210kmなので、ゆとりをもって向かおう

12:00 四万十川

高知

まずは四万十の幸に舌鼓（☞P90）。それから上流目指して川沿いドライブへ

悠々と蛇行する四万十川（☞P88）。ノスタルジックな日本の原風景に心がなごむ

のんびり川遊び♪

舟母（☞P89）などの観光遊覧船やカヌーなど、アクティビティを楽しもう

18:00 梼原の宿

雲の上のホテル別館マルシェ・ユスハラ（☞P105）にチェックイン。

おやすみ…

3日目

おはよう！

9:00 梼原を出発

国道197号を経由して、愛媛・内子町へ。山道ドライブなので気を付けて

10:30 内子

愛媛

歴史ある建物が数多く残る町並み（☞P62）を、カメラ片手に散策しよう

木蠟商の屋敷を改装した蕎麦つみ草料理下芳我邸（☞P63）でお昼ごはん

趣ある建物

大正時代の芝居小屋・内子座（☞P62）に立ち寄って、館内も見学してみよう

到着ー!

17:00 松山駅

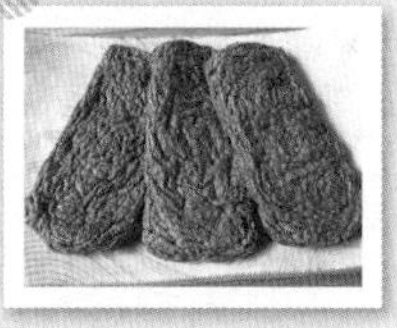

時間があれば、松山駅構内でじゃこ天など愛媛みやげをチェックしてみて

ココミル
cocomiru

四国

Contents

●表紙写真
さぬきうどん（P36）、ナカノヤ琴平の嫁入りおいりソフト（P25）、一福百菓・清光堂のまるごとみかん大福（P66）、すこし屋松田窯の器（P61）、しまなみ海道（P64）、道の駅小豆島オリーブ公園（P31）、父母ヶ浜（P44、写真提供：三豊市観光交通課）、鳴門のうず潮（P110）、高知県立牧野植物園のみどりの塔（P84）

〈マーク〉
観光みどころ・寺社
プレイスポット
レストラン・食事処
居酒屋・BAR
カフェ・喫茶
みやげ店・ショップ
宿泊施設

〈DATAマーク〉
☎ 電話番号
住 住所
¥ 料金
開館・営業時間
休 休み
交 交通
P 駐車場
室 室数
MAP 地図位置

道後温泉別館 飛鳥乃湯泉で湯上がりに一服
(☞P53)

伝統が息づく砥部焼のくらわんか湯呑み
(☞P60)

四万十川の沈下橋は暮らしの知恵の
結晶(☞P88)

龍馬像が見下ろす桂浜
(☞P82)

カツオのたたきの豪快なわら焼き
シーンが見られるひろめ市場
(☞P86)

大塚国際美術館で世界のアート巡り
(☞P112)

鳴門鯛を丸ごと炊きあげた絶品鯛めし
(☞P126)

ダイナミックにうず巻く鳴門のうず潮
(☞P110)

島アートからうどん、こんぴらさんまで、四国の入口・香川から旅を始めましょう

なだらかな讃岐富士・飯野山と田園風景、
素朴なうどん店や歴史情緒満点のこんぴらさん。
島々には風景に溶け込むモダンなアート作品の数々。
香川は四国への旅のプロローグにぴったりです。

785段の階段を上ってこんぴら参り
(☞P22)

さぬきうどんの
ハシゴも楽しい
(☞P38)

讃岐富士ともいわれる飯野山（☞P38）

草間彌生「赤かぼちゃ」2006年 直島・宮浦港緑地

これしよう!

島アート探訪

高松沖に浮かぶ直島、豊島、犬島、女木島、男木島に点在する作品を巡る、アートな島旅。(☞P32)

これしよう!

小豆島ドライブ

オリーブ栽培で知られるリゾートアイランド・小豆島の風景美と島グルメを堪能!(☞P30)

これしよう!

さぬきうどん巡り

人気の絶えないさぬきうどん巡り。本家本元で、まずは味わってみよう。(☞P38)

これしよう!

高松タウン散策

お洒落なショップが集う高松丸亀町商店街などで、お気に入りの逸品を。(☞P26)

これしよう!

こんぴら参り

一生に一度は行きたいこんぴら参り。賑やかな参道のそぞろ歩きも楽しい。(☞P22)

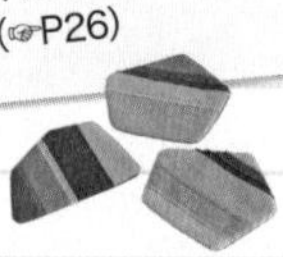

香川《かがわ》

こんなところ

四国の玄関口・香川は、日本で一番小さい県ながら、見どころ満載。さぬきうどん抜きでは語れない「うどん県」としても有名です。スタイリッシュに生まれ変わった高松の商店街をはじめ、歴史と信仰の町・琴平、アート巡りで人気の直島、オリーブ畑が広がる小豆島など、街・山・海の魅力がコンパクトに詰まっています。

観光の前に情報集め

JR高松駅内の香川・高松ツーリストインフォメーションでは高松やその周辺の観光パンフレットが揃っています。
☎087-826-0170 🕘9～20時 休無休
※2023年度中に移設予定あり

問合せ
高松市観光交流課 ☎087-839-2416
香川県観光振興課 ☎087-832-3361
香川県観光協会 ☎087-832-3377

～香川　はやわかりMAP～

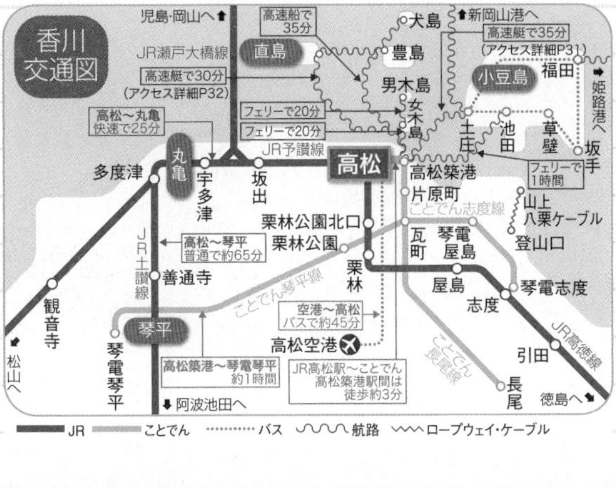

旅のアドバイス

・ことでん全線（琴平線、長尾線、志度線）を一日中自由に乗り降りできる「ことでん1日フリーきっぷ」1250円（2023年5月変更予定）がお得。
・小豆島観光は、小豆島オリーブバスの路線バス全線が1日乗り降り自由の「小豆島フリー乗車券」1000円が便利です。2日券は1500円。
・高松タウンではレンタサイクルもおすすめ。高松駅付近など市内7カ所にポートがあり24時間200円。スマホアプリを使えばどこに返してもOK。
・観光列車「四国まんなか千年ものがたり」は香川・多度津駅～徳島・大歩危駅間を走り、四国の山あいや渓谷美を車窓から楽しめます。運転日・最新の情報は公式Webサイト（☞P57）を要確認。

アクセスのアドバイス

・高松港から小豆島及び直島へは、フェリーと高速艇が出ています。豊島へは高松港から高速艇が就航、直島経由便もあります。
・こんぴらへは、ことでん高松築港駅から琴平線、または、JR高松駅から予讃線と土讃線乗り継ぎで行くことができます。
・高松タウンは、市街地を周遊する「レインボー循環バス」が便利です。西廻りと東廻りがあり、ほぼ25分毎に運行。
・うどん巡りには、車がおすすめ。空港やJRの主要駅そばにあるレンタカーやタクシーを利用して効率的に回りましょう。

四国を代表するパワースポット・こんぴらさんへお参り

御本宮まで
所要時間
約50分

讃岐のこんぴらさんと親しまれる金刀比羅宮《ことひらぐう》は、「一生に一度は行きたい」といわれる四国随一のパワースポット。785段の石段を登りきって参拝しましょう。

金刀比羅宮《ことひらぐう》

アートスポットも満載！一生に一度は訪れたい文化の社

海上の安全、五穀豊穣などを祈願して、年間約400万人の参拝者が訪れる金刀比羅宮は、讃岐随一の大社。その長さで知られる石段は、御本宮まで785段続く。参道にある美術館や博物館、文化財などを見ながら参拝しよう。☎0877-75-2121(金刀比羅宮社務所) 住仲多度郡琴平町892-1 ¥参拝無料（一部有料施設あり）営境内自由(有料施設は8時30分～17時) 休無休 交JR高松駅から予讃線で50分の琴平駅下車、大門まで徒歩30分 P町営駅前駐車場利用172台(有料) MAP P150B3

最後の石段で御本宮をバックに記念撮影

check point

こんぴらさんの豆知識

●成り立ちと歴史●

琴平山はかつては麓まで海が入り込み、碇泊所があったという。祭神・大物主神はここで国を治めたといわれ、"海の神様"と親しまれている。

●参拝&登り方のコツ●

長い石段を上るため、老若男女問わず杖が必須。参道沿いには貸し杖を無料で用意している店もあるので、利用しよう。

START JR琴平駅

徒歩約30分

365段目にある大門（おおもん）が境内の入り口

365段

五人百姓《ごにんびゃくしょう》

素朴でやさしい味わいの飴はこんぴら参りの定番みやげ

金刀比羅宮境内で唯一営業が許された、大門を入ってすぐの場所にある5軒の飴屋。五人百姓と呼ばれ、白い傘の下で名物の加美代（かみよ）飴を販売している。加美代飴は柚子が香るべっこう飴で5枚入り500円～。

☎0877-75-3694（代表 池商店） 営7～16時(季節・天候により変動あり) 休無休 Pなし

加美代飴は試食も可

徒歩約2分

400段

1

宝物館《ほうもつかん》

多くの重要文化財が展示される明治生まれの博物館

400段を上った場所にある、明治38年（1905）に建てられた日本最初期の博物館。膨大な数の奉納品を展示しており、特に「三十六歌仙額」がズラリと並ぶ光景は圧巻のひと言。常設展のほか特別展も開催している。

¥入館800円 営8時30分～17時 休無休

徒歩約1分

431段

高橋由一館《たかはしゆいちかん》

1

金刀比羅宮ゆかりの画家高橋由一の油絵を鑑賞しよう

明治期に活躍した「日本洋画の開拓者」「幕末明治の巨人」と称される高橋由一による、油絵27点を常設展示。由一によって金刀比羅宮に奉納された『二見ヶ浦図』や『貝図』など、貴重な作品群を見ることができる。

¥入館800円 営8時30分～17時 休無休

2

1 重要文化財である十一面観音立像が展示されている 2 建物は石造り。近代建築としても価値が高い

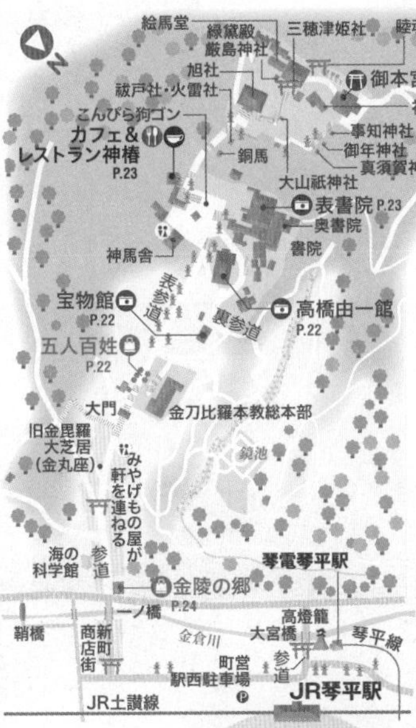

御本宮からさらに奥へ

御本宮からさらに奥へ進むと、923段目に白峰神社、全1368段を上りきった場所には奥社とも呼ばれる厳魂（いずたま）神社が鎮座している。ご利益と美しい眺望を求めて最後まで上ろう！

白峰神社

奥社

御本宮から奥社まで
徒歩約30～40分

お守りをGET！

黄色に輝く「幸福の黄色いお守り」と「ミニこんぴら狗」のセット1500円は、御本宮神札授与所で巫女さんが授与。

◀愛らしいこんぴら狗の根付けはおみやげにも◎

1 拝殿の格天井には蒔絵が施されている
2 讃岐平野や瀬戸大橋、瀬戸内海まで見渡せる

御本宮《ごほんぐう》 2

美しい讃岐の景色に癒され、御本宮でしっかりと参拝を

785段の石段を上りきれば、ついに御本宮に到着！ 社殿は明治11年（1878）に改築された檜皮葺の大社関棟（たいしゃせきむね）造となっている。本宮前の広場からの眺望も美しい。

GOAL 785段

徒歩約15分

御本宮は目の前！ 最後は急な石段が続く…

1 美しく描かれた桜に春の喜びを感じる「桜花図」
2 境内にある美術館。企画展の開催も

500段

カフェ&レストラン《かふぇあんどれすとらん》 神椿《かみつばき》

金刀比羅宮の一角に佇むカフェで参拝途中にほっとひと息

琴平山の自然を眺めて過ごせる1階のカフェは、セルフサービスで気軽に利用可能。地下1階のレストランは、地産地消のコースが味わえる。

1 人気の神椿パフェ1230円などのスイーツも
2 エントランスの巨大な椿の陶版画も見事

☎0877-73-0202
●カフェ 🕒10～17時 休無休 ●レストラン
🕒11時30分～15時 休火曜 P25台

徒歩約1分

徒歩
約1分

477段

表書院の下の広場にある、こんぴら狗のゴン

表書院《おもてしょいん》

かつての応接の場に描かれた円山応挙の代表作を間近で

万治年間（1658-61）の建築と伝えられる、かつての客殿。入母屋造、檜皮葺の建物は内部に描かれた90面にも及ぶ円山応挙の障壁画とともに、国の重要文化財に指定。特に表書院の代名詞ともなっている、『水呑みの虎』は必見。

¥拝観800円 🕒8時30分～17時 休無休

1 5室が応挙の作品に囲まれ、見ごたえたっぷり
2 入母屋造、檜皮葺の建物にも注目してみよう

伊藤若冲の『百花図』などの名品がある奥書院は通常非公開で、今後の公開時期については未定。

見て買って食べて門前町をのんびりさんぽ

見学所要 約90分

金刀比羅宮の門前町には、みやげ物やスイーツ屋さんをはじめ、旅館を改装した飲食店などが参道までズラリと連なっています。のんびり散策を楽しみましょう。

START JR琴平駅

徒歩9分

1 金陵の郷《きんりょうのさと》

昔ながらの酒造りにふれながら香川の銘酒をおみやげに

寛政元年（1789）創業の老舗で、金刀比羅宮の御神酒にも採用される銘酒「金陵」などを販売。大楠がそびえる中庭「くすのき広場」（無料開放）はおすすめの休憩スポットで、酒蔵を利用した資料館も併設。

☎0877-73-4133 住琴平町623 ¥入館無料 ⏰9時～16時30分（土・日曜、祝日は～17時30分）休無休 交JR琴平駅から徒歩9分 Pなし MAP P25

酒造りの歴史や工程を紹介する資料館

1 女性に人気のゆず酒500mℓ 1711円 2 金陵の郷だけで販売されている楠神原酒720mℓ 2305円

金刀比羅宮参道入口に位置する白壁の酒蔵

徒歩3分

2 アカボシ珈琲店《あかぼしこーひーてん》

表参道階段の脇にあるカフェでコーヒー&手作りカヌレを

こんぴら参りの階段1段目のそばにある立ち寄りやすいカフェ。焙煎にこだわったコーヒーなどが味わえる。香川の和三盆を使ったカヌレはおみやげとしても人気。

☎0877-89-1830 住琴平町820-1 ⏰10～17時 休水曜 交JR琴平駅から徒歩12分 P10台 MAP P25

1 晴れの日はオープンテラスが心地いい 2 高知産柚子ソーダ540円、深煎りドリップ珈琲のアイスカフェショコラ630円

上品な甘さと香りのカヌレはSサイズ1個120円～

役者の家紋が描かれた顔見世提灯が吊られる

年に一度！
四国こんぴら歌舞伎
大芝居

全国に熱いファンを持つ、春に旧金毘羅大芝居で行われる歌舞伎公演。公演前日には役者を乗せた人力車で町を回る「お練り」が行われ、約500本の幟りと見物客で賑わう。☎0877-75-6714（四国こんぴら歌舞伎大芝居事務局）

ブドウ棚と呼ばれる天井からは雪や紙吹雪が降ることも

5 旧金毘羅大芝居（金丸座）《きゅうこんぴらおおしばい（かなまるざ）》

現存する日本最古の芝居小屋で歌舞伎のいろはを学ぼう

天保6年（1835）築の芝居小屋。現存する日本最古のものといわれ、国の重要文化財にも指定されている。公演時以外は舞台や奈落などの舞台裏を見学することもできる。

☎0877-73-3846 住琴平町1241 ¥入館500円 ⏰9～17時 休無休（公演時は見学不可）※公演は毎年春に開催。日程は要問合せ。☎0877-75-6714(四国こんぴら歌舞伎大芝居事務局) 交JR琴平駅から徒歩20分 Pなし MAP P25

徒歩9分

6 琴平文具店《ことひらぶんぐてん》

kotonote1089円～
表紙や中紙、留め具を自由に選んで自分好みに

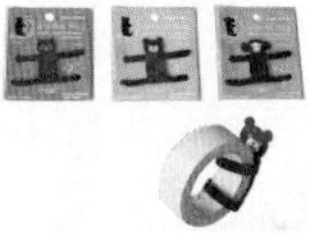

Animal Hug各528円
マスキングテープ用のテープカッター

パーツを選んで自分だけのノートを作ろう

参道へと続く商店街にある文具店。使うたびにうれしくなる商品が揃い、自分だけのオリジナルノートなどここでしか買えないものも多い。

☎0877-58-8188 住琴平町183 ⏰13～17時（土・日曜は11時～） 休火・水曜 交JR琴平駅から徒歩4分 P1台 MAP P25

徒歩4分

GOAL JR琴平駅

徒歩5分

4 灸まん本舗石段や《きゅうまんほんぽいしだんや》

参拝疲れも癒される甘いお灸をすえてはいかが？

参道のなかでも有数の老舗、石段や。こんぴらみやげの定番、灸まん1個90円～は、かつて店が旅籠だった時代にお灸のサービスをしたことにちなんだ商品。

☎0877-75-3220 住琴平町798 ⏰8時～17時30分 休無休 交JR琴平駅から徒歩10分 Pなし MAP P25

1 喫茶では珈琲500円（灸まん付き）などを用意

徒歩すぐ

徒歩すぐ

3 ナカノヤ琴平《なかのやことひら》

丸くてかわいいおいりを散らしたこんぴら名物の幸せソフトを

1階はみやげ物店、2階は手打ちうどんの学校を開催。多彩に揃うソフトクリームのなかでも人気の嫁入りおいりソフトは、西讃の伝統菓子・おいりをカラフルにトッピングした逸品。

嫁入りおいりソフト350円

☎0877-75-0001 住琴平町796 ⏰9～18時 休無休 交JR琴平駅から徒歩10分 P50台 MAP P25

ナカノヤ琴平のほかにも、さまざまなご当地ソフトクリームを販売しているお店がある。ぜひいろいろ食べて比べてみて。

所要6時間

お気に入りの手仕事を探して 高松名所と高松丸亀町商店街へ

四国の玄関口・高松タウン。名園・栗林公園を歩き、おしゃれに進化する商店街や人気のセレクトショップで、モダンな手仕事の逸品を探してみましょう。

START!
ことでん高松築港駅

琴平線で8分、栗林公園駅下車、徒歩7分

1 特別名勝《とくべつめいしょう》 栗林公園《りつりんこうえん》

100年以上かけて造られた名園

国の特別名勝で、江戸時代初期に造られた回遊式大名庭園。紫雲山を背景に6つの池と13の築山を配した様は「一歩一景」といわれる美しさ。

☎087-833-7411 住高松市栗林町1-20-16 ¥410円 時7～17時（季節により変動あり）休無休 交ことでん高松築港駅から琴平線で8分、栗林公園駅下車、徒歩7分 P62台（25分100円）MAP折込表イC3

▲築山「飛来峰」から見る偃月橋《えんげつきょう》と掬月亭《きくげってい》は一番のみどころ

▲数寄屋風書院造の掬月亭

▶掬月亭のお抹茶700円（9時～16時30分）で一服

▲讃岐の工芸品や特産品がズラリと並ぶかがわ物産館栗林庵

▲販売も行われている讃岐かがり手まり各5500円～

▶ハート型の「恋ツツジ」は人気の撮影スポット

栗林公園北門から徒歩10分

2 竹清《ちくせい》

行列のできるセルフ店

揚げたての半熟玉子天が評判の店。釜からあげたてのコシの強い麺に、イリコが香るだしを自分でかけるセルフスタイルが楽しい。

☎087-834-7296 住高松市亀岡町2-23 時10時45分～14時30分 休日・月曜 交ことでん高松築港駅からことでんバスで10分、八本松下車、徒歩2分 P7台 MAP折込表イB2

▲うどん200円+天ぷら2個240円

◀行列は人気の証

バス停八本松からショッピング・レインボー循環バス（☞P21）東廻りで11分、高松築港下車、徒歩10分

4 高松丸亀町商店街《たかまつまるがめまちしょうてんがい》

時代に先駆けた再生で注目の街

全長2.7km、日本一の長さといわれている高松の商店街。なかでも丸亀町は壱番街から参番街がスタイリッシュに生まれ変わった。ホテルも備えた丸亀町グリーンにも注目(☞P35)。

☎087-823-0001 住高松市丸亀町 ◷休店舗により異なる 交ことでん高松築港駅から琴平線で2分、片原町駅下車、徒歩5分 P丸亀町町営駐車場3カ所800台 MAP折込表イC1

徒歩2分

▼イサム・ノグチや武満徹が通った老舗喫茶

喫茶城の眼《きっさしろのめ》

1962年創業。香川を代表する建築家山本忠《やまもとただ》司《し》の設計、外観は彫刻家の空充秋《そらみつあき》と巨匠たちがコラボした名喫茶。重さ3tの石のスピーカーから流れる音楽は秋山邦晴《あきやまくにはる》のセレクト。建築家前川國男《まえかわくにお》の壁面試作も残る。自家製チーズケーキ450円(希少糖入り)とともに鑑賞したい。

☎087-851-8447 住高松市紺屋町2-4 ◷9～18時 休日・祝日 交ことでん片原町駅から徒歩5分 Pなし MAP付録表イC2

徒歩2分

▶手まりストラップ 2200円

▼オリジナル木のフレーム

5 まちのシューレ963《まちのしゅーれきゅうろくさん》

シンプルで上質なライフスタイルを提案

長く愛せる器や上質なステーショナリー、シンプルなデザインのキッチン用品などに出会えるショップ。小豆島の井上誠耕園のオリーブオイルほか、地元食材も扱う。

詳しくはP28へ

◀クリスタルドームは丸亀町商店街のシンボル

©スタジオハーツ撮影

徒歩2分

▼漆塗りのすべり台など木製の遊具が豊富、カフェやショップも併設(☞P43)

6 讃岐おもちゃ美術館《さぬきおもちゃびじゅつかん》

遊びながら讃岐の文化に触れる

おもちゃを通して讃岐の文化や伝統工芸に触れられる体験型施設。ものづくりのワークショップなども開催。

☎087-884-7171 住高松市大工町8-1 ¥入館大人900円、子ども700円 ◷10～16時 休木曜(祝日の場合は翌日) 交ことでん片原町駅から徒歩5分 P丸亀町くるりん駐車場利用(有料) MAP折込表イC2

徒歩15分

3 北浜alley《きたはまありー》

ノスタルジックな倉庫街

高松港に面した倉庫群をお洒落に再生したエリア。潮風を感じながら、古いトタン板や木の梁を活かした雑貨店に立ち寄り、海が見えるカフェでのんびりしよう。

住高松市北浜町3-2 ◷休店舗により異なる 交ことでん高松築港駅から徒歩10分 P有料42台 MAP折込表イC1

▼Elementはインテリア、キッチン雑貨、アクセサリーなど感動すら覚える商品がずらり。
☎087-887-0944
◷11～18時 休不定休

▲umieは海が見える居心地のいいカフェ
☎087-811-7455 ◷曜日により異なる 休水曜(祝日の場合は営業)

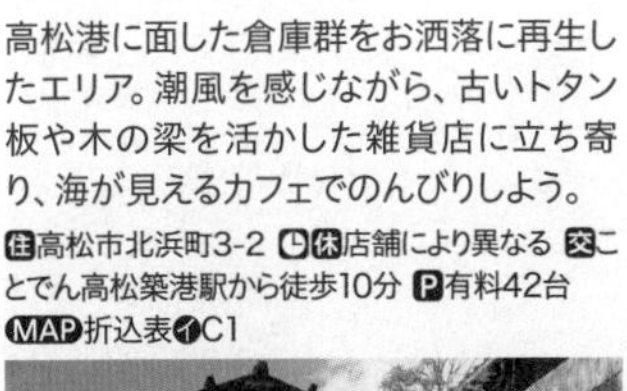
▲レンガ広場ではマルシェやイベントも開催

徒歩11分

GOAL!
ことでん高松築港駅

高松駅と市街地を結ぶ「まちなかループバス」も40分毎に運行。1乗車150円。

食品や雑貨のいいものが集まる まちのシューレ963でお買いもの

香川のおいしいものや生活雑貨、民芸品など質のいいものが揃う店でおみやげ選びはいかがですか。居心地のいいカフェもおすすめです。

▲高松丸亀町商店街にある

香川のおいしいオススメはコレ!

◀乾麺の手打ちさぬきうどん281円(2食入)は香川みやげにぴったり

▶キュートな香川伝統の嫁入り菓子、筒入おいり420円は上品な甘さ

◀こだわりのシューレオリジナルティー目覚めのお茶・おやすみ前のお茶各1620円

スイーツもおいしいよ♥

まちのシューレ963《まちのしゅーれきゅうろくさん》

何時間でも過ごせそうな衣食住のショップ&カフェ

店内は食と道具、生活雑貨、「手仕事」などのコーナーに分かれ、香川の食材や長く愛せる上質な雑貨、讃岐ゆかりの伝統工芸品などに出合える。ギャラリーや居心地のいいカフェも併設。

☎087-800-7888 住高松市丸亀町13-3高松丸亀町参番街東館2F 🕒11～19時（カフェは11時30分～18時、金～日曜は～20時30分）休第3月曜（祝日の場合は変更あり）交ことでん片原町駅から徒歩6分 P丸亀町町営駐車場利用 MAP折込表イC2

食と道具

香川や四国のものを中心に、農薬や添加物に配慮した、安全でおいしい食材をセレクト

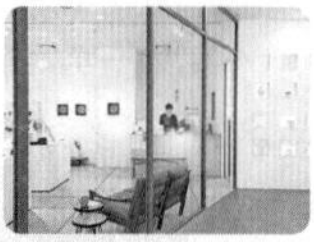

ギャラリー schule

作家を招いた企画展やお茶会などを開催する

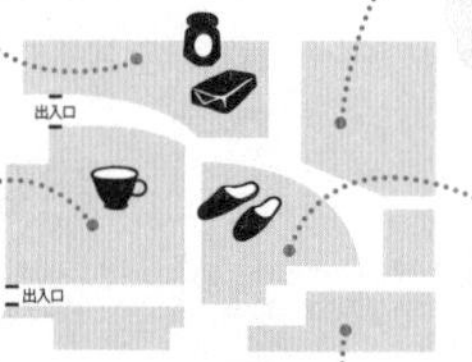

Café963

シューレのランチ1700円 数に限りがあるので、お取り置き予約が確実！ ※席の予約は不可

▲布作家さとうゆき・うみのかけらコースター1540円

手仕事/民芸

高松張子や讃岐かがり手まりなど、讃岐ゆかりの伝統工芸をはじめ、各地の民芸品が並ぶ

生活雑貨

衣類やうつわ、台所道具、文具など上質なものが揃う

四国の水景がテーマの水族館でうつくしい水中の世界を体感！

見学所要 90分

宇多津町の海沿いにある「四国水族館」。SNSで話題のアートのように美しい水槽を眺めながら、四国の水景を旅しましょう。

◀ダイナミックな綿津見の景

ココ見て！ SPOT 1

渦潮の景《うずしおのけい》

鳴門海峡のうずしおを下からのぞくような感覚が味わえる、館内屈指の映えスポット。

ココ見て！ SPOT 2

神無月の景《かんなづきのけい》

約4.5mの天窓からアカシュモクザメの群れを見上げる水槽。幻想的な眺めにうっとり。

ココ見て！ SPOT 3

海豚プール《いるかぷーる》

瀬戸内海を背景にした屋外プール。毎日開催されるイルカプレイングタイムは必見！

©四国水族館

四国水族館《しこくすいぞくかん》

四国の水景を再現した映える水槽が話題の水族館

鳴門のうず潮や高知県沖の黒潮など、四国の水景をテーマに約400種の生きものを飼育展示。見せ方にこだわった水槽で四国の海や川の中を体感できる。フィーディングタイムなどのイベント情報は公式Webサイトで事前確認を。

☎0877-49-4590 住宇多津町浜一番丁4 営9～18時（ゴールデンウィーク・夏期は営業延長あり）休無休（冬期メンテナンス休館あり）交JR宇多津駅から徒歩12分 P近隣有料駐車場利用 MAP P150B2

Check! 生きものモチーフおみやげ&グルメ

ミュージアムショップ

四国水族館オリジナル商品をはじめ、人気者のグッズが勢揃い。

キッチンせとうち

2階にある瀬戸内海を一望するレストラン。香川のご当地グルメも揃う。

シュモクザメ和三盆
1000円
シュモクザメの形をしたさぬき和三盆はおみやげにぴったり

しゅこくんぬいぐるみ
3600円
宣伝隊長・しゅこくんのぬいぐるみ。友達のエイくん付

カワウソワッフル
850円
今にもイタズラをしそうなカワウソがキュート。数量限定

島の恵みをいただきます！小豆島魅力いっぱいドライブ

所要時間 約8時間

新鮮な海・山の幸をはじめ、醤油やオリーブ、そうめんなど、小豆島はおいしい食材の宝庫。特産品がたっぷりと使われた島グルメや定番スポットを巡る、欲張りドライブにGO！

START! 土庄港

車で5分

エンジェルロード《えんじぇるろーど》

幸せのチャンスは1日2回！

1日2回、干潮前後3時間のみ現れる砂の道。「手をつないで歩くと天使が願いを叶えてくれる」といわれている。

☎0879-62-2801（エンジェルロード売店）住土庄町甲24-92 ¥🕒休見学自由 交土庄港から小豆島オリーブバス福田港行きで6分、国際ホテル下車、徒歩4分 P41台 MAP P31

干潮の時間帯は土庄町商工観光課のWebサイトなどで事前に確認を

車で15分

▲棚田のおにぎり定食1800円。おかずも豊富

こまめ食堂《こまめしょくどう》

◀元精米所の納屋を改装。千枚田に囲まれ眺めも抜群！

新米おにぎりを頬張りながら島の自然を満喫

絶品のおにぎりは、棚田でとれた新米を、上流から湧き出る"湯船の名水"で炊く。手作りパンで作るオリーブ牛ハンバーガー800円もおすすめ。

☎080-2984-9391 住小豆島町中山1512-2 🕒11～14時LO 休火・木曜 交池田港から小豆島オリーブバス土庄港行きで11分、春日神社下車すぐ P20台 MAP P31

車で17分

▲香川特産のオリーブ牛をハンバーガーで

立ち寄りスポット

二十四の瞳映画村《にじゅうしのひとみえいがむら》

映画『二十四の瞳』ロケセットを改築した日本映画と文学のテーマパーク。邦画ギャラリーや木造校舎などフォトジェニックな場所が目白押し。 ☎0879-82-2455 住小豆島町田浦甲931 ¥入村890円 🕒9～17時 休無休 交池田港から小豆島オリーブバス映画村行きで50分、終点下車すぐ P150台 MAP P31

レストラン 忠左衛門《れすとらん ちゅうざえもん》

オリーブと柑橘の農家・井上誠耕園直営レストラン。パスタ1100円～やランチセット4000円～などで、良質なオリーブオイルと島の食材を堪能できる。オリーブ製品を販売するショップ（🕒9～17時 休無休）も併設。 ☎0879-75-1188 住小豆島町蒲生甲61-4 🕒10時30分～15時30分 休火・水曜 交池田港から徒歩10分 P70台 MAP P31

小豆島《しょうどしま》

豊かな自然に
恵まれた
リゾート島

問合せ ☎0879-82-1775(小豆島観光協会)
●島へのアクセス 高松港から土庄港までは小豆島フェリーで1時間(1日15便)、高速艇で35分(1日16便)。池田港までは国際両備フェリーで1時間(1日11便) ●島内の巡り方 島内を走る小豆島オリーブバス(☎0879-62-0171)は、ハイシーズンは寒霞渓への急行バスも運行。効率よく回るなら各港そばでレンタカー(マリンレンタカー☎0879-61-1277など)を。島内は広く坂道も多いので、レンタサイクル(土庄港観光センター☎0879-62-1666など)はコンパクトな観光向け。 MAP 折込裏G1

マルキン醤油記念館《まるきんしょうゆきねんかん》

名物ソフトクリームも必食!醤油造りの工程を学べる記念館

小豆島産の醤油「マルキン醤油」の記念館。大正初期の工場を改装した館内に、圧搾機や仕込み樽などを展示している。

☎0879-82-0047 住小豆島町苗羽甲1850 ¥入館400円 ⏲9~16時(季節により変動) 休不定休、年末年始 交池田港から小豆島オリーブバス坂手東行きで26分、丸金前下車すぐ P20台 MAP P31

▼醤油の製造工程をわかりやすく学べる

◀木桶仕込みの生醤油使用のしょうゆソフトクリーム300円

車で4分

フォレスト酒蔵 MORIKUNIギャラリー《ふぉれすとさけぐらもりくにぎゃらりー》

古い民家の和モダンな空間でオリジナルのメニューを

島唯一の酒蔵が営むカフェバー&ギャラリー。杜氏のまかない飯1200円などが人気で、製造工程などを紹介する展示コーナー、ショップもある。

☎0879-61-2077 住小豆島町馬木甲1010-1 ⏲11~17時(売店は9時~) 休木曜(祝日の場合は営業) 交池田港から小豆島オリーブバス坂手東行きで24分、馬木下車、徒歩3分 P20台 MAP P31

4種の利き酒セット3135円はおみやげに◎▼

▲建物は築70年の佃煮工場をリノベーション

車で12分

道の駅 小豆島オリーブ公園《みちのえき しょうどしまおりーぶこうえん》

オリーブの魅力あふれる施設や体験コーナーがいっぱいの道の駅

世界各国のオリーブ約20種を栽培する園内に、実写版映画『魔女の宅急便』のロケセットなど各種施設が揃う。

☎0879-82-2200 住小豆島町西村甲1941-1 ¥入園無料 ⏲入園自由(オリーブ記念館は8時30分~17時、サン・オリーブ温泉は14~20時) 休無休(サン・オリーブ温泉は水曜) 交池田港から小豆島オリーブバス坂手東行きで12分、オリーブ公園口下車、徒歩5分 P200台 MAP P31

▲無料レンタルのほうきを使って記念撮影

車で25分

GOAL! 土庄港

創作料理野の花《そうさくりょうりののか》

地元食材をたっぷり使った、ひしお膳・オリーブ牛のローストビーフ2000円などが人気。要事前予約。

☎0879-75-2424 住小豆島町室生892-1 ⏲ランチ11時30分~14時30分LO(カフェ~15時30分LO)、ディナー18時30分~21時30分 休火~木曜、不定休 交池田港から小豆島オリーブバス坂手東行きで8分、赤坂下車、徒歩3分 P10台 MAP P31

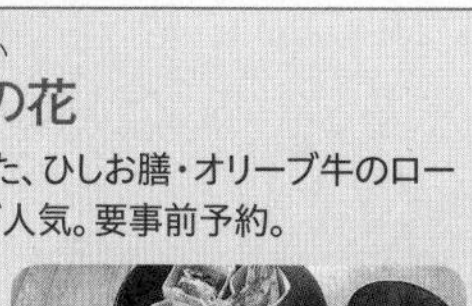

i's Life イズライフ《いずらいふ》

オリーブオイルソムリエであるオーナーが手がける、小豆島産100%の自社ブランドオイルを販売。とくにグリーンレモンオリーブオイル1620円は逸品。 ☎0879-62-9377 住土庄町上庄1956-1 ⏲10~17時 休月曜(祝日の場合は翌日) 交土庄港から小豆島オリーブバス西浦線東廻りで11分、合同庁舎前下車、徒歩3分 P5台 MAP P31

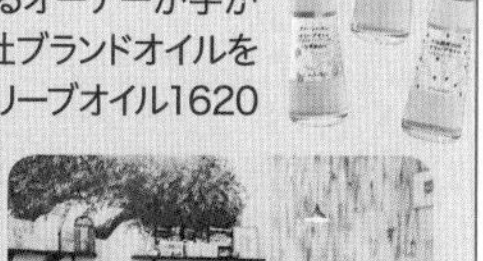

粕汁など酒粕を使用したメニューにはアルコールが含まれます。飲酒運転となる場合もありますので、運転する場合は控えましょう。

現代アートの聖地・直島で 美術館&アート作品を巡ろう

島の生活風景に溶け込む家プロジェクトの作品をはじめ、直島には島内のあちこちにアート作品がいっぱい。丸一日アート三昧しましょう。

地中美術館《ちちゅうびじゅつかん》

設計は世界的建築家・安藤忠雄
写真：藤塚光政▶

光を取り込む地中の美術館で 建築とアートのコラボを堪能

建物のほとんどを地中に埋設した美術館。館内ではクロード・モネをはじめ3名のアーティストの作品を恒久設置する。※予約（オンラインチケット）制

☎087-892-3755 住直島町3449-1 ¥鑑賞料2100円 ◷10～18時（10～2月は～17時） 休月曜（祝日の場合は翌日）、メンテナンス休館あり ※詳細はHPにて 交宮浦港から町営バスつつじ荘方面行きで12分、終点下車。つつじ荘から無料シャトルバスで11分、地中美術館前下車すぐ P60台 MAP P32

▲天井からの自然光のみで鑑賞。ウォルター・デ・マリア『タイム/タイムレス/ノー・タイム』2004年　写真：Michael Kellough

赤かぼちゃ《あかかぼちゃ》

草間彌生「赤かぼちゃ」
2006年 直島・宮浦港緑地▼

直島のキュートなシンボル

宮浦港でひと際目立つ、真っ赤なかぼちゃ。草間彌生作品の象徴である水玉で彩られた作品で、草間は「太陽の『赤い光』を宇宙の果てまで探してきて、それは直島の海の中で赤カボチャに変身してしまった」と詩の一部で語る。

☎087-892-2299（直島町観光協会）住直島町宮浦2249-40 交宮浦港からすぐ ¥◷休鑑賞自由 P宮浦港駐車場を利用（10台、1時間以内は無料で利用可） MAP P32

家プロジェクト《いえぷろじぇくと》

町の風景・日常と溶け合う 古い家屋や神社のアート作品

本村地区の古い家屋や神社を改修し、アーティストが家の空間そのものを作品化したプロジェクト。島の伝統や文化、美意識などを盛り込んだ作品が7軒で展開されている。

▲『角屋』　写真：上野則宏

☎087-892-3223（ベネッセハウス）¥共通チケット1050円（「きんざ」は要予約。別途520円）、ワンサイトチケット420円 ◷10時～16時30分 休月曜（祝日の場合は翌日）交宮浦港から町営バスつつじ荘方面行きで6分、農協前下車、各作品へ徒歩5～10分 MAP P32

直島《なおしま》

現代アートの聖地で アート三昧の一日を

問合せ 直島町観光協会 ☎087-892-2299 ●島へのアクセス 高松港から宮浦港まで四国汽船フェリーで50分、高速艇で30分。高松港から直島港まで豊島フェリー高速艇で30分。つつじ荘までは地中美術館のアクセス参照 ●島内の巡り方 町営路線バス（☎087-892-2299 直島町観光協会）やレンタサイクル（1日400円～。海の駅「なおしま」付近に3店あり）などを利用。MAP 折込裏F1

※美術施設館内は写真撮影不可

李禹煥美術館《りうふぁんびじゅつかん》

安藤建築とコラボする
現代アートの雄の作品

安藤忠雄設計の半地下構造の館内には、李禹煥の70年代から現在までの作品を展示している。

☎087-892-3754（福武財団）住直島町宇倉浦1390 ¥鑑賞料1050円 時10～18時(10～2月は～17時) 休月曜（祝日の場合は翌日）交つつじ荘から無料シャトルバスで6分、李禹煥美術館前下車すぐ Pなし MAP P32

▲ 李禹煥『関係項-沈黙』(2010)
写真：山本糾

▲ひときわ目を引くカラフルな外観　写真：渡邉修

直島銭湯《なおしませんとう》「I♥湯《あいらゔゆ》」

お風呂に入りながら、
アートを楽しむ

アーティスト・大竹伸朗が手掛ける、実際に入浴のできる美術施設。トイレの陶器などの細部にまでアートが盛り込まれている。

☎087-892-2626（NPO法人直島町観光協会）住直島町2252-2 ¥鑑賞（入浴料）660円 時13～21時 休月曜（祝日の場合は翌日）、その他メンテナンス休館あり 交宮浦港から徒歩2分 Pなし MAP P32

▲ベネッセハウス　写真：山本糾

ベネッセハウス《べねっせはうす》

美術館とホテルの複合施設で
泊まってアートを満喫しよう

美術館と宿泊施設、レストランやカフェなどが一体になった施設。「自然・建築・アートの共生」をテーマに建物は自然に溶け込むように設計され、屋外にも作品が設置されている。

☎087-892-3223 住直島町琴弾地 ¥鑑賞料1300円 時8～21時 休無休 交宮浦港から町営バスつつじ荘方面行きで12分、終点下車。つつじ荘から無料シャトルバスで5分、ベネッセハウス ミュージアム下下車すぐ Pあり（宿泊者のみ利用可）MAP P32

▲「南瓜」草間彌生 2022年
©YAYOI KUSAMA　写真：山本糾

ANDO MUSEUM《あんどう みゅーじあむ》

安藤忠雄の建築要素が凝縮、
建物と空間そのものがアート

安藤忠雄設計のコンクリート空間が、築約100年の木造民家に新しい命を息吹かせている美術館。

☎087-892-3754(福武財団) 住直島町736-2 ¥520円 時10時～16時30分 休月曜（祝日の場合は翌日）交宮浦港から町営バスつつじ荘方面行で6分、農協前下車、徒歩5分 MAP P32

▲館内では安藤忠雄の建築手法や直島での取り組みを紹介
写真：山本糾

瀬戸内《せとうち》「　　　」資料館《しりょうかん》／宮浦ギャラリー六区《みやうらぎゃらりーろっく》

アーティスト・下道基行が、
住民や専門家と協働しながら進めるプロジェクト

直島を中心とする瀬戸内海地域の景観・風土・民俗・歴史などについて調べ、展示・発表。かつての建物を改修して使用している建築も見どころ。

☎087-892-3754（福武財団）住直島町2310-77 ¥時休企画により異なる 交宮浦港から徒歩5分 MAP P32

▲写真：山本糾

島とアートに癒やされる のんびり訪ねたい瀬戸内の島々

豊島、犬島、男木島、女木島など、瀬戸内海にはアートな島が大集合！
島の風景も楽しみつつ、点在する作品をのんびり巡りましょう。

▲内藤礼『母型』2010年 写真：森川昇
◀海辺の棚田の一角に立つ建物。外観は水滴のような形をしている 写真：森川昇

豊島美術館《てしまびじゅつかん》

建築・アート・環境が一体化 棚田に溶け込む美術館

美しい棚田風景に佇む美術館。アーティスト・内藤礼と建築家・西沢立衛によるもので、館内でも周囲の音や風、光などを感じられる造りとなっている。※予約（オンラインチケット）制

☎0879-68-3555 住土庄町豊島唐櫃607 ¥1570円 ◷3月1日～10月31日は10～17時、11月1日～2月末日は10～16時 休火曜、12～2月の火～木曜（祝日の場合は翌日）、メンテナンス休館あり 交家浦港から町営バスで15分、豊島美術館前下車、徒歩2分／唐櫃港から徒歩15分 Pなし MAP P34

あなたの最初の色（私の頭の中の解[ソリューション]-私の胃の中の溶液[ソリューション]）《あなたのさいしょのいろ(わたしのあたまのなかのそりゅーしょん-わたしのいのなかのそりゅーしょん)》

ピンクの光で見る者を幸福にする 映像インスタレーションを鑑賞

ピピロッティ・リストの作品。古民家の土蔵を利用した空間では、スクリーンに風景やチューリップなどがモチーフとなったカラフルな映像が映し出される。

☎087-813-0853（瀬戸内国際芸術祭実行委員会事務局）住土庄町豊島唐櫃岡1061 ¥◷休詳細はART SETOUCHI公式Webサイトで要事前確認 交家浦港から町営バスで11分、清水前下車、徒歩3分 Pなし MAP P34

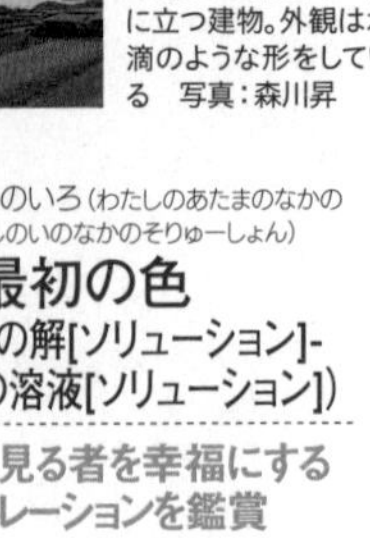

▶カラフルな映像が映された円が、まるで空中に浮かんでいるよう Photo：Osamu Nakamura

▲『心臓音のアーカイブ』 写真：久家靖秀

心臓音のアーカイブ《しんぞうおんのあーかいぶ》

世界中の人々の心臓音を集めた 生と死をテーマにした美術館

生と死をテーマに作品を展開するクリスチャン・ボルタンスキー。世界中の人々の心臓音が聴ける部屋や心臓音に合わせて電球が明滅する部屋、自分の心臓音を採録する作品（別途1570円）がある。

☎0879-68-3555 住土庄町豊島唐櫃2801-1 ¥520円 ◷10～17時(11～2月は～16時) 休火曜、12～2月の火～木曜（祝日の場合は翌日） 交家浦港から町営バスで17分、唐櫃港下車、徒歩15分 Pなし MAP P34

豊島《てしま》

再生された棚田風景とアートのコラボを満喫！

問合せ 豊島観光協会 ☎0879-68-3135 ●島へのアクセス 高松港から家浦港まで豊島フェリー高速艇で35分 ●島内の巡り方 豊島シャトルバス（☎0879-62-7014土庄町企画財政課）やレンタカー（☎090-7897-8660レンタカーあき）、土庄町電動レンタサイクル（☎0879-68-3135豊島観光協会）などを利用。
MAP 折込裏G1

ココでひとやすみ

島キッチン《しまきっちん》

安部良が設計を手掛けたレストラン。「食とアート」で人々をつなぐプロジェクト。島のお母さんが腕をふるう。

☎0879-68-3771 住土庄町豊島唐櫃1061 ◷11～16時 休火～金曜 詳細は島キッチン公式サイトで要事前確認 交家浦港から町営バスで11分、清水前下車、徒歩3分 Pなし MAP P34

安部良「島キッチン」 Photo：Osamu Nakamura

※美術施設の館内は写真撮影不可。ただし撮影可能なものもあるのでスタッフに要確認

犬島《いぬじま》

周囲3.6kmの小さな島はぶらぶら歩きが楽しい

問合せ 岡山市観光振興課 ☎086-803-1332 ●島へのアクセス 高松港からは豊島(☞P34)を経由。豊島家浦港から犬島港まで四国汽船高速艇で25分 ●島内の巡り方 徒歩で回るのがおすすめ。MAP 折込裏G1

▶犬島精錬所美術館
写真：阿野太一

犬島精錬所美術館《いぬじませいれんしょびじゅつかん》

**近代化産業遺構と美術館
環境にも配慮した施設**

かつての犬島製錬所を保存・再生した美術館。作家・三島由紀夫をモチーフにした柳幸典《やなぎゆきのり》の作品と三分一博志《さんぶいちひろし》が手掛けた建築のコラボレーション。犬島「家プロジェクト」や犬島 くらしの植物園もぜひ。

☎086-947-1112 住岡山市東区犬島327-4 ¥2100円(15歳以下は無料、犬島「家プロジェクト」と共通) ◷9時～16時30分、チケットセンターは9～17時 休火曜、12～2月の全日(祝日の場合は翌日)、メンテナンス休館あり 交犬島港から徒歩すぐ Pなし MAP P35上図

ココでひとやすみ

犬島チケットセンターカフェ《いぬじまちけっとせんたーかふぇ》

美術施設鑑賞チケットを販売する、犬島チケットセンター内のカフェ。海を望む店内で、食事やスイーツが楽しめる。

☎086-947-1112 住岡山市東区犬島327-4 ◷9時～16時30分LO 休犬島精錬所美術館に準ずる 交犬島港から徒歩すぐ Pなし MAP P35上図

写真：井上嘉和

女木島《めぎじま》 男木島《おぎじま》

鬼ヶ島伝説の女木島と、迷路のような男木島は島情緒たっぷり

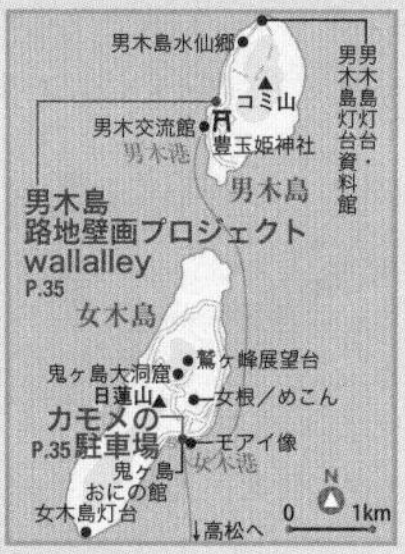

問合せ 高松市観光交流課 ☎087-839-2416 ●島へのアクセス 高松港から女木港まで雌雄島海運フェリーで20分、女木港経由で男木港まで40分 ●島内の巡り方 女木島、男木島ともに徒歩で回る。女木島にはレンタサイクル(☎087-873-0728鬼ヶ島おにの館)あり。電動自転車1日1500円、8時30分～17時。MAP 折込裏G1

カモメの駐車場《かもめのちゅうしゃじょう》

**風と共に佇むカモメの群れが
港の景色に彩りを添える**

女木港そばの防波堤にズラリと並んだ約300羽のカモメのオブジェ。風が吹くと一斉に向きを変え、目には見えない風の動きを感じさせるきっかけを作る。2010年の瀬戸内国際芸術祭スタート時からの継続展示。

☎087-813-0853(瀬戸内国際芸術祭実行委員会事務局) 住高松市女木町 ◷鑑賞自由 交女木港から徒歩すぐ Pなし MAP P35下図

▲木村崇人『カモメの駐車場』。瀬戸内海の青に映えるカモメはフォトスポットとしても人気

男木島《おぎじま》 路地壁画プロジェクト wallalley《ろじへきがぷろじぇくと うぉーるあれい》

**細い路地を彩る壁画アートを
散策ついでに楽しみたい**

民家の外壁に設置した眞壁陸二《まかべりくじ》の壁画作品で、断片的に描かれた島の風景のシルエットは「島の記憶、いま、未来」、「海と人と動植物の共生」を表現している。

☎087-813-0853(瀬戸内国際芸術祭実行委員会事務局) 住高松市男木集落一帯 ¥鑑賞自由 交男木港から徒歩5分 Pなし MAP P35下図

▲カラフルな色使いが、素朴な島の集落に溶け込んでいる Photo：Osamu Nakamura

タクシーの運転手さん教えて！ロケーションも味もいいうどん店

とっておきの旨い店を教えます！

ちょっと怪しいロケーションに、素朴なうどんのはっとするうまさ。
わざわざ行きたいお店をタクシーの運転手さんに教えてもらいました。

こんなロケーション！

「本当にこんなところにうどん店が？」と疑いつつ田舎道を進むと、竹藪を背に、味のある一軒家が出現する。

まんのう町

やまうちうどん

やまうちうどん

田舎風情が漂う手打ちの名店

竹藪をバックに立つひなびた店構え。人を驚かせるロケーションと、完全手打ちのうどんが人気を集める。角が立った"これぞさぬきうどん！"な麺は、ピカイチな味。

☎0877-77-2916 住仲多度郡まんのう町大口1010 ⏰9時～売切れ次第終了 休木曜 交善通寺ICから国道319・国道32号を南へ、追上橋西交差点を左折し県道197号を東へ、右折して踏切を渡り、南へ。車で約16km P35台

MAP P150C4

1 のびのびとした雰囲気の店内は、ファミリー客も多い 2 麺をゆでるときは火力に薪を使用する

ひやあつ小250円、ゲソ天200円

麺本来の旨さとだしとの絡みを味わうなら名物・ひやあつ（麺が冷たく、だしが熱い）をぜひ。

運転手さん'sVoice

味のある店構えで、最高に旨いうどんを食べさせてくれます！

うどんタクシー 瀬戸武さん

タクシーを利用するなら

¥料金の目安 1時間コース5400円、1時間半コース8100円（ともに中型）…出発地か帰着地のいずれかが中讃地域（琴平、丸亀、宇多津、坂出ほか）または高松市。

うどんタクシー

☎050-3537-5678(予約センター)

時間を有効に使えるタクシーを使ってうどん巡りはいかが？

見つけづらい場所にあるさぬきうどんの有名店から穴場店まで、熟知しているタクシードライバーさんにお願いすれば効率的に回れる。セルフの注文方法やおすすめメニューなど、運転手さんのレクチャーを頼りに店へ行ってみよう。料金の目安は中型1時間5400円～。回れる店の数は、1時間なら1～2軒ほど。

うどんタクシー☎050-3537-5678(予約センター)

綾川町

やまごえうどん

山越うどん

青空の下、名物のかまたまを

創業70余年の老舗製麺所で、釜玉（→P39）の発祥店として有名。店外にある日本庭園で、春は桜、秋は紅葉を愛でながら食事ができる。

☎087-878-0420 住綾川町羽床上602-2 ⏲9時～13時30分 休水・日曜 交ETC車は府中湖スマートICから東へ、県道184号を南へ、北小路西交差点を左折、萱原北交差点を右折し南へ。約7km。または坂出ICから車で約15km P200台 MAP P150C3

こんなロケーション！

庭園はなんとスタッフによる手作り！90人分もの席がある。

かまたま（小1玉）**350円**
釜から上がりたての太めの麺は、弾力がありモチモチ！生卵と少し辛めのだし醤油との組み合わせが絶妙だ。

運転手さん'sVoice

釜玉といえばここ！行列ができるほど人気があります。

平成レッグス株式会社 堤英治さん

タクシーを利用するなら

¥料金の目安 1時間コース5400円、1時間半コース8100円（ともに中型）…出発地か帰着地のいずれかが高松市。
平成レッグス株式会社
☎0120-33-2370
(予約センター)

こんなロケーション！

さぬきうどんの原風景ともいえる紺色屋根の店構えは、あまりにも有名。

熱いうどん小**180円**、あげ**120円**
讃岐人いわく「がもうはだしが旨い！」。名物の大あげもぜひ。

坂出市

がもううどん

がもううどん

店の表で食べるのが醍醐味

田んぼと住宅街に囲まれたのどかなロケーション。やさしいだしの味わいと、するするっと入るなめらかな喉ごしの麺が持ち味だ。

☎0877-48-0409 住坂出市加茂町420-1 ⏲8時30分～14時（土曜、祝日は～13時。売切れ次第終了） 休日・月曜 交高松檀紙ICから国道11号線を西へ、加茂町交差点の次の次の信号を右折。車で約17km P54台 MAP P150C2

運転手さん'sVoice

讃岐人のソウルフード・かけうどん。私はここがいちばん好き。

平成レッグス株式会社 堤英治さん

こんなロケーション！

のどかな風景が広がり、建物の半分が温室に。セルフスタイルのうどんが楽しめる。

おんたま小（1玉）
350円
コシのある麺に温泉卵をのせ、濃いダシをかけていただく。

多度津町

ねっこうどん

根ッ子うどん

かけうどん280円もおすすめだよ！

温室空間のインパクト大

田園地帯にぽつんとたたずむ店。長野から取り寄せた小麦粉を使用するなど、麺作りへのこだわりにぬかりない。植物に囲まれた温室で、絶品のうどんを堪能しよう。

☎0877-32-3874 住仲多度郡多度津町青木565-2 ⏲10時30分～14時 休水曜 交JR多度津駅から車で5分 P20台 MAP P150B2

運転手さん'sVoice

県外のお客さんを連れていったら喜んでもらえるロケーションです。

うどんタクシー 瀬戸武さん

がもううどんやなかむら（☞P38）などの製麺所が火付け役となり、うどんブームを巻き起こした。

実力店が集中する注目エリア 讃岐富士周辺うどんドライブ

おいしいうどん店をハシゴしたいなら、讃岐富士周辺がおすすめ。
店と店の距離が近いから、移動時間も少なくてスムーズに巡れますよ。

飯野山《いいのやま》
（別名讃岐富士）

1日5軒も行っちゃう!?
うどん三昧な1dayドライブ

営業時間が短い店が多いので、事前にコース立てしておくのがおすすめ。下のアクセス早見表を活用して、移動をスムーズに。定休日もチェックしておこう。

1 純手打うどん よしや《じゅんてうちうどん よしや》

おすすめ
かけ小（1玉）**310円**
手ごね・手切りを貫く麺は、縮れたりねじれたりと味わい豊か。まろやかな味わいのだしとのマッチで旨さは倍々に！

うどんは手打ち、天ぷらも自家製。イリコと昆布の風味いっぱいのだしにファン多数！

☎0877-21-7523 住丸亀市飯野町東二343-1 ⏲7時～14時50分（売切れ次第終了）休火曜 P15台 MAP P150C2

今注目の
若きうどん店主！
店主の山下義高さん。「おいしいから」と機械を入れず、手打ちを貫く。

2 なかむら《なかむら》

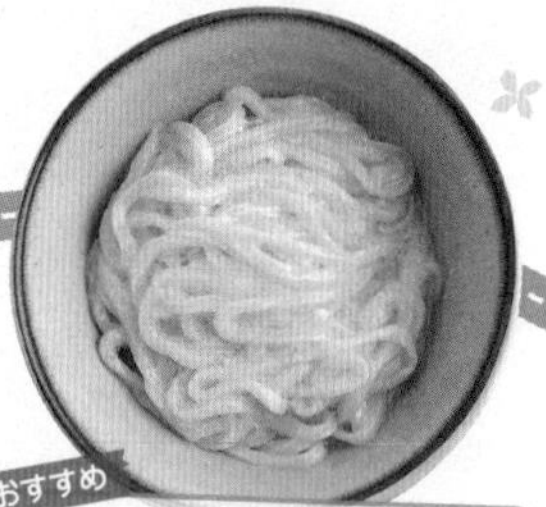

おすすめ
釜玉小（1玉）**310円**
細めで柔らか、でもコシがある麺に玉子がしっかりと絡んでクリーミー！ うどん巡り常連もリピートする存在感のある旨さ。

セルフの面白さを世に広めたうどんブームの火付け役。細さとしなやかなコシを併せもつ麺は、するっと食べられる喉ごしが持ち味だ。

☎0877-98-4818 住丸亀市飯山町西坂元1373-3 ⏲9～14時（売切れ次第終了）休火曜 P35台 MAP P150C2

セルフ体験
してみよう！
自分で注文&トッピングして席まで運び、片づけも自分で行う。

3 日の出製麺所《ひのでせいめんしょ》

おすすめ
ぬるいうどん小（1玉）**120円**
冷水で表面だけ締めることで、麺の旨みと喉ごしのよさが際立つ。限定100食で香川産の小麦を使ったうどんも登場！

昼1時間だけ開店する製麺所。併設する工場で打たれたばかりの麺は、新鮮でツヤがあり、喉ごしもよい。

☎0877-46-3882 住坂出市富士見町1-8-5 ⏲11時30分～12時30分（販売は9～16時）休不定休 P22台 MAP P150C2

行列に並んで
でも食べたい！
できたてのうどんはフレッシュで並ぶ価値ありのおいしさ。

アクセス早見表

- START! 坂出IC
  - 車で約10分：坂出ICから国道11号を西へ、飯野交差点を左折し、県道194号を南へ、高松自動車道の高架下をくぐり一般道を南へ。約5km
- 1 よしや
  - 車で約3分：一般道を北へ、飯野町中代交差点を左折し県道18号を西へ、県道195号を南へ。約1km
- 2 なかむら
  - 車で約16分：県道195号を北へ、丸亀大橋交差点を右折し国道11号を北東へ、川津交差点を左折し県道19号を北へ。約7km
- 3 日の出製麺所
  - 車で約16分：県道19号を南へ、国道11号を右折し坂出IC～善通寺IC下車、国道319号を北へ、原田東交差点を左折し県道33号を西へ。約15km
- 4 釜あげうどん長田in香の香
  - 車で約25分：県道33・21号を北東へ、右折し県道33号を東へ。約9km
- 5 おか泉

＼こんな巡り方も！／

車がなくても大丈夫！ レンタサイクルで のんびり名店巡り

JR丸亀駅とJR坂出駅から讃岐富士の麓までは、どちらも自転車で約30分ほどで行くことができる。途中にうどんの名店が点在するので、レンタサイクルで巡るのもおすすめ。詳細は事前確認を。
●JR丸亀駅前・まるがめレンタサイクル☎0877-85-5852(丸亀市観光協会) ¥6時間200円〜 MAP P150B2 ●JR坂出駅構内・坂出市観光協会☎0877-45-1122 ¥1日200円〜 MAP P150C2

4 釜あげうどん《かまあげうどん》 長田in香の香《ながたいんかのか》

おすすめ
釜あげ小（1玉）400円
表面はモチモチなのに、コシがある麺。まろやかな自家製イリコだしとあいまって、するすると食べられる。

麺を釜からあげて、水で締めない「釜あげ」の専門店。人気店ゆえに釜には常に麺が入っていて、ゆでたての麺が食べられる。だしも絶品！

☎0877-63-5921 住善通寺市金蔵寺町1180 ⏰9〜15時 休水・木曜（祝日の場合は営業）P120台 MAP P150B2

＼釜あげの名店といえばココ！／
茹であがったばかりの熱い麺×熱い特製だしは最高！

5 本格手打うどん《ほんかくてうちうどん》 おか泉《おかせん》

おすすめ
ひや天おろし 1100円
表面がツルツルの美麺は、弾力・喉ごしともに抜群。巨大なエビ天が2尾ものる、豪華かつ洗練された一品。

県内の一般店のなかでも“最高峰”といわれる名店。本来素朴なさぬきうどんもおか泉にかかれば洗練された味わいに。

☎0877-49-4422 住綾歌郡宇多津町浜八番丁129-10 ⏰11〜19時LO、土・日曜10時45分〜19時LO 休月・火曜（祝日の場合は営業）P41台 MAP P150B2

＼うどんも接客もパーフェクト！／
丁寧な接客。遅くまでやっているのもうれしい。

ほかにもあるよ！ エリア内のおすすめうどん店

明水亭《めいすいてい》

鴨塩焼き土佐醤油うどん2398円

国産素材で打つ美食うどん
北海道産小麦100%の新鮮な手打ち麺を用いた創作うどんは美食の極み。
☎0877-28-9981 住丸亀市垂水町956-2 ⏰11〜14時 休月曜（第2以外の月曜が祝日の場合は翌日）、第2日曜 交坂出ICから車で約9km P18台 MAP P150C3

あやうた製麺《あやうたせいめん》

ブロッコリーうどん1玉700円（秋〜春限定）

体が喜ぶヘルシーなうどん
地元野菜をふんだんに盛ったメニューが話題。自家製麺は中太でもっちり。
☎0877-86-3993 住丸亀市綾歌町岡田西1785 ⏰11〜14時 休金曜、不定休あり 交坂出ICから車で約10km P25台 MAP P150C3

山下うどん《やましたうどん》

ぶっかけ小300円

うまさに定評のある元祖ぶっかけ
もち感のある太めの麺と、あっさりとしただし、薬味が絡んで箸がとまらない！
☎0877-62-6882 住善通寺市与北町284-1 ⏰9時30分〜16時 休火曜（祝日の場合は翌日）交善通寺ICから車で約5km P50台 MAP P150B3

さぬきうどんの味バリエ

メニューのバリエーションを覚えていろんな味わいを楽しもう！
さぬきうどんとひと口にいっても、食べ方によっていろんな味わいが楽しめます。

ゆでうどん
→ **水しめ麺**　水できゅっと締める。麺の味がよく分かる
- 【かけ】熱いだし
  - あつあつ　熱いだし＋熱いうどん
  - ひやあつ　熱いだし＋冷たいうどん
  - ひやひや　冷たいだし＋冷たいうどん
- 【ぶっかけ】だし醤油
- 【醤油】醤油

→ **釜あげ麺**　湯からあげたまま、麺のヌメリを楽しむ
- 【釜あげ】だし醤油or醤油
- 【釜玉】玉子＋だし醤油or醤油

さぬきうどんの店はほぼセルフスタイル。自分で注文＆トッピングして席まで運びましょう。

うどんだけじゃもったいない 讃岐の風土が生んだ自慢の味

香川には、うどん以外にも「骨付鳥」や「べえすけ」、「オリーブ牛」、「オリーブハマチ」など、とにかくおいしいものがたくさん。高松タウンで人気を誇る名店をご紹介します。

骨付鳥若どり
980円
親どりより柔らかく、切れ目が入って食べやすい

骨付鳥

兵庫町商店街

骨付鳥寄鳥味鳥《ほねつきどりよりどりみどり》

香川産の朝締め鶏を約20分かけてオーブンで焼いた骨付鳥は、表面はパリッと、なかはジューシー。若・親どりともにほどよいスパイスが効いてビールがすすむ。

☎087-822-8247 住高松市兵庫町1-24木村屋ビル2階 ⏲17～22時 休水曜・第1日曜 交JR高松駅から徒歩12分 Pなし MAP折込表イC1

元喫茶店というレトロな店内

ライオン通り近く

創菜酒房「笑」《そうさいしゅぼう「わら」》

骨付鳥

繁華街にありながら、女性でも入りやすい店。オーブンでじっくり焼いた骨付鳥は塩こしょう控えめで、新鮮な鶏肉の旨味を堪能できる。地酒の種類も豊富。

気さくな店長さん

☎087-822-9899 住高松市古馬場町6-34 ⏲17～23時 休不定休 交ことでん高松築港駅から琴平線で5分、瓦町駅下車、徒歩7分 Pなし MAP折込表イC2

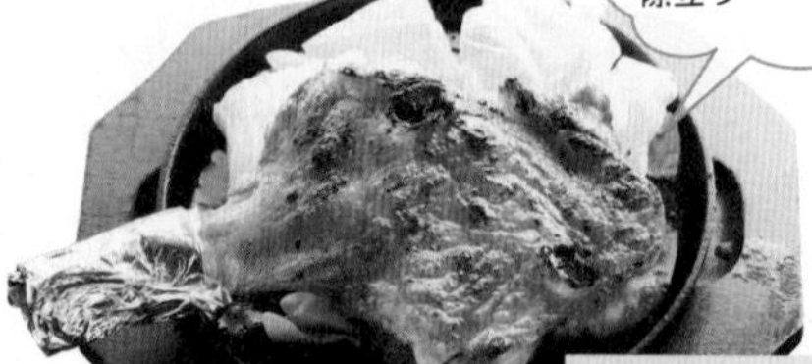

骨付鳥・若
1000円
若は柔らかく、親は噛むほどに味わいあり

骨付鳥ひな
980円
ガーリックが効いた味付けはビールにぴったり

骨付鳥

ライオン通り

蘭丸《らんまる》

骨付鳥がメインの居酒屋。焼き上がった鶏もも肉にオリジナルタレをスプレーで吹き付け、熱々の鶏油を回しかけて皮をパリッと仕上げるのが蘭丸流。

☎087-821-8405 住高松市大工町7-4 ⏲17～22時（LO21時45分）休不定休 交ことでん高松築港駅から琴平線で2分、片原町駅下車、徒歩5分 Pなし MAP折込表イC2

刺身盛り合わせ1320円～もおすすめ

香川特産のオリーブを食べて育った、オリーブブランド食材が人気上昇中！

あっさりしながらもコクを感じるオリーブ夢豚や、甘みとうま味が強いオリーブ地鶏も人気。オリーブ地鶏のメニューが豊富に揃う焼き鳥店「鳥長」もおすすめ。☎087-823-2232 住高松市鍛冶屋町4-14AKビル1階 ◷17時30分～23時 休日曜（翌日が祝日の場合は営業）MAP折込表イC2

オリーブ地鶏を含む串焼きおまかせセット1400円

オリーブ牛

高松丸亀町商店街

GRILL&WINE《ぐりるあんどわいん》 Regalo《れがーろ》

洗練された内装の鉄板焼きの店。讃岐牛のなかでも、小豆島産オリーブを食べて育った柔らかくてマイルドなオリーブ牛を味わえる。

☎087-813-1670 住高松市丸亀町14-6弐番街2号館3F ◷11時～14時30分（LO14時）、17～22時（LO21時） 休月曜 交ことでん片原町駅から徒歩5分 Pなし MAP折込表イC2

瀬戸内産鮮魚のグリルも自慢

オリーブ牛（讃岐和牛）サーロイン120g4600円
香川漆器に盛られた霜降り肉を箸でいただく

1階の中央には大型の生け簀

べえすけのすき焼き1人前3630円
テレビCMで有名になった看板メニューで、2人前から注文できる

べえすけ

兵庫町商店街近く

天勝《てんかつ》

年中べえすけ料理が食べられる和食処。独特の歯ごたえと淡白な味わいのアナゴを、穴子の刺身1100円や、べえすけの1本揚げ2000円で堪能しよう。

☎087-821-5380 住高松市兵庫町7-5 ◷11～14時、17～22時（土・日曜、祝日は11～21時）休無休 交JR高松駅から徒歩8分 P7台 MAP折込表イC1

オリーブハマチ オリーブ牛

高松丸亀町商店街近く

日本料理《にほんりょうり》 新《あらた》

高松を代表する老舗日本料理店。独創的な料理を堪能できる。旬の瀬戸内の魚菜を使った京風懐石料理を、予算に応じてアレンジ。夜のコースは5000円～。

☎087-823-3577 住高松市古馬場町1-1 ◷11時30分～13時30分、17～22時30分 休日曜（予約のみ営業）交ことでん瓦町駅から徒歩5分 Pなし MAP折込表イC2

しっとりとした雰囲気の外観

炙りオリーブハマチと讃岐野菜のポン酢ゼリーかけ950円
醤油ベースに柑橘が香るオリジナルドレッシングで

みやげ店では骨付鳥味のスナック菓子も販売しているので要CHECK！

おいしい＆かわいい♡ 香川のおみやげを集めました

お洒落なデザインで注目を集める伝統的工芸品や、
形やパッケージに個性が光る香川のおいしいものをセレクトしました。

Blue stories オリジナル和三盆セット
1080円
三色のカモメがおしゃれな和三盆糖。すっと溶ける上品な甘さはお茶やコーヒーにぴったり ⑦

かのこちゃん　594円
まろやかな口どけと上品な味のさぬき和三宝糖製干菓子をキャンディーのように包み、かわいいパッケージに ⑤

いちご家 いちごソース
1150円（200g）
瀬戸内海の小島・豊島（てしま）の旬のイチゴで作ったソース。つぶつぶの食感がたまらない ③

そうめんポリポリ　各432円
小豆島のそうめんをオリーブオイルで揚げたおやつ。焦がしバター醤油味、わさび味など7種 ①②

おいしいおみやげ

れもんバームクーヘン KAN
2300円
アーモンドと高級バニラビーンズを使用した生地に県産レモンシュガーでコーティング ⑥

ソイソルト
972円～
（各25g～）
長期熟成させた醤油をフリーズドライにした、ふりかけて使う調味料 ④

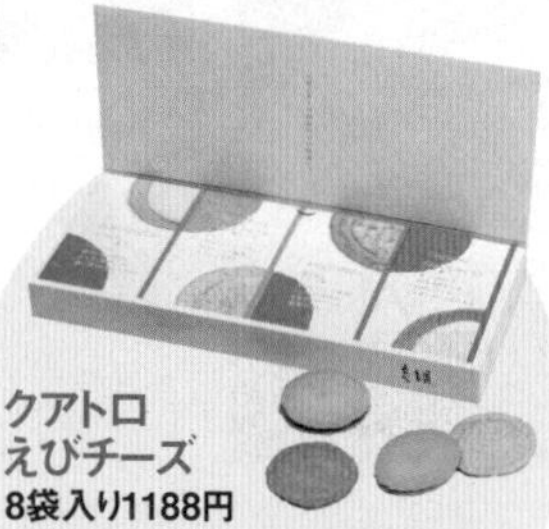

クアトロ えびチーズ
8袋入り1188円
4種のチーズをサンドした、軽い口どけのエビせんべい。カラフルでかわいい人気のおみやげ ①②

Umieブレンド ドリップバッグ
194円～
瀬戸内海をイメージしてブレンドしたオリジナルのコーヒー。ドリップバッグでお気軽に ⑦

香川のみやげ物が大集合
高松
セブン-イレブンKiosk高松銘品館《せぶんいれぶんきよすくたかまつめいひんかん》 ①
☎087-811-2325 住高松市浜ノ町1-20 ⏰6時30分～22時30分 休無休 交JR高松駅構内 Pなし MAP折込表イC1

四国の美味が充実
高松
四国ショップ88《しこくしょっぷはちじゅうはち》 ②
☎087-822-0459 住高松市サンポート2-1高松シンボルタワー1F ⏰10～21時（11～2月は～20時） 休無休 交JR高松駅から徒歩3分 Pシンボルタワー地下駐車場2307台 MAP折込表イC1

おしゃれ雑貨も揃う人気店
高松
まちのシューレ963《まちのしゅーれきゅうろくさん》 ③
☎087-800-7888 住高松市丸亀町13-3高松丸亀町参番街東 館2F ⏰11～19時 休第3月曜 交ことでん片原町駅から徒歩6分 P丸亀町町営駐車場利用 MAP折込表イC2

1753年創業老舗醤油蔵
東かがわ
かめびし屋《かめびしや》 ④
☎0879-33-2555 住東かがわ市引田2174 ⏰10～17時 休水・土曜、年末年始。（10～4月は仕込み作業のため不定休） 交JR引田駅から徒歩10分 P15台 MAP折込裏H2

※①～⑧は商品を扱っている店

かわいい おみやげ

讃岐の手まりストラップ
各1850円～
草木染の糸を一針一針かがり、花や幾何学模様を描き出す「讃岐の手まり」をストラップにアレンジ ❻

サヌキモノウチワ(5種)
各1980円〔SANUKISAN〕
イラストレーター・オビカカズミさんと丸亀うちわ職人・兵頭恵子さんのコラボで生まれた、カワイイうちわ ❻❼

香川おいり ソフトクリーム風味サンドクッキー
810円(6個入)
香川名物「おいりソフト」をイメージしたクリームサンドクッキー。和三盆糖も使われている ❶❷

革手袋
各4000円～
手袋生産量日本一の東かがわ市にある工房で作られた手袋。ラム革を使用しており、滑らかな肌触りが魅力 ❽

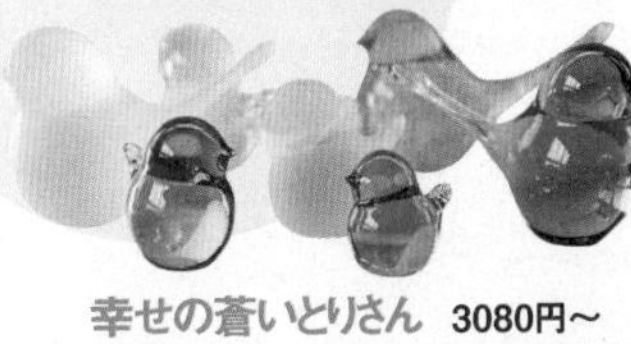

幸せの蒼いとりさん　3080円～
瀬戸内ブルーが美しい。香川産の高級石材「庵治石」の粉をガラスに溶かして作るオブジェ ❼

漆 水玉片手カップ(白・黒)
各5940円
香川漆器の職人がフリーハンドで水玉模様を漆で描いたカップ。熱い飲みものはもちろん、冷たいものもOK ❻

おいり
332円〔山下おいり本舗〕
西讃岐地方で結婚式の縁起ものとして親しまれてきた、ニッキの香りとふわっとした口どけが特徴の餅菓子 ❶

にほひ手まり桐箱
各3850円
古くから芳香や防虫に使われてきた天然香料入りの芯を、草木染めの木綿糸で巻いた手まり ❸

さぬき和三宝糖製干菓子を製造販売
東かがわ
ばいこう堂本店《ばいこうどうほんてん》 ❺
☎0120-33-6218 住東かがわ市引田字大川140-4 ⏰9～18時 休1月1日・2日 交JR引田駅から徒歩7分 P8台 MAP折込裏H2

伝統工芸品を現代風にアレンジ
高松
讃岐おもちゃ美術館 shop・cafe《さぬきおもちゃびじゅつかんしょっぷ・かふぇ》 ❻
☎087-887-6762 住高松市大工町8-1 ⏰10～19時(カフェは9時～) 休木曜(祝日の場合は翌日) 交ことでん片原町駅から徒歩5分 P丸亀町くるりん駐車場利用 MAP折込表イC2

個性派おしゃれアイテム
高松
kitahama blue stories《きたはま ぶるー すとーりーず》 ❼
☎087-823-5220 住高松市北浜町4-10北浜alley内 ⏰11～18時 休火曜 交JR高松駅から徒歩13分 Pなし MAP折込表イC1

手袋と革小物が好評
東かがわ
東かがわ手袋ギャラリー《ひがしかがわてぶくろ ぎゃらりー》 ❽
☎0879-33-5055 住東かがわ市引田2161-2 ⏰10～16時 休月～金曜(祝日の場合は営業) 交JR引田駅から徒歩10分 P7台 MAP折込裏H2

香川にはパッケージデザインがお洒落な商品が多く、商品もデザイナーとのコラボものが多彩。

ココにも行きたい

香川のおすすめスポット

史跡高松城跡《しせきたかまつじょうあと》 玉藻公園《たまもこうえん》

歴代藩主の居城跡を開放

生駒家4代・松平家11代の藩主の居城跡を公園として開放。三方の堀に海水を引き込んだ珍しい設計で、守城と水運を兼ねたものだ。国の重要文化財である月見櫓・艮櫓・水手御門・披雲閣や名勝の披雲閣庭園などがみどころ。DATA ☎087-851-1521 住高松市玉藻町2-1 ¥入園200円 ◷8時30分～17時（季節変動あり）休無休 交JR高松駅から徒歩3分 P57台 MAP折込表イC1

香川県立ミュージアム《かがわけんりつみゅーじあむ》

香川の歴史と芸術を学ぼう

歴史博物館と美術館が融合した博物館。香川の伝統工芸や特別展のテーマに沿ったワークショップも開催。館内にミュージアムショップやカフェも併設している。DATA ☎087-822-0002 住高松市玉藻町5-5 ¥入館410円（特別展は別途）◷9～17時（入館は閉館の30分前まで）休月曜（祝日の場合は翌日）交JR高松駅から徒歩10分 P50台（25分100円）MAP折込表イC1

高松市美術館《たかまつしびじゅつかん》

現代アートや漆芸術に親しむ

イサム・ノグチほか戦後日本の現代美術作品を多く収蔵。香川出身の音丸耕堂《おとまるこうどう》、磯井如真《いそいじょしん》などの漆芸作品も展示。DATA ☎087-823-1711 住高松市紺屋町10-4 ¥入館200円（特別展は別途）◷9時30分～17時（特別展中の火～土曜は～19時）休月曜（祝日の場合は翌日、特別展開催期間中の月曜は開館）交ことでん片原町駅から徒歩5分 P144台（25分100円）MAP折込表イC2

高松市歴史資料館《たかまつしれきししりょうかん》

高松の歴史を時代順に紹介

原始・古代から近・現代までの高松の歴史を12のテーマで巡る資料館。高松藩主ゆかりの品や高松の歴史・民俗資料約5万点を収蔵。DATA ☎087-861-4520 住高松市昭和町1-2-20サンクリスタル高松4階 ¥入館200円 ◷9～17時（入館は～16時30分）休月曜（祝日の場合は翌平日）交JR高松駅から高徳線で3分、昭和町駅下車、徒歩3分 P89台（1時間無料）MAP折込表イB2

四国村ミウゼアム《しこくむらみうぜあむ》

古民家を移築復原した野外博物館

江戸後期の農村歌舞伎舞台をはじめ、四国各地の古民家33棟を移築復原して展示。村内にある安藤忠雄設計の美術館と水景庭園もみどころ。DATA ☎087-843-3111 住高松市屋島中町91 ¥入村料1600円 ◷9時30分～17時（入村受付は16時30分まで）休火曜（休日の場合は翌平日）交ことでん瓦町駅から志度線で17分、屋島駅下車、徒歩5分 P200台 MAP P151E1

雲辺寺山頂公園《うんぺんじさんちょうこうえん》 天空のブランコ《てんくうのぶらんこ》

空に飛びだすようなスリルを

101人乗りロープウェイで約7分、標高920mに設置されたブランコ。眼前に三豊平野や瀬戸内海が広がり、爽快感が味わえる。DATA ☎0875-54-4968 住観音寺市大野原町丸井1974-57 ¥入園無料（ロープウェイ往復2200円）◷雲辺寺ロープウェイ7時20分～17時20分（下り最終便、季節により変動）休無休（点検のため運休の場合あり）交JR観音寺駅から車で25分 P400台 MAP折込裏F2

父母ヶ浜《ちちぶがはま》

SNSで話題のフォトスポット

写真：三豊市観光交流局

約1kmのロングビーチを誇る穏やかな海水浴場。南米ボリビアの天空の鏡とも呼ばれるウユニ塩湖のような写真が撮れると話題。絶景の見頃予想は三豊市観光交流局の公式Webサイトで確認を。DATA ☎0875-56-5880（三豊市観光交流局）住三豊市仁尾町仁尾乙203-3 ¥◷休見学自由 交JR高松駅から予讃線快速で50分、詫間駅下車、コミュニティバスで20分 P300台 MAP P150A3

丸亀城《まるがめじょう》

日本随一の総高を誇る石垣に鎮座

慶長2年(1597)、海抜66mの亀山を利用して築かれた石垣の名城。4層に重なる石垣は高さ約60m、曲線が美しく「扇の勾配」と称される。現存12城天守の一つで、最上階から眺める瀬戸大橋は絶景。DATA ☎0877-25-3881（丸亀城内観光案内所）住丸亀市一番丁 ¥入園無料（天守入城200円）◷入園自由（天守9時～16時30分、入場は～16時）休無休 交JR丸亀駅から徒歩10分 P50台 MAP P150B2

国営讃岐まんのう公園《こくえいさぬきまんのうこうえん》

花と緑広がる癒やしの公園

季節の花やイベント、大型遊具、オートキャンプなどが楽しめる四国唯一の国営公園。冬季のイルミネーションも人気があり、起伏のある地形を活かしたパノラマは圧巻！DATA ☎0877-79-1700 住まんのう町吉野4243-12 ◷9時30分～17時（季節により異なる）休火曜（季節により異なる）交JR琴平駅から車で15分 P約1200台（1日320円）MAP P150C3

天空のアクアリウム《てんくうのあくありうむ》ソラキン《そらきん》

金魚が瀬戸内の空を泳ぐ異世界ワンダーランド

人が創造した生きた芸術といえる金魚や熱帯魚を、宇宙や地球など壮大なテーマで展示。昼と夜で異なる印象も、訪れる人を楽しませる。DATA ☎0877-49-7070（ゴールドタワー）住宇多津町浜一番丁8-1 ¥1500円 ◷10～18時（土・日曜、祝日は～22時）休無休 交JR宇多津駅から徒歩12分 P300台 MAP P150B2

獅子の霊巌展望台《ししのれいがんてんぼうだい》

壮大な眺めを誇る大パノラマ展望台

高松市街や瀬戸内海の多島美を一望できる、屋島随一の絶景ポイント。開運・厄除け祈願のかわらけ投げ200円（5皿）にも挑戦しよう。DATA ☎087-841-9443（屋島山上観光協会）住高松市屋島東町 ¥◷休見学自由 交JRバス停屋島山上から徒歩5分 P屋島山上駐車場355台 MAP P151E1

レオマリゾート《れおまりぞーと》

中国四国エリア最大級のテーマパーク

全22種類のアトラクション、3Dプロジェクションマッピングやパレード、季節の花イベントや中四国最大約250万球のイルミネーションなど多彩に楽しめる。上空50mの空気を直接感じられる"足ブラ観覧車"も人気。DATA ☎0877-86-1071 住丸亀市綾歌町栗熊西40-1 ◷10～16時（曜日・季節により変更あり）※来園前にHPで要確認 休火曜（祝・繁忙期を除く）交ことでん岡田駅から車で5分 P4100台 MAP P150C3

甘味茶屋ぶどうの木《かんみちゃやぶどうのき》

讃岐流餡入り餅の雑煮が評判

香川の雑煮は、白味噌仕立てで、餡入りの餅が入っている。この香川独特の讃岐のあんもち雑煮690円が、一年中味わえる。白玉やシロップも自家製の抹茶づくしパフェ980円も人気メニュー。DATA ☎087-822-2042 住高松市百間町2-1 ◷10時～19時30分（日曜、祝日は～16時）休月曜（祝日の場合は翌日）交ことでん片原町駅から徒歩5分 Pなし MAP 折込表㋑C1

三びきの子ぶた《さんびきのこぶた》

ジューシーなフルーツメニュー

フルーツサンドが人気の果物屋さんが経営するフルーツパーラー。定番のフルーツサンド500円やコブサラダサンド500円など種類は20種以上。季節の果物を使ったスイーツ、絞りたての生ジュース350円～もおいしい。平日14時まではプラス350円でランチセットにできる。DATA ☎087-861-5353 住高松市常磐町1-4-9 交ことでん瓦町駅から徒歩1分 ◷11～19時 休水曜 Pなし MAP 折込表㋑C2

珈琲と本と音楽 半空《こーひーとほんとおんがく なかぞら》

ゆったりと自分時間に浸ろう

外の喧噪と遮断されたかのような独特な雰囲気に包まれた喫茶店&バー。音楽と本に囲まれた街なかの隠れ家的な店。ネルドリップでいれる濃くまろやかな甘みが口のなかに広がるコーヒー600円や、フルーツサンド800円がおすすめ。DATA ☎087-861-3070 住高松市瓦町1-10-18北原ビル2階 交ことでん瓦町駅から徒歩6分 ◷13時～翌3時 休無休 Pなし MAP 折込表㋑C2

象屋元蔵《きさやもとぞう》

タコや魚が踊るユニークせんべい

おととせんべい1枚220円～は、瀬戸内のエビや小魚などをのせて1枚ずつ手焼きしたユニークな銘菓。磯の香りが豊かで、季節によってなかに入る小魚が変わるのが楽しい。詰合せは6枚入り1500円～。DATA ☎087-861-2530 住高松市藤塚町1-9-7 ◷10時30分～17時30分 休月曜（祝日の場合は営業）交ことでん瓦町駅から徒歩11分 Pなし MAP 折込表㋑C3

三友堂《さんゆうどう》

利休の茶碗にちなむ銘菓

明治5年（1872）創業の和菓子店。銘菓・木《き》守《まもり》は、千利休ゆかりの楽焼茶碗「木守」にちなんだもの。手焼き煎餅に干し柿を使った餡を挟み、心地よい口あたりと懐かしい甘さ。1個162円、8個入り1458円はJR高松駅でも販売。DATA ☎087-851-2258 住高松市片原町1-22 ◷9時～18時30分 休無休 交ことでん片原町駅から徒歩3分 Pなし MAP 折込表㋑C1

ironmonger《あいあんもんがー》

一点モノとの出合いを楽しむ

世界中から集めたアンティークやレトロ雑貨&アパレル雑貨の店。インダストリアルな品も揃うので、お気に入りを見つけよう。DATA ☎087-802-2200 住高松市大工町7-15-2F ◷13～19時 休第1水曜、木曜（仕入れにより変更あり）交ことでん片原町駅から徒歩5分 Pなし MAP 折込表㋑C2

四国村ミウゼアムや獅子の霊巌展望台のある屋島は、源平合戦の大舞台となり、今もゆかりのスポットが残る。

眺望や美味に癒やされる 香川のとっておきの宿でゆるり

讃岐のおいしいものや美しい眺望をたっぷり楽しめる、
ステイそのものを旅の目的にしたくなる宿を見つけました。

小豆島

(客室のみ) (条件あり)

島宿真里《しまやどまり》

島ならではの味と時間で贅沢にもてなしてくれる

2つの離れを含む全8室は、各部屋の造りやインテリアが異なり、部屋ごとのくつろぎが用意されている。全室に温泉が楽しめる風呂とテラスがあるのもうれしい。夕食は島ならではの山海の恵を、小豆島の“ひしお”を基にした自家製調味料を使って味わい豊かに仕上げた、名物「醤油会席」を楽しめる。

☎0879-82-0086 住小豆島町苗羽甲2011 交池田港から車で20分 P10台 送迎あり(要予約) MAP P31 ●8室(うち離れ2室) ●2018年8月改装

CHECK

1泊2食付き料金
- 平日 3万4250円～
- 休前日 3万7550円～

IN 14時 OUT 10時

ここがうれしい

小豆島の旬がたっぷりの「醤油会席」が味わえる

自家源泉「里枝温泉」は露天風呂もある

こちらもステキ！

(客室のみ) (条件あり)

海音真里《うみおとまり》

2019年にオープンした、島宿真里の別邸。離れを含む全6室はすべてオーシャンビューで、海を望む部屋風呂が付く。夕食はオリーブをテーマにした会席が味わえる。

☎0879-82-0086(島宿真里) 住小豆島町堀越東脇478 交池田港から車で25分 P10台 送迎あり(要予約) MAP P31 ●6室(うち離れ2室) ¥1泊2食付 平日4万5250円～、休前日4万8550円～ IN15時/OUT12時

離れ「さ」の客室

部屋風呂からも瀬戸内海の美しい景色が眺められる

琴平 (一部)

琴平花壇《ことひらかだん》

こんぴら温泉郷にある 文人も愛した風雅な宿

金刀比羅宮の杜の麓に立つ、寛永4年（1627）創業の老舗旅館。純和風庭園のなかに数寄屋造の離れとモダンな宿泊棟がある。こんぴら温泉に浸かりながら讃岐平野やライトアップされた竹林を眺めたり、琴平山の四季折々の自然を感じたりと、癒やしの時間が過ごせる。タイ古式マッサージも好評。

☎0877-75-3232 住琴平町1241-5 交JR琴平駅から徒歩15分 P40台 送送迎あり MAP P25 ●42室（和室22室、洋室4室、和洋室2室、露天風呂付和洋室4室、露天風呂付和室4室、露天風呂付ツイン3室、離れ3棟）●2019年7月部分改装

CHECK

1泊2食付き料金
- 平　日　1万8850円～
- 休前日　2万6550円～

IN 15時 OUT 10時

ここがうれしい
バー、ライブラリー、マッサージチェアのあるお洒落なラウンジ

竹林を間近にする露天風呂

屋島 (朝食のみ)

オーベルジュ・ドゥ・オオイシ《おーべるじゅ・どぅ・おおいし》

南フランスのバカンスを イメージさせるオーベルジュ

屋島の西海岸に位置し、目の前に瀬戸内の風景が広がるオーベルジュ。オーシャンフロントのコテージタイプの客室はすべてスイート仕様。夕食は、地元の旬を盛り込んだフレンチをレストランで。朝食は部屋やテラスでのんびりと。宿泊は中学生以上のみ。レストランは食事のみでの利用もできる。

☎087-843-2235 住高松市屋島西町65 交JR高松駅から車で15分 P25台 送送迎なし MAP P151E1 ●5室（スイート5室）●2005年5月開業

厳選した食材を使った味わい豊かなフレンチ

ここがうれしい
5部屋限定のオーベルジュなので、ゆっくり過ごせる

CHECK

1泊2食付き料金
- 平日・休前日
  5万2000円～（1名より）

IN 15時 OUT 11時

小豆島

オリビアン小豆島《おりびあんしょうどしま》 夕陽ヶ丘ホテル《ゆうひがおかほてる》

美しい夕日を眺めてのんびり、 温泉や散策も楽しい

瀬戸内を見下ろす高台に立つ、「日本夕陽百選の宿」に選ばれたリゾートホテル。16万㎡の敷地にプール、多目的グランド、パットゴルフなど多彩な施設が揃い、絶景ポイントも点在している。天然温泉の露天風呂から美しい夕陽など、眺望を楽しむひとときは最高だ。

☎0879-65-2311 住土庄町屋形崎甲63-1 交土庄港から車で15分 P150台 送迎あり(要予約) MAP P31 ●109室(スイート1室、洋室89室、和洋室3室、和室16室) ●1985年5月開業

CHECK
1泊2食付き料金
平　日　1万5950円～
休前日　1万9250円～
IN 14時30分 OUT 11時

ここがうれしい
瀬戸内海の眺めと天然温泉を楽しめる露天風呂

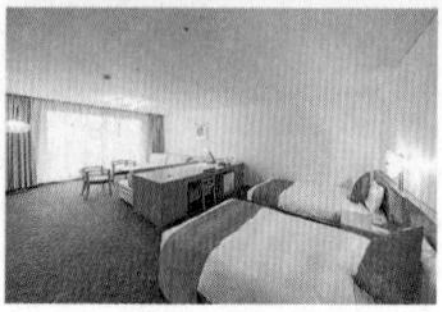

瀬戸内海に沈む夕日が美しい夕陽側の洋室

ここがうれしい
高台にあるので部屋からの眺望は抜群

瀬戸内海を望む展望パノラマ大浴場

高松

夕凪の湯《ゆうなぎのゆ》 HOTEL花樹海《ほてるはなじゅかい》

屋上の展望大浴場で夜景を眺めつつ温泉に浸る

峰山緑地公園の緑に抱かれて立ち、和室と特別室からは高松市街や屋島、瀬戸内の島々を眺められる。瀬戸内の魚介を盛り込んだ一品出しの会席料理も自慢。とろみのある天然温泉が楽しめる展望パノラマ大浴場も評判だ。

☎087-861-5580 住高松市西宝町3丁目5-10 交JR高松駅から車で10分 P100台 送迎あり MAP 折込表イA2 ●45室(和室13室、露天岩風呂付客室8室、露天風呂付特別室14室、露天ジャグジー付客室4室、ツイン6室) ●2023年4月改装

CHECK
1泊2食付き料金
平　日　1万8700円～
休前日　2万2000円～
IN 16時 OUT 10時

琴平

ことひら温泉《ことひらおんせん》 琴参閣《ことさんかく》

琴平の自然を感じる、女子旅におすすめの湯宿

金刀比羅宮の表参道まで歩いて5分、象頭山を借景にする宿。多彩なタイプの客室、日本庭園、温泉を楽しめる露天風呂や飛天館宿泊者展望浴場、落ち着いて食事できる料亭など、施設が充実している。特典がいろいろ付く女性限定の宿泊プランも要チェック。

☎0877-75-1000 住琴平町685-11 交JR琴平駅から徒歩5分 P200台 送迎あり MAP P25 ●225室(和室149室、洋室50室、和洋室4室、露天風呂付客室22室) ●1998年3月改装

CHECK
1泊2食付き料金
平　日　1万3000円～
休前日　1万6000円～
IN 15時 OUT 10時

ここがうれしい
露天風呂や展望風呂など、いろいろな風呂がある

讃水館の露天風呂付き和室

昔町や買いものも楽しい道後温泉へ。
愛媛は旅気分を盛りあげてくれます

日本最古の温泉といわれる道後温泉は一度は訪れたい場所。
みかんスイーツや今治グルメ、海上ドライブが楽しいしまなみ海道、
懐かしい伝統工芸に出会える内子など、
広い愛媛はグルメもみどころもいっぱいです。

これしよう！

砥部で器探し

約100軒の窯元が集まる砥部焼の里。窯元巡りや絵付け体験は旅の思い出に。(☞P60)

これしよう！

眺めのいい松山城へ

春は桜の名所としても知られる松山城。8合目まではロープウェイやリフトで登ろう。(☞P58)

これしよう！

道後温泉で湯上がり散歩

道後温泉本館や道後温泉別館 飛鳥乃湯泉での入浴（☞P52）や町歩きが楽しめる。

これしよう！

内子で手仕事のいいもの探し

江戸から明治にかけて木蠟と和紙の生産で栄えたレトロな町を散策してみよう。(☞P62)

これしよう！

しまなみ海道で潮風ドライブ

四国と中国の架け橋しまなみ海道。潮流体験や海上サイクリングも楽しい。(☞P64)

愛媛《えひめ》

こんなところ

瀬戸内の温暖で穏やかな風土の愛媛は、海を挟んで九州とも向きあう地。日本有数の生産量を誇る紙やタオル産業で栄える東予、松山城を中心に道後温泉や砥部焼の里を擁する中予、しっとりとした古い町並みを残す南予と、エリアごとに異なる趣で旅人を魅了します。美しい橋で瀬戸内の島々を結ぶ「しまなみ海道」も必見。

観光の前に情報集め

道後温泉の商店街入口には道後観光案内所があり、道後温泉界隈の観光、宿泊施設、交通の情報などが手に入ります。
☎089-921-3708 ⏰8時30分～17時 休無休

問合せ
愛媛県観光国際課 ☎089-912-2490
愛媛県観光物産協会 ☎089-961-4500
松山市観光・国際交流課 ☎089-948-6556
松山市観光案内所（JR松山駅構内）
☎089-931-3914

～愛媛　はやわかりMAP～

今治でぜひ味わいたい！

タオルの生産地として知られる今治は、話題の焼豚玉子飯を筆頭にB級グルメ王国としても有名。

◀焼豚玉子飯

愛媛といえばコレ！

松山空港1階国内線到着ロビーに常設されている「みかんジュースタワー」。かんきつ王国愛媛ならではの都市伝説「ポンジュース蛇口」は必見です。みかんジュースは購入もできる350円。

▲松山空港の「みかんジュースタワー」

しまなみ海道の乗り口

今治IC、または今治北IC（ハーフインター）が本州方面への乗り口です。しまなみ海道には、ハーフインター（一方向しか乗り降りできないIC）が数カ所あるので注意を。

ユニークなネーミングをチェック！

夏目漱石の小説『坊っちゃん』の舞台となった松山には、小説の登場人物にちなんだ「坊っちゃん団子」、「坊っちゃん列車」、「坊っちゃんカラクリ時計」などのネーミングがいっぱい。

◀坊っちゃん列車

JR松山駅から

松山には、JR松山駅と伊予鉄道（通称：いよてつ）松山市駅の2つの主要な駅があります。松山市街観光は伊予鉄道の路面電車、しまなみ海道や内子への移動はJRが便利。

▲松山市街を走るいよてつの路面電車

旅のアドバイス

・市内電車1日乗り放題の「市内電車1Dayチケット」800円がお得です。その他、2～4日間有効チケットや電車・バス全線乗り放題の乗車券も便利。坊っちゃん列車（P58参照）は別途料金1300円が必要。

・松山、砥部、しまなみ海道は、それぞれの地域にシェアサイクルやレンタサイクルがあります。しまなみ海道（P64参照）は、潮風を切って走ることができるので特に人気。電動自転車や2人乗りのタンデム自転車のレンタルもできて便利。

・道後界隈は観光人力車（P55参照）で巡るのも風情があります。道後温泉駅前からと、道後温泉本館前からと2社が運行しています。

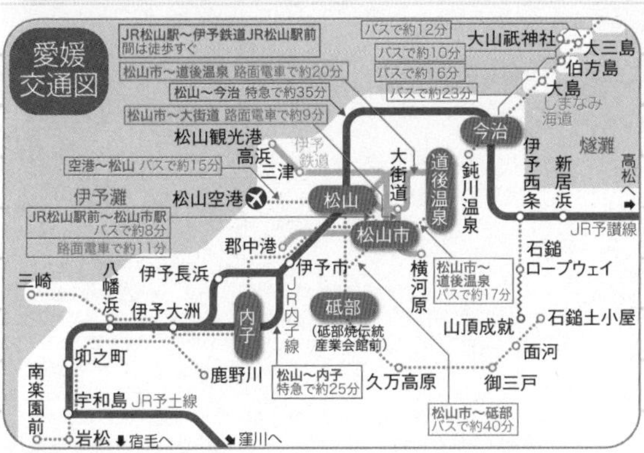

アクセスのアドバイス

・松山市内は、電停、本数ともに多い路面電車が便利です（1乗車180円）。所要時間はJR松山駅～道後温泉駅が25分。

・砥部へは、松山市駅発伊予鉄バス砥部方面行きで、砥部焼伝統産業会館前下車。

・内子へは、JR予讃線で。JR松山駅から特急が1時間に1本程度運行しています。

・しまなみ海道の島々を巡るには、車がおすすめ。松山空港またはJRの主要駅でレンタカーを借りることができます。

日本最古級の温泉地・道後温泉の2大スポットを巡りましょう

松山市

道後温泉本館《どうごおんせんほんかん》

国の重要文化財にして現役の公衆浴場

道後温泉本館は明治27年（1894）竣工。1994年に公衆浴場として初めて国の重要文化財に指定され、2009年に発行の「ミシュラン・グリーンガイド・ジャポン」で三つ星評価に輝いた。日本で唯一の皇室専用浴場を備える貴重な建物であり、今も現役の浴室として、親しまれている。

☎089-921-5141（道後温泉事務所）住松山市道後湯之町5-6 休無休（12月に臨時休業あり）交伊予鉄道道後温泉駅から徒歩5分 P道後温泉駐車場100台（30分100円、本館・椿の湯・飛鳥乃湯泉利用者は1時間無料）、道後温泉祝谷東町駐車場43台（1時間無料、以降30分100円）MAP付録表回D3

●道後温泉へのアクセス

電車 JR松山駅から徒歩すぐの伊予鉄道JR松山駅前から路面電車道後温泉行きで25分、道後温泉駅下車

車 松山自動車道松山ICから国道33号・国道11号で約8km

バス JR松山駅前から伊予鉄バス湯の山ニュータウン行きで29分道後温泉前下車　●松山空港からリムジンバスで40分、道後温泉駅前下車

▲2024年の完成を目指す本館（工事の進捗により変更あり）。保存修理工事中の現在の入り口は本館東側。素屋根テント膜は水・熱・光、また人や街の生み出すあらゆるエネルギーをテーマにした大竹伸朗の作品「熱景/NETSU-KEI」。展示は2023年10月末まで（予定）

元気に営業中！

2019年から国の重要文化財「道後温泉本館」を営業しながら保存工事を行うというほかに類を見ない挑戦がスタート。道後温泉本館は、保存工事中でも入浴OK。保存工事期間中しか体験できないプレミアムな体験を楽しもう。

保存修理工事中の浴室はココ！

霊の湯《たまのゆ》

現在利用できるのは、保存修理工事が終わった「霊の湯」で、庵治石などを使った高級感あふれる浴室。女性浴室は本館内で一番広い浴室。

▲オリジナルタオルは220円

●利用料

コース	霊の湯
料金	460円
営業時間	6～23時
札止（最終受付）	22時30分

●道後温泉公式Webサイト

https://dogo.jp

※工事や休館に関する情報はコチラでチェック！

ここにも立ち寄りたい

足湯カフェ《あしゆかふぇ》坊っちゃん《ぼっちゃん》

▲隣接する「33.8°GOODCACAO」で注文できる

本館の目の前に足湯カフェが登場

道後温泉本館の目の前にある坊っちゃん広場に足湯カフェが2022年4月にオープン。足湯に浸かりながらドリンクなどのカフェメニューも楽しめる。

▼「古湧園」が運営する足湯カフェでホテル宿泊者は無料で利用可

☎089-934-4833 住松山市道後湯之町20-14坊っちゃん広場内 ⏲9時30分～18時（土曜は～20時）休不定休 ¥足湯利用1回200円 ※タオル無料 MAP折込表回D3

道後温泉《どうごおんせん》空の散歩道《そらのさんぽみち》

国の重要文化財にして現役の公衆浴場

足湯に浸かりながら、道後温泉本館を上空からの目線で楽しむことができる展望施設としてリニューアル。四季折々の花なども彩りを添える。

▼道後温泉本館と同じ源泉を使った足湯でゆったり

▲散策も楽しい憩いの場

☎089-921-5141（道後温泉事務所）住松山市道後湯之町4-30 ⏲6～21時 休無休（12月に1日臨時休業あり）交道後温泉本館から徒歩2分 ¥無料 P道後温泉駐車場等利用 MAP付録表回D3

松山市

道後温泉別館《どうごおんせんべっかん》　飛鳥乃湯泉《あすかのゆ》

飛鳥時代をイメージした湯屋

中庭は聖徳太子が来浴した当時の「椿の森」を再現

道後温泉本館と同じ、源泉掛け流しの美人の湯。飛鳥時代に聖徳太子が来浴した伝説にちなみ「飛鳥時代をイメージした湯屋」がテーマ。飛鳥時代の建築様式を取り入れ、まるで太古の道後にタイムスリップしたよう。1階には広々とした大浴場と開放的な露天風呂、2階には約60畳もの大広間や道後温泉本館の皇室専用浴室「又新殿」を再現した特別浴室、趣向をこらした個室休憩室がある。入浴コースは、入浴と休憩室の組み合わせで4通りから選べる。

☎089-932-1126（道後温泉コンソーシアム）住松山市道後湯之町19-22 休無休（12月に1日臨時休業あり）交伊予鉄道後温泉駅から徒歩3分 P道後温泉駐車場等利用（☞P52）MAP折込表回D3

CHECK!

期間限定で中庭に蜷川実花氏の作品を展開中！

中庭の「ハダカヒロバ」には、「みんなの道後温泉 活性化プロジェクト」の一環として、写真家・映画監督の蜷川実花氏の作品「飛鳥乃湯泉インスタレーション」を展開。フォトスポットとしても人気。作品の展示は2024年2月末まで。

●利用料 大人（12歳以上）

コース	内容	料金	営業時間
1階浴室	1階浴室入浴のみ	610円	6～23時（22時30分札止）
2階大広間	1階浴場入浴＋2階大広間休憩室	1280円	6～22時（21時札止）
2階個室	1階浴場入浴＋2階個室休憩室	1690円	6～22時（21時札止）
2階特別浴室（家族風呂）	1階浴場入浴＋2階特別浴室（休憩室有り）	1室2040円+1690円 1日8組限定 事前予約制	6～22時（20時40分札止）

ミュージアムのような館内にはお楽しみがいっぱい！

愛媛の伝統工芸と最先端アートで彩られた館内はみどころ満載。

▼西条だんじりの大胆な彫刻

個室休憩室（2階）

桜井漆器の繊細な蒔絵で表現した牡丹や、繊細な伊予水引で結んだ白鷺など、道後温泉にまつわる歴史を伝統工芸の技で装飾した5つの休憩室がある。

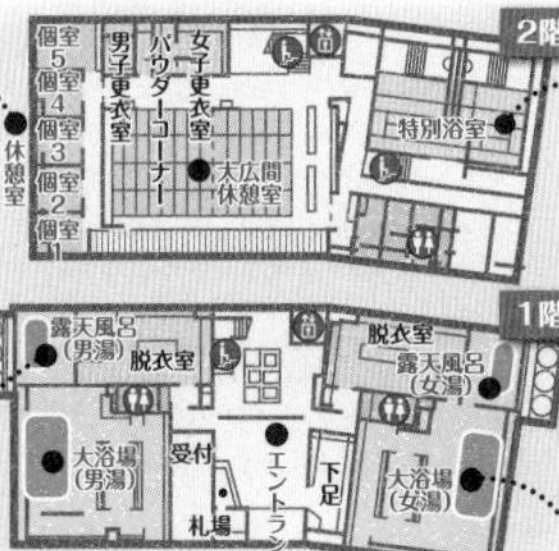

特別浴室（2階）

道後温泉本館の皇室専用浴室「又新殿」（ゆうしんでん）を再現した特別浴室。昔の浴衣「湯帳（ゆちょう）」を着て古代の入浴体験ができる。

幽玄な雰囲気で入浴が楽しめる▶

露天風呂（1階）

露天風呂の壁は愛媛県特産の媛ヒノキを使用。雄大な山の景色を表現している。

◀ダイナミックな意匠を施し万葉集の世界観を表現

大浴場（1階）

砥部焼の陶板壁画で、道後にまつわる和歌の風景を表現。男湯は石鎚山、女湯は瀬戸内海がモチーフとなっている。プロジェクションマッピングも30分ごとに投影される。

▲移り変わる美しい景色を陶板壁画に投影

皇室関係の方々の又新殿ご利用は明治から昭和にかけて延べ10回で、昭和27年（1952）に常陸宮様がご入浴されたのが最後。

道後ハイカラ通りで湯上がりさんぽ プチグルメ&おみやげ探し

道後温泉本館でほっこりとしたあとは、ぶらぶら気ままにさんぽへ。
商店街で名物グルメを楽しんだり、かわいい愛媛のおみやげを見つけましょう。

道後ハイカラ通りって?

道後温泉駅から道後温泉本館まで、L字型に延びる道後商店街が「道後ハイカラ通り」。約250mのアーケードに、松山・道後のみやげ物店や食事処、甘味処など、約60店が並ぶ。

MAP折込表▣D3

みつわ《みつわ》

名物は1日100個限定の伊予ビーフコロッケ300円。1個から買えるので、その場でアツアツをほおばりたい。☎089-921-7759 住松山市道後湯之町12-33 ◷10時〜売切れ次第終了 休不定休 交伊予鉄道道後温泉駅から徒歩すぐ Pなし MAP折込表▣D3

じゃこカツ300円。魚のすり身と野菜をあわせ、サクッと揚げたもの

丸型の温泉煎餅1缶50枚入り2160円、角型の玉泉堂潮1缶52枚(2枚×26袋)入り2160円

玉泉堂本舗《ぎょくせんどうほんぽ》

名物の温泉煎餅は約1ヵ月の予約待ちだが、玉泉堂潮は予約なしで買うことができる。

☎089-921-2528 住松山市道後湯之町12-31 ◷10〜18時 休日曜、祝日 交伊予鉄道道後温泉駅から徒歩すぐ Pなし MAP折込表▣D3

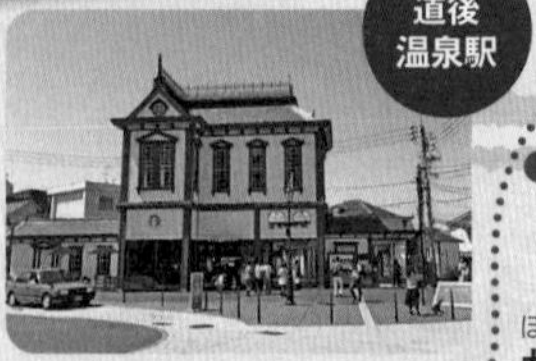

10 FACTORY 道後店《てんふぁくとりー　どうごてん》

愛媛県産みかんを用いた商品を扱う専門店。季節ごとに品種の変わる生搾りみかんジュース580円〜や、ハンディタイプのゼリー410円などがおすすめ。

☎089-997-7810 住松山市道後湯之町12-34-1F ◷9時30分〜19時30分(19時LO) 休無休 交伊予鉄道道後温泉駅から徒歩すぐ Pなし MAP折込表▣D3

温州、甘夏、せとかなど旬のおいしいみかんを用いたストレートジュース

放生園《ほうじょうえん》

毎正時になると『坊っちゃん』の登場人物が踊りだす坊っちゃんカラクリ時計と、無料の足湯がある。

☎089-948-6558(松山市観光・国際交流課) ◷6〜23時(足湯) 交伊予鉄道道後温泉駅から徒歩すぐ Pなし MAP折込表▣D3

竹屋《たけや》

温泉の入浴客が持つ湯かごで有名な竹細工専門店。丈夫なあおゆかごが一番人気。

☎089-921-5055 住松山市道後湯之町6-15 ◷10〜20時 休火・水曜(祝日の場合は営業) 交伊予鉄道道後温泉駅から徒歩3分 Pなし MAP折込表▣D3

あおゆかご3300円

ここにもいきたい!

道後公園湯築城跡《どうごこうえんゆづきじょうあと》

中世の伊予を支配した河野氏居城跡を整備した史跡公園。資料館・復元武家屋敷(¥入館無料 ◷9〜17時 休月曜〈祝日の場合は翌日〉)がある。

☎089-941-1480 住松山市道後公園 ¥◷休入園自由 交伊予鉄道道後温泉駅から徒歩5分 P有料34台(30分100円) MAP折込表▣D3

松山市立子規記念博物館《まつやましりつしききねんはくぶつかん》

文学者・正岡子規の業績を紹介。案内ガイドあり(1〜20人程度。無料。要予約)。

☎089-931-5566 住松山市道後公園1-30 ¥観覧400円 ◷9〜18時(11〜4月は〜17時) 休火曜・祝日の翌日(土・日曜は開館) 交道後温泉駅から徒歩5分 P有料22台(30分100円) MAP折込表▣D3

箱に漱石の原稿がデザインされた「坊っちゃん団子」5本入り650円

スタンプを集めて道後村名誉村民になろう

スタンプ帳を持って「道後村めぐり」に挑戦。温泉入浴券などがもらえる。
☎089-931-5856(道後村役場) MAP折込表C3

道後村めぐりスタンプ帳250円

伊予雛屋《いよのひなや》

砥部焼のひな人形や、手染めの和風タペストリー1980円～など「和」のインテリアが充実。
☎089-931-1477 住松山市道後湯之町13-8 ⏱10～18時 休不定休 交伊予鉄道道後温泉駅から徒歩2分 Pなし MAP折込表D3

人気砥部焼作家・山田ひろみ氏のひな人形16万5000円

つぼや菓子舗《つぼやかしほ》

夏目漱石の小説『坊っちゃん』に登場する団子屋のモデル。店内で、坊っちゃん団子付きのお抹茶セット660円がいただける。
☎089-921-2227 住松山市道後湯之町14-23 ⏱9時30分～18時 休火曜（祝日の場合は営業）交伊予鉄道道後温泉駅から徒歩3分 Pなし MAP折込表D3

道後温泉椿の湯《どうごおんせんつばきのゆ》

椿をシンボルとした道後温泉本館の姉妹湯。道後商店街の中央に位置し、花崗岩で造られた浴槽は広々としており、地元の入浴客が多い。
☎089-935-6586 住松山市道後湯之町19-22 ¥入浴450円 ⏱6時30分～23時（札止22時30分）休無休 交伊予鉄道道後温泉駅から徒歩4分 Pなし MAP折込表D3

白壁のモダンな土蔵風造り

道後温泉別館 飛鳥乃温泉
（→P53）

にきたつの路

道後ハイカラ通り

道後温泉 椿の湯

ローソン

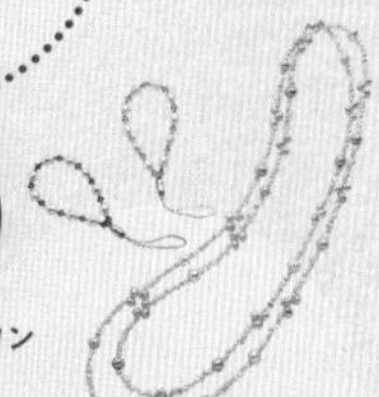

2200円～のアクセサリーも豊富に取り揃える

観光人力車《かんこうじんりきしゃ》

道後周辺のみどころを、俥夫のガイドで巡る。2社が運行し、どちらも1人 約10分1500円～。荒天時、路面状況の悪い時は休業。

力舎本店《りきしゃほんてん》

（道後温泉本館前から出発）
☎090-3183-3683 ⏱10～20時 Pなし MAP付録表D3

元祖くるまやさん《がんそくるまやさん》

（道後温泉駅前から出発）
☎050-3187-7151 ⏱10～17時（時間外は予約で） Pなし MAP折込表D3

わかみや真珠道後店《わかみやしんじゅどうごてん》

日本有数の真珠の産地・宇和島産の上質な真珠アクセサリーが、良心的な価格で手に入る。
☎089-943-5838 住松山市道後湯之町13-18 ⏱10～18時 休水曜 交伊予鉄道道後温泉駅から徒歩5分 Pなし MAP折込表D3

P道後温泉駐車場

伊佐爾波神社《いさにわじんじゃ》

寛文7年（1667）、藩主松平定長によって建て替えられた八幡造の社殿は国の重要文化財。朱塗りの本殿に金箔をはった円柱、蟇股（かえるまた）などの装飾が美しい。

☎089-947-7447 住松山市桜谷町173 ¥拝観無料 ⏱ご朱印受付9～17時 交道後温泉駅から徒歩5分 P有料60台（参拝者は1時間無料）MAP折込表D3

道後ぎやまんガラスミュージアム《どうごぎやまんがらすみゅーじあむ》

水と緑あふれる庭園に囲まれた美術館で、江戸～大正期の貴重な和ガラス製品を展示。ガラスがあしらわれている庭は必見。
☎089-933-3637 住松山市道後鷺谷町459-1山の手ガーデンプレイス内 ¥入館800円 ⏱9～18時（入館は～17時30分）休無休 交道後温泉駅から徒歩7分 P50台 MAP折込表D2

道後温泉本館

放生園を含め無料の手湯・足湯が8カ所もある。観光案内所でマップをゲットし、タオル片手に手湯・足湯巡りをしよう。

ココにも行きたい

道後温泉のおすすめスポット

圓満寺《えんまんじ》

写真映えするお結び玉が大人気

女子に人気のフォトジェニックな開運スポット。カラフルでかわいい湯玉をモチーフにしたお結び玉（祈願料300円）に、恋心をのせてお願いしてみよう。持ち帰ってもOK。俳句のまちならではの俳句絵馬（えまたま）や俳句恋みくじもチェック。DATA ☎089-946-1774 住松山市道後湯月町4-49 ◷8～18時 休無休 交道後温泉本館から徒歩2分 P道後温泉駐車場等利用 MAP折込表D3

丸水《がんすい》 道後店《どうごてん》

100年以上続く老舗の味を楽しむ

宇和島鯛めしの元祖の味が楽しめる。卵を溶き混ぜた特製タレに鯛の刺身を浸し、そのままタレごとごはんにかけ食べる宇和島鯛めしは、天然真鯛2200円と、養殖真鯛1650円の2種類がある。DATA ☎089-968-1861 住松山市道後湯之町13-10 ◷11～15時（14時30分LO）、17～21時（20時30分LO）休不定休 交伊予鉄道道後温泉駅から徒歩3分 Pなし MAP折込表D3

道後の町屋《どうごのまちや》

京の町家にも似た静かな古民家カフェ

自家焙煎のコーヒー類や無添加ケーキ、バーガー類など充実したメニューが楽しめる。奥庭に面した座敷でゆったりとくつろぎたい。ランチ（10-14時）のおすすめは、湯の町バーガー670円や黒胡麻じゃこ天バーガー1190円など。DATA ☎089-986-8886 住松山市道後湯之町14-26 ◷10～21時 休火・水曜 交伊予鉄道道後温泉駅から徒歩3分 Pなし MAP折込表D3

inaho《いなほ》

ポン菓子を使ったかわいいスイーツ

愛媛県産のこだわりの米と、地元生まれの伊予柑や味噌などの味わいがコラボしたポン菓子が勢ぞろい。みやげにおすすめのポン菓子は300円～。カラフルなポン菓子がトッピングされたinahoソフト380円～など、2階のおしゃれなカフェスペースで味わえる。DATA ☎089-931-5398 住松山市道後湯之町14-26 ◷10～19時 休水曜 交伊予鉄道道後温泉駅から徒歩3分 Pなし MAP折込表D3

一六茶寮《いちろくさりょう》

道後温泉本館前の特等席でティータイム

一六本舗道後本館前店の2階。真正面に道後温泉本館を眺めながら、甘味や軽食が味わえる。おすすめは道後の白鷺伝説をイメージした抹茶スイーツ「SHIRASAGI」1080円。一六タルトの天ぷらと鍋焼きうどんのセットもあり。DATA ☎089-921-2116（一六本舗道後本館前店）住松山市道後湯之町20-17 ◷11～19時 休木曜 交伊予鉄道道後温泉駅から徒歩5分 Pなし MAP折込表D3

日本茶専門《にほんちゃせんもん》カフェ《かふぇ》 茶楽《ちゃらく》

目からウロコ！日本茶の楽しみ方

うま味を引き出した日本茶を、最後の1滴まで味わえるカフェ。玉露946円は1回につき7～8煎もおいしく飲むことができ、最後の茶葉まで食べられる。いずれのお茶にも、茶菓子には江戸時代から続く愛媛の銘菓・山田屋まんじゅうが付く。DATA ☎089-921-5388 住松山市道後鷺谷町5-13 ◷10～18時 休無休 交伊予鉄道道後温泉駅から徒歩5分 Pなし MAP折込表D3

湯上がりに地ビール＆地酒を楽しめる店で酔い心地♪

女子ひとりでも気軽に入って心地よく過ごせるとっておきの道後の店を紹介。

道後麦酒館《どうごばくしゅかん》

湯上がりビールならここ

道後温泉本館の隣で道後の地ビール650円が飲める。今治風若鶏の皮焼き650円、瀬戸内の太刀魚巻き650円など、愛媛ならではの酒の肴も充実。DATA ☎089-945-6866 住松山市道後湯之町20-13 ◷11～22時（21時LO）休無休 交伊予鉄道道後温泉駅から徒歩5分 Pなし MAP折込表D3

サムライダイニング炉-IRORI《さむらいだいにんぐいろり》

和モダンの雰囲気漂うダイニング

道後ハイカラ通りから趣ある路地を入った場所に立つ。地元の幸を使った囲炉裏料理などの創作料理が味わえる。人気はイロリの手鞠寿司1630円や地鶏の水炊きなど。DATA ☎089-921-0377 住松山市道後湯之町12-30 ◷11時30分～22時（21時30分LO）休火曜（祝前日は営業）交伊予鉄道道後温泉駅から徒歩すぐ Pなし MAP折込表D3

道後《どうご》 椿倶楽部《つばきくらぶ》

道後の隠れ家的な和食の店

料理やサービスに繊細な心配りが行き届くと評判の和食店。チーズどうふ660円、和牛ぜいたくコロッケ1760円など、地物の食材と地酒を落ち着いた空間で楽しめる。DATA ☎089-941-5678 住松山市道後湯之町2-7 ◷18～22時 休日・月曜 交伊予鉄道道後温泉駅から徒歩1分 Pなし MAP折込表D3

一度は乗ってみたい観光列車 伊予灘ものがたりの魅力って？

美しい伊予灘沿いを走る観光列車、伊予灘ものがたり。
車窓からの眺めや食事、沿線のおもてなしなど、旅のごちそうが満載です。

海の透明度が感動モノの串駅付近では徐行運転してくれる

4つのコース

JR松山駅～伊予大洲駅間では大洲編・双海編、松山駅～八幡浜駅間では八幡浜編・道後編の1日4つのコースが運行。夕日に染まる伊予灘の美しさを楽しむなら、秋～春の道後編がおすすめ。所要時間は2時間～2時間30分。

コースで異なるお料理

車内では地元の人気店による食事で愛媛の味覚を堪能しよう。ランチやアフタヌーンティーなどコースごとに違うので、お料理で乗車するコースを選ぶのもあり。要事前予約。

▲双海編の食事の一例。メニューは2カ月ごとに変わる

3つの車両

▲陽華の章は2～8名で利用可。別途グリーン個室料金が必要

愛媛の伝統工芸があしらわれたレトロモダンな車両は3両編成。2022年に新登場した3号車「陽華(はるか)の章」は貸切個室で贅沢気分を堪能できる。人気席を狙うなら早めのチケット購入が必須。

下灘駅で記念撮影タイム

▲素朴なホームの前に広がる穏やかな海。独特の雰囲気に魅了される

数々の映画やドラマのロケ地として知られる下灘駅では約10分間停車。記念撮影したり、潮風を感じながら目前の海に見とれたり、人気スポットを堪能できるのも人気の理由。

笑顔あふれる沿線のおもてなし

地元でも愛されるこの列車。沿線では地元住民があちこちで手を振って見送ってくれ、いつしかこちらも自然と笑顔に。なかにはタヌキの着ぐるみを着た名物駅長も！

▲心温まるひとときが旅の思い出に彩りを添える

DATA
●運行日：土・日曜、祝日を中心に運行。1日4便
●料金：公式Webサイトで要事前確認
https://iyonadamonogatari.com
(JR四国)https://jr-shikoku.co.jp
●チケット購入：全国のみどりの窓口や旅行会社などで事前購入可(販売は乗車1カ月前の10時～)。食事は乗車の4日前までに別途予約・料金の支払いが必要
問合せ JR四国電話案内センター ☎0570-00-4592(営8～19時、休無休)※要通話料 MAP 折込表⑩A2(松山駅)

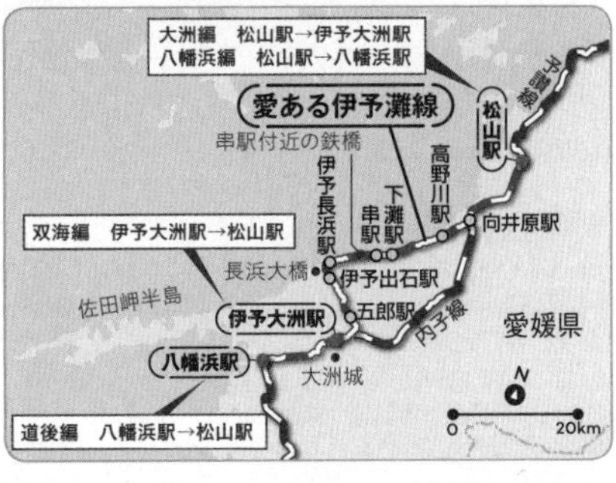

レトロな坊っちゃん列車でGO! 松山タウン・お城下さんぽ

所要時間
5時間

愛媛のステキやグルメを探しながら、お城や洋館をのんびりおさんぽ。
マッチ箱のような汽車をイメージした坊っちゃん列車に揺られて散策しましょう。

START!

JR
松山駅

伊予鉄道
路面電車で13分、電停大街道下車、松山城ロープウェイ東雲口駅舎まで徒歩5分

坊っちゃん列車乗車ガイド

小説『坊っちゃん』にも登場する蒸気機関車を復元。路面電車の一部区間を運行。1乗車1300円(通常の路面電車は180円均一)
☎089-948-3323
(伊予鉄道鉄道部)

1 松山城《まつやまじょう》

松山の真ん中にそびえる 連立式天守の平山城

標高132mの勝山山頂に、初代城主の加藤嘉明が築城を開始し約四半世紀かけて完成。現存12天守のひとつで江戸時代に建造された天守が残る。城内には21棟の重要文化財がある。

☎089-921-4873 住松山市丸之内1 ¥天守520円 ⏲天守9～17時(30分前札止め、季節変動あり) 休天守のみ12月第3水曜日 交電停大街道から松山城ロープウェイ東雲口駅舎まで徒歩5分 P10台(2時間420円) MAP折込表◎B2

▲街のシンボルでもある松山城、春は桜の名所でもある

▶城山8合目まではロープウェイやリフトで行ける。天守まではそこから徒歩10分

松山城ロープウェイ・リフト東雲口駅舎から徒歩すぐ

◀松山市の市花・椿をモチーフにしたハンカチ880円。ピンクは松山店限定カラー

◀まるでギャラリーのような楽しい空間

2 伊織《いおり》 松山店《まつやまてん》

感性を刺激する 愛媛のいいモノが集結

今治タオルの取扱店。豊富なカラーと質感から選べる。愛媛で生まれた、新しいスタイルの砥部焼や水引などの伝統工芸品をはじめ、愛媛の柑橘を使用したお菓子やジュースなど、みやげにぴったりのアイテムが揃う。

☎089-993-7557 住松山市大街道3-2-45 ⏲9時30分～19時 休無休 交電停大街道から徒歩5分 Pなし MAP折込表◎B2

徒歩5分

▼ミュージアムカフェでひと休み

▲建築家・安藤忠雄氏設計で地下1階、地上4階建て

3 坂の上の雲ミュージアム《さかのうえのくもみゅーじあむ》

美しい現代建築の中で 小説の世界と明治に親しむ

司馬遼太郎の小説『坂の上の雲』の主人公、秋山好古《あきやまよしふる》・秋山真之《あきやまさねゆき》兄弟、正岡子規の生き方や明治の時代背景が展示を通して伝わってくる。

☎089-915-2600 住松山市一番町3-20 ¥400円 ⏲9時～18時30分(最終入館～18時) 休月曜(休日の場合は開館)臨時開館あり。詳細は公式Webサイトで。 交電停大街道から徒歩2分 P5台(車いす使用者のみ) MAP折込表◎B2

立ち寄りSPOT

秋山兄弟生誕地《あきやまきょうだいせいたんち》

小説『坂の上の雲』の主人公である秋山兄弟の生家を復元、資料や写真も展示。(☞P72) MAP折込表◎B2

俳句ポストを探してみよう

松山城で見つけた句碑型の俳句ポスト。文学の街・松山には街のいたるところにユニークな俳句ポストが点在している。旅の思い出を詠んでみよう。☎089-948-6524(松山市文化・ことば課)

GOAL!

JR松山駅

◀その場で搾ってもらえる、生ジュース300円～

スイーツもあるよ!

▲みかんソフト350円

6

noma-noma《のま-のま》（のま果樹園《のまかじゅえん》 松山大街道店《まつやまおおかいどうてん》）

太陽の恵みたっぷり 新鮮みかんの生ジュース

愛媛産柑橘やフルーツの生ジュースが味わえるジューススタンド。歩き疲れたら搾りたてジュースでリフレッシュ。みかんパフェなど季節限定商品も揃う。気に入った果物を1個から購入できる。

☎089-945-6111 住松山市大街道1-4-20 ◷10～19時 休無休 交電停大街道駅から徒歩5分 Pなし MAP折込表◎B2

徒歩3分

徒歩すぐ

▶国の重要文化財にも指定されている

徒歩15分

4

萬翠荘《ばんすいそう》

▶踊り場にあるステンドグラス

大正浪漫の雰囲気漂う おしゃれな洋館

旧松山藩主の子孫が大正11年（1922）に別邸として建築。シャンデリアやステンドグラスなど華やかな装飾が美しいフランス風の洋館で、社交場として賑わった。現在は企画展やコンサートも開催している。

☎089-921-3711 住松山市一番町3-3-7 ¥300円 ◷9～18時 休月曜（祝日の場合は開館）交電停大街道から徒歩5分 P20台 MAP折込表◎B2

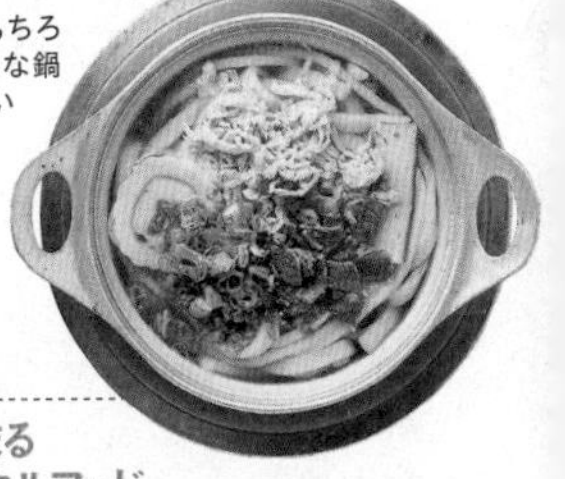

▶味はもちろん、レトロな鍋もかわいい

5

ことり《ことり》

心まで温まる 地元のソウルフード

▼銀天街の路地裏に静かに佇む

昭和24年（1949）創業、地元で昔から親しまれている鍋焼きうどんの店。利尻昆布といりこだしの甘めのツユが特徴。鍋焼きうどん700円、いなりずし1個150円。

☎089-921-3003 住松山市湊町3-7-2 ◷10～14時（売切れ次第終了）休水曜（不定休）交JR松山駅前から伊予鉄道路面電車松山市駅行きで11分、終点下車、徒歩10分 Pなし MAP折込表◎B3

松山城のロープウェイ駅舎内にある、ポンジュースが出る蛇口がモチーフのモニュメントは、記念撮影におすすめ！

伝統柄orニューウェーブ？ 窯元で砥部焼の器探し

約240年もの歴史をもつ砥部焼《とべやき》の里には約100軒の窯元が点在しています。伝統的なものから新しいスタイルの作品まで、見て触れて選んでみませんか？

◆◆ 白磁に藍色の呉須絵が美しい伝統柄 ◆◆

A

（上段）口反りミルクカップ各2090円、（下段）町内最大の登り窯の見学も可能

梅山窯《ばいざんがま》（梅野精陶所《うめのせいとうしょ》）

大登り窯が残る老舗の窯元

明治15年（1882）開窯の砥部で最も大きな窯元。白磁と呉須が見事に調和した伝統を受け継いだ砥部焼。温もりと大胆さをあわせ持つ。

☎089-962-2311 住砥部町大南1441 🕒8時5分～16時50分 休月・火曜 交松山市駅から伊予鉄バス断層口行きで47分、砥部町客下車、徒歩16分 P40台 MAP P153A2

▲上絵とんぼ丸碗1980円、鉄巻十草丸碗1980円

▲湯呑（大）赤小梅 1100円

▲丸型マグカップ 唐草 2310円

B

千山窯《せんざんがま》

アレンジしやすい伝統柄の器

つけたての筆で描いたスピード感あふれる砥部焼らしいデザインが特徴。皿や鉢、マグカップなど厚みのある丈夫な普段使いの器が揃う。

☎089-962-2070 住砥部町千足359 🕒9～17時 休無休 交松山市駅から伊予鉄バス断層口行きで45分、砥部焼観光センター口下車、徒歩5分 P50台 MAP P153B1

C

くらわんか湯呑み各2200円

永立寺窯《えいりゅうじがま》

どっしりとした素朴で温かい風格

昔から砥部で作られていた、くらわんか茶碗や湯呑みを主に制作している窯元。高台が大きく安定感のある形で、手になじみやすいのが魅力。

☎089-962-6069 住砥部町宮内1326 🕒10～17時（要事前連絡） 休無休 交松山市駅から伊予鉄バス断層口行きで41分、宮内下車、徒歩10分 P2台 MAP P153C2

ここでも買えます

砥部焼観光センター炎の里《とべやきかんこうせんたーえんのさと》 Ⓐ Ⓑ Ⓓ Ⓔ

千山窯の窯元でもあり、工場見学や絵付け体験もできる販売店。約70軒の窯元の作品を取り扱っている。

☎089-962-2070 住砥部町千足359 🕒9～17時 休無休 交バス停砥部焼観光センター口から徒歩5分 P50台 MAP P153B1

砥部焼陶芸館《とべやきとうげいかん》 Ⓒ

町内複数の窯元の作品を展示販売。春と秋の年2回ある窯出し市はお買い得。絵付け体験1100円～もできる。

☎089-962-3900 住砥部町宮内83 交バス停通谷口からすぐ 🕒9～17時 休水曜（祝日の場合は翌日） P150台 MAP P153C1

砥部焼ギャラリー紫音《とべやきぎゃらりーしおん》 Ⓔ

普段使いのできるかわいい器が並ぶセレクトショップ。砥部町内外の窯元、約10軒の作品が手に入る。

☎089-962-7674 住砥部町五本松885-13 🕒10～18時 休火曜、第3水曜（祝日の場合は翌日） 交バス停砥部焼伝産会館前から徒歩20分 P4台 MAP P153A2

※Ⓐ～Ⓕは商品を扱っている窯元の対応を示す

里巡りの拠点
砥部焼伝統産業会館

貴重な歴史的作品の展示や、窯元の作品を販売。マップもあるので窯元巡りの出発点として便利。

☎089-962-6600 ¥300円 休月曜(祝日の場合は翌日) 交松山市駅から伊予鉄バス砥部行きで46分、砥部焼伝統産業会館前下車すぐ MAP P153A1

●● 自由な発想が楽しいニューウェーブ ●●

D (上段)(手前から) 鉢1万1000円、飯碗8800円、マグカップ8800円、コップ7700円片口8800円(下段)飯碗(大)3960円(小)3630円、箸置990円

生石窯《いくしがま》

やわらかな色彩とデザインが魅力

パーツを貼り合わせた作風の西山千代子さん（上）と、北欧テイストがかわいい娘の美貴子さん（下）の作。どちらも絵本のような夢の広がる作品。

☎089-962-6003 住砥部町北川毛618 ⏰9～17時（要事前連絡） 休無休 交バス停砥部焼観光センター口から徒歩5分 P2台 MAP P153A1

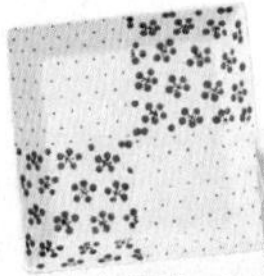

▲しかく皿大mix
青小紋2200円

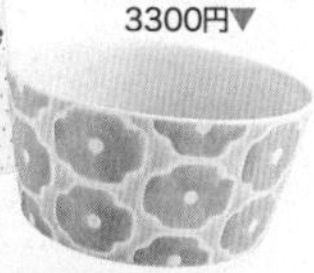

サラダボウル
(ピンクフラワー)
3300円▼

E 併設のギャラリーで買うこともできる

すこし屋松田窯《すこしやまつだがま》

遊び心いっぱいのポップな砥部焼

着物の柄からヒントを得た新感覚のデザイン。使い心地もよく、さりげなくオシャレに愛用できる。デザートカップなど用途もいろいろ。

☎089-962-1130 住砥部町大南826 ⏰9～17時（要事前連絡） 休不定休 交バス停砥部焼伝統産業会館前から徒歩10分 P3台 MAP P153A2

F (上段)カラフルフラワー マグカップ2750円、カラフルフラワー 5寸皿2200円、(下段)カラフルフラワー茶碗2750円

atelier《あとりえ》 LUXE《りゅくす》

普段使いも楽しめるキュートな器

誰が見てもかわいいものを作りたいという思いから生まれた、レースやバラの花のデザインが女性に人気。結婚の贈り物や引出物にもおすすめ。

☎089-962-1620 住砥部町宮内470 ⏰9～17時（要事前連絡） 休不定休 交松山市駅から伊予鉄バス断層口行きで40分、供養堂下車,徒歩10分 P2台 MAP P153C2

ここにも立ち寄りたい

カフェ&ギャラリー《かふぇあんどぎゃらりー》 もえぎの《もえぎの》 DEF

週替わりランチ1300円～と手作りスイーツが楽しめる。オーナーセレクトの約20の窯元の作品も展示販売。

☎089-916-3157 住砥部町川登495 交バス停大岩橋から車で3分 ⏰11～17時(12～2月は～16時、ランチ～14時、スイーツ14時～) 休火～木曜 P6台 MAP P153C2

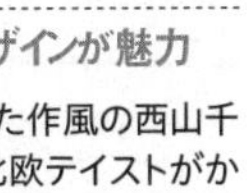

cafe restaurant《かふぇれすとらん》 jutaro《じゅたろう》

地元野菜をたっぷり使った「ジュタロウランチ」1650円～が人気。地元産フルーツのスイーツもある。

☎089-960-7338 住砥部町千足359 ⏰11～17時（16時30分LO） 休第2木曜 交バス停砥部焼観光センター口から徒歩5分 MAP P153B1

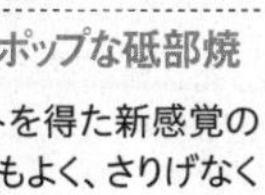

砥部町陶芸創作館《とべちょうとうげいそうさくかん》

砥部焼の体験施設。呉須を使った絵付け300円～をはじめ、予約をすればロクロや手びねり体験もできる。

☎089-962-6145 住砥部町五本松82 ⏰9～17時 休木曜（祝日の場合は翌日） 交バス停砥部焼伝統産業会館前から徒歩8分 P20台 MAP P153A2

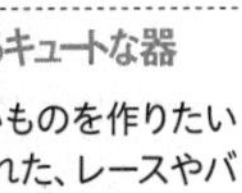

砥部にある坂村真民記念館で、癒やしの詩人・真民さんの詩の世界にゆったりと浸ってみよう。MAP P153A2

フォトジェニックな内子の町並みで手しごとのいいもの探し

江戸から大正の町家が並ぶ八日市《ようかいち》・護国《ごこく》の町並みと、暮らしの中に歴史が息づく本町通《ほんまちどお》り。散歩をすれば、手しごとの和雑貨や手作りの甘味にも出合えます。

access

電車●松山駅からJR予讃線特急で25分、内子駅下車
車●松山自動車道内子五十崎ICから国道56号を2km
広域MAP P153C3・4

街歩きのコツ

主なみどころが集まる八日市・護国の町並みは、内子駅から歩けば徒歩20分程度だ。タクシーやレンタサイクルを利用すると楽（レンタサイクル情報参照）。車は保存地区には乗り入れず、町並駐車場などに停めて散策しよう。

▶昔の商家や町家が並ぶ八日市護国の町並みは重要伝統的建造物群保存地区

① 内子座《うちこざ》

大正5年（1916）に建てられた芝居小屋を修理復原。花道や回り舞台など歌舞伎設備がある。館内はスタッフによる説明を聞きながら見学できる。

☎0893-44-2840 住内子町内子2102 ¥400円 ◷9時～16時30分 休12月29日～1月2日 交JR内子駅から徒歩10分 P8台 MAP P153C4

レンタサイクル情報

レンタサイクルを使って気軽に散策！ シティサイクル、E-bike、クロスバイクから選べる。3時間500円～。問合せは内子旅の案内所「旅里庵」へ。

② 商いと暮らし博物館《あきないとくらしはくぶつかん》(内子町歴史民俗資料館《うちこちょうれきしみんぞくしりょうかん》)

江戸から明治にかけて建てられた商家に、人形や昔の道具を使って大正時代の薬屋の暮らしを再現。

☎0893-44-5220 住内子町内子1938 ¥200円 ◷9時～16時30分 休12月29日～1月2日 交JR内子駅から徒歩15分 P町並駐車場65台(300円) MAP P153C4

③ 内子旅の案内所「旅里庵」《うちこたびのあんないしょたびりあん》

内子の名所の絵ハガキセット300円～や、メモ紙150円～など、大洲和紙製品は手ごろでかわいい。

☎0893-43-1450 住内子町内子324 ◷9～17時 休年末年始 交JR内子駅構内 Pなし MAP P153C4

5 本芳我家住宅《ほんはがけじゅうたく》

明治中期に建てられた製蠟業者の屋敷。なまこ壁や鏝《こて》絵《え》など漆喰の意匠が華やか。外観と庭（9時～16時30分）のみ見学可。国の重要文化財。

☎0893-44-5212(八日市・護国町並保存センター) 住内子町内子2888 ¥見学無料 ⏲休外観自由 交JR内子駅から徒歩23分 P町並駐車場65台（300円）MAP P153C3

6 木蠟資料館《もくろうしりょうかん》 上芳我邸《かみはがてい》

明治中期に上棟された製蠟業者の屋敷。主屋や炊事場は、昔の豪商の暮らしが目に浮かぶよう。国の重要文化財。庭とカフェのある土蔵は無料。

☎0893-44-2771 住内子町内子2696 ⏲9時～16時30分 ¥500円 休12月29日～1月2日 交JR内子駅から徒歩25分 P町並駐車場65台(300円) MAP P153C3

4 蕎麦《そば》つみ草料理《つみくさりょうり》 下芳我邸《しもはがてい》

約130年前の商家を改装した食事処。風情ある店内で、国産そば粉を使用したそばと内子産の食材を使った料理が味わえる。野遊び弁当1850円が人気。

☎0893-44-6171 住内子町内子1946 ⏲11～15時 休水曜 交JR内子駅から徒歩15分 P10台 MAP P153C4

7 森文《もりぶん》あま酒茶屋《あまざけちゃや》

創業約130年の老舗醸造所。

☎0893-44-3057 住内子町内子2240-1 ⏲8～17時 休無休 交JR内子駅から徒歩18分 P4台（1時間200円・買い物をすると無料）MAP P153C3

◀手作りフルーツジャム540円と、店内で味わえる甘酒300円

9 手しごと職人《てしごとしょくにん》の家《いえ》 うちこの和《うちこのわ》

特産の杉を使った木工品や和紙など内子の伝統工芸品がずらりと並ぶ。

☎0893-44-7776 住内子町内子2899-2 ⏲10～16時 休火～木曜（祝日の場合は営業）交JR内子駅から徒歩20分 Pなし MAP P153C3

▲小判型曲げワッパ弁当箱小6050円など

▶大森和ろうそくの和ろうそく297円～

▶作業風景も見学できる

8 武工房《たけこうぼう》

ポシェット5万円～やバッグ、茶卓など竹製品を製作販売。

☎090-3161-8645(武智) 住内子町内子2875-1 ⏲9～18時 休不定休 交JR内子駅から徒歩21分 Pなし MAP P153C3

▲内子の鍛冶屋「自在鋼房」が作る燭台2200円～

10 大森和蝋燭屋《おおもりわろうそくや》

木蠟を塗り重ねる昔ながらの方法で和ろうそくを作る店。手仕事の様子を見学できる。内子の職人さんが作るろうそく立ても売っている。

☎0893-43-0385 住内子町内子2214 ⏲9～17時 休火・金曜（営業の場合もある）交JR内子駅から徒歩18分 Pなし MAP P153C3

内子座、商いと暮らし博物館、木蠟資料館 上芳我邸の3館セット入館券は900円。

しまなみ海道絶景ドライブでグルメもアートも楽しもう！

眼下に瀬戸内海の多島美が広がる全長60㎞の「しまなみ海道」。爽快気分が満喫できる海上ドライブは感動がいっぱいです。

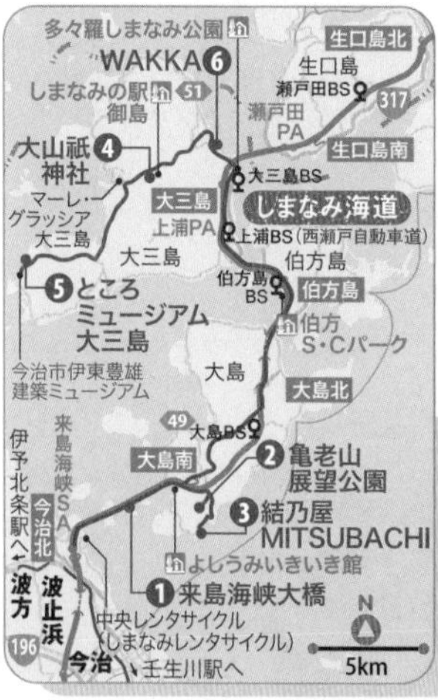

しまなみ海道ドライブアドバイス

松山市街から今治北ICまでは車で約1時間30分。各島のICのうち、因島、生口島、大島のICは上りまたは下りの一方しか利用できないハーフICなので注意。

広域MAP P152

START！ 今治北IC

車で約3km

1 来島海峡大橋《くるしまかいきょうおおはし》

美しく雄大な世界初の三連吊橋

日本三大急潮のひとつ来島海峡に架かる来島海峡大橋。瀬戸の島々と近代的な橋とのコントラストが美しい。

☎0898-23-7250（JB本四高速しまなみ今治管理センター）MAP P64・P152A4

▲全長約4km、3つの吊橋が連なる

車で約10km

◀眼下に来島海峡大橋を望む

▲地中埋設式の構造も珍しい

2 亀老山展望公園《きろうさんてんぼうこうえん》

しまなみ随一のビュースポット

360度のパノラマが楽しめる絶景ポイント。天気のよい日には、今治市街や遠く石鎚山を望むことができる。展望台自体も景観を損ねないように設計されている。

☎0897-84-2111（今治市吉海支所住民サービス課）住今治市吉海町南浦487-4 交西瀬戸自動車道大島南ICから車で10分 P18台 MAP P152B4

車で約6km

3 結乃屋《ゆいのやみつばち》 MITSUBACHI

地元の食材たっぷりのランチ

海のそばに佇むカフェ&民宿。オーシャンビューの広間とテラス席で、島の食材を使ったみつばちランチ1650円（要予約）が味わえるほか、カフェメニューも充実。1泊2食付は1万6000円～。

☎0897-72-8345 住今治市吉海町南浦825 ⏰11～15時（ランチは予約制）休日～火曜 P12台 MAP P152B4

▲夏季限定のみつばちランチ1650円は地元産のシラス丼がメイン

▲海に面したテラス席

車で約30km
大島大橋、大三島大橋を渡る

(写真:今治地方観光協会)

GOAL!

大三島IC

車で
約5km

しまなみレンタサイクルで爽快サイクリング

しまなみ海道を自転車でのんびり散策もおすすめ。潮風を感じながら瀬戸内海を走り抜けよう。

☎0848-22-3911(しまなみジャパン) ¥1日2000円～(保証料1100円、乗り捨ては保証料返却不可) MAP P152A4

◀島々が浮かぶ穏やかな瀬戸内海に癒やされる

6 WAKKA《わっか》

オープンテラスの絶景カフェ

潮風が吹き抜ける屋外のオープンテラスで、多々羅大橋を眺めながらくつろげるカフェ。一流のバリスタによるコーヒーやスイーツのほか、島の食材を使ったランチも味わえる。

▲洋ナシのカスタードタルト770円、カプチーノ690円

☎0897-72-8705 住今治市上浦町井口6691-1 🕒11～17時(冬期は～15時、食事は14時LO) 休火曜 P24台 MAP P152B2

車で
約11km

4 大山祇神社《おおやまづみじんじゃ》

神聖な空気漂うパワースポット

古くから多くの信仰を集める由緒ある神社。国宝や重文に指定された武具・甲冑の約8割を所蔵することでも知られる。☎

▲樹齢約2600年を誇る御神木の大楠

☎0897-82-0032 住今治市大三島町宮浦3327 ¥拝観無料(宝物館は入館1000円) 🕒宝物館は9～16時(入館は～15時30分) 休無休 交西瀬戸自動車道大三島ICから車で15分 P市営利用80台 MAP P64・P152A2

車で
約8km

ココに立ち寄り

今治市伊東豊雄建築ミュージアム《いまばりしいとうとよおけんちくみゅーじあむ》

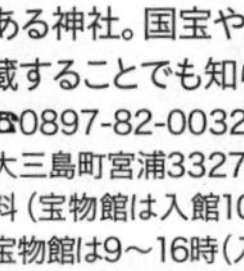

世界的建築家・伊東豊雄の大三島での島づくりの活動内容と、再生された旧自邸を展示。敷地内には瀬戸内海を背景にした屋外展示もある。

DATA ☎0897-74-7220 住今治市大三島町浦戸2418 ¥入館840円 🕒9～17時 休月曜(祝日の場合は翌日) 交西瀬戸自動車道大三島ICから車で25分 P7台 MAP P152A3

◀入口のドアも作品のひとつ

5 ところミュージアム大三島《ところみゅーじあむおおみしま》

▲眼前の瀬戸内海を望むテラス

海に面した現代アート美術館

瀬戸内海を一望できる斜面に建てられた独創的な建物が目印。国内外の現代アート作家の作品を楽しもう。

☎0897-83-0380 住今治市大三島町浦戸2362-3 ¥入館310円 🕒9～17時 休月曜(祝日の場合は翌日) 交西瀬戸自動車道大三島ICから車で25分 P5台 MAP P64・P152A3

亀老山頂上手前の道の途中には、写真家・安藤喜多夫氏の絶好の撮影スポット「ANDO POINT」(MAP P152B4)がある。来島海峡大橋を撮るならココがおすすめ。

しまなみ海道の玄関口・今治で名産品&名物グルメ探し

日本一のタオル、名物スイーツ、そしてせっかちな今治気質が生んだうまい・早い・安いご当地グルメを一気にご紹介します。

今治産タオル買っちゃおう!

今治の心と自然をテーマに、今治市の花・ツツジがデザインされた限定商品。今治タオルブランド認定番号 第2021-1106号

今治《いまばり》タオル 本店《ほんてん》 ふわり今治の自然 各500円～

☎0898-34-3486 住今治市東門町5-14-3テクスポート今治内 ◷9時30分～18時 休無休 交JR今治駅からせとうちバス今治営業所行きで10分、終点下車、徒歩7分 P50台 MAP P152B1

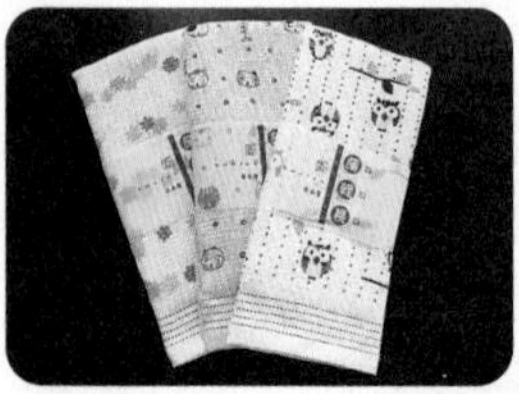

薄い!軽い!長い!がコンセプトの「コンテックス」タオルてぬぐい。100柄以上のなかからお気に入りの一枚を探せるのがうれしい。

コンテックス タオルガーデン 今治《いまばり》の タオルてぬぐい 各770円

☎0898-23-3933 住今治市宅間甲854-1 ◷10時～17時45分 休月曜(祝日の場合翌日休) 交JR今治駅から車で15分 P10台 MAP P152A4

オーガニックコットンの素材にこだわったシンプルでお洒落なタオル・ベビーシリーズ。やさしい肌触りが敏感肌でも安心。

オルネットのOh dear!シリーズ 各715円～

☎0898-22-7613 住今治市八町西2-4-8 ◷9～17時 休日曜、祝日、土曜不定休 交JR今治駅から車で10分 P3台 MAP P152A4

名物スイーツもお試しあれ!

老舗和菓子店が作る5～9月末限定のかき氷がおすすめ。なかでも生のイチゴを使った色鮮やかなイチゴシロップは絶品。

登泉堂《とうせんどう》のいちごミルク 900円

☎0898-22-5735 住今治市郷新屋敷町2-5-30 ◷10～18時(かき氷は11時～17時45分LO) 休月曜(祝日の場合は翌日) 交今治小松道今治湯ノ浦ICから車で16分 P32台 MAP P152A4

淡雪のような口溶けの特製かき氷が人気の洋菓子店。シーズンには30種、オフシーズンでも10種のフレーバーが楽しめる。

Tamaya《たまや》のミルクセーキ 700円～

☎0898-22-2076 住今治市共栄町2-2-54 ◷11～20時 休不定休(7・8月は無休) 交JR今治駅から徒歩10分 P1台 MAP P152A1

契約農園のミカンが丸ごと入った大福。白餡のほどよい甘さとジューシーなミカンとの絶妙のハーモニーがたまらない。

一福百果《いちふくひゃっか》・清光堂《せいこうどう》のまるごとみかん大福 454円

☎0898-48-0426 住今治市郷桜井3-4-5 ◷10～18時 休日・月曜 交今治小松道今治湯ノ浦ICから車で6分 P4台 MAP 折込裏D2

国内最大級の産直市・さいさいきて屋

地元JA直営の産直市・さいさいきて屋では、農水産物から加工品まで旬のおいしい今治みやげが豊富に揃う。

☎0898-33-3131 住今治市中寺279-1 交西瀬戸自動車道今治ICから車で10分 ◷産直市9～18時、食堂11～15時、カフェ9～17時 休1月1～3日 P230台 MAP P152A4

鉄板で焼く 今治焼き鳥はいかが？

自家農園で育てたオリジナル地鶏「伊予水軍鶏」を使ったジューシーな肉質が自慢。来島海峡の旬の活魚メニューも人気。皮427円。

やきとり山 鳥《さんちょう》

☎0898-22-7188 住今治市末広町1-4-7 ◷17～23時 休月曜 交JR今治駅から徒歩15分 P10台 MAP P152A1

40年継ぎ足し続ける秘伝のタレを使った鳥めし550円は、全国やきとりんピック日本一に輝いたことがある名物丼。

新味鳥《しんみどり》

☎0898-24-2662 住今治市常盤町8-2-14 ◷18～23時 休月曜 交JR今治駅から車で5分 P15台 MAP P152A4

名物の皮297円は親鳥を使用していてしっかりとした歯ごたえがおいしい。鶏ミンチを挟んだ元祖・れんこん297円も人気。

鳥 林《とりばやし》

☎0898-32-1262 住今治市南大門町1-6-17 ◷17～22時 休日曜 交JR今治駅から徒歩5分 P2台 MAP P152A1

B級グルメ代表 焼豚玉子飯

昭和45年(1970)焼豚玉子飯を初メニュー化した元祖店。創業当時からの味とボリュームを守り、甘辛い秘伝のタレがたまらない。880円。

白楽天《はくらくてん》 今治本店《いまばりほんてん》

☎0898-23-7292 住今治市常盤町4-1-19 ◷11～15時、17～22時 休火曜 交JR今治駅から徒歩8分 P14台 MAP P152A1

40年以上継ぎ足してきた秘伝のタレと、柔らかい特製焼豚との相性が抜群。いたってシンプルだがやみつきの一品。並盛800円。

重松飯店《しげまつはんてん》

☎0898-22-6452 住今治市大正町5-4-47 ◷11時45分～13時45分、18時～19時45分（要確認）休月曜、水～金曜の夜 交JR今治駅から徒歩15分 P11台 MAP P152A4

創業70年以上の老舗の三代目が作る、しっかりとした味付けの刻んだ焼き豚が特徴。カレー味などバリエーションも豊富。800円～。

大黒屋飯店《だいこくやはんてん》

☎0898-47-1828 住今治市喜田村6-1-23 ◷11時～13時30分 休水曜 交JR今治駅から車で10分 P7台 MAP P152B4

地元で育まれた食材や郷土料理を松山タウンで味わいましょう

海と山に囲まれた温暖な愛媛は食材の宝庫。
その素材を生かしたとっておきの料理が味わえるスポットをご紹介します。

松山鮓

正岡子規や夏目漱石も好んだハレの日のごちそう

二番町

日本料理《にほんりょうり》 すし丸本店《すしまるほんてん》

瀬戸内の魚介を生かした寿司や郷土料理が味わえる老舗。

☎089-941-0447 住松山市二番町2-3-2 ◷11～14時、16時30分～22時（変動あり）休無休 交JR松山駅前から伊予鉄道路面電車道後温泉行きで13分、大街道下車、徒歩4分 Pなし MAP折込表回B2

松山鮓
1320円
小魚でだしをとった甘めのすし飯の上にアナゴなど瀬戸内の幸が盛りだくさん！

座敷のほかテーブル席もあり

ステーキ

二番町

アクワラングIMURA《あくわらんぐいむら》

シェフの見事な手さばきを見られる老舗のステーキハウス。愛媛のブランド牛、伊予麦酒牛を堪能できる。秘伝のタレも美味。

☎089-931-2329 住松山市二番町3-2-8 ◷11時30分～14時LO、17時30分～21時LO（月・木曜は夜のみ）休火曜 交電停大街道から徒歩5分 Pなし MAP折込表回B2

あたたかみのある外観

伊予麦酒牛のヒレステーキ重（100g）
2079円
ジューシーなお肉とご飯は抜群の相性

表面の焼き色が食欲をそそる

美しい盛り付けで優雅にランチタイム

フレンチ

三番町

瀬戸内風仏蘭西料理《せとうちふうふらんすりょうり》レストラン門田《れすとらんかどた》

愛媛を代表するフレンチの老舗。手軽に味わえるランチは2200円～。夜は予約優先。

☎089-931-3511 住松山市三番町3-4-25 ◷11～15時、17～22時 休水曜（祝日の場合は翌日）交電停大街道から徒歩8分 P契約利用 MAP折込表回B3

ランチ
津和地島コース
3300円
門田特製のローストビーフをメインに、旬の地元食材を生かしたコース

お箸も用意されたテーブル

※電停大街道までのアクセスは日本料理すし丸本店の交通を参照

立ち飲みスタイルで地酒を飲み比べ

愛媛の地酒を扱うアンテナショップ「一酒一感 蔵元屋」(☞P71)。ワンショット300円～と気軽に味わえるので、好みの地酒探しにおすすめ。じゃこ天300円などちょっとしたおつまみもある。
☎089-934-5701 MAP折込表◻B2

鯛めし

大街道

松山鯛《まつやまたい》めし 秋嘉《あか》

愛媛に2種類ある鯛めし、松山風（北条風）と宇和島風（南予風）の両方が揃う店。看板メニューは、鯛と米を一緒に昆布だしで炊き上げた、松山鯛めし。宇和島鯛めし膳2200円のほか、鯛せんべい400円などの鯛料理も。

☎089-909-7652 住松山市大街道3-5-1 🕒11時～14時30分LO、17時30分～20時LO 休不定休 交電停大街道から徒歩2分 Pなし MAP折込表◻B2

和の落ち着いた佇まい

鯛の旨みがしみこんだ
松山の郷土料理

松山鯛めし膳
2350円
注文ごとに土鍋で炊く松山鯛めしに、鯛の刺身や天ぷらが付く

鯛そうめん

三番町

郷土料理《きょうどりょうり》 五志㐂《ごしき》

愛媛のさまざまな郷土料理を味わえる和食処。南予地方の祝いの席の華やか料理「鯛そうめん」は、単品ほかみかん寿司やじゃこカツなどとセットになった欲張りなランチもある。

☎089-933-3838 住松山市三番町3-5-4 🕒11～14時、17時～21時30分 休不定休 交電停大街道から徒歩6分 Pなし MAP折込表◻B2

重厚感ある店構え

鯛そうめん
1900円
松山名物・五色そうめんの上に味付けされた鯛が豪快に乗っている

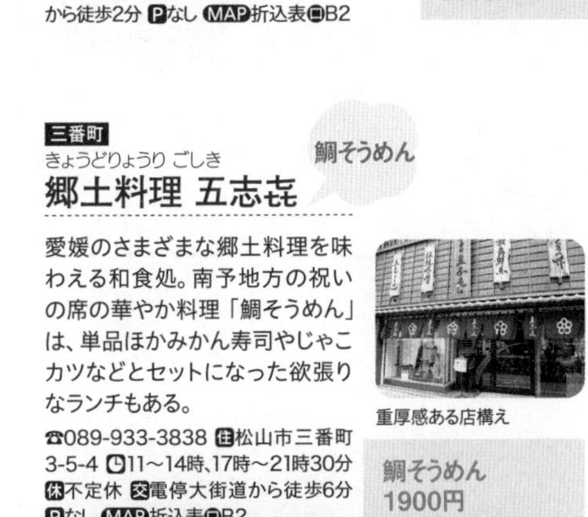

そうめんの海を鯛が
泳いでるよう

鍋焼きうどん

湊町

アサヒ《あさひ》

昭和22年(1947)の創業以来、松山名物・鍋焼きうどん一筋の老舗。長い間使われてきたテーブルなどがある昭和レトロな店内で、甘めのうどんを味わって。

☎089-921-6470 住松山市湊町3-10-11 🕒10～16時(売切れ次第終了) 休火・水曜 交電停大街道から徒歩10分 Pなし MAP折込表◻B3

ノスタルジックな外観

鍋焼きうどん
800円
甘めのつゆとアルミ鍋で煮るスタイルが松山風。具材もたっぷり

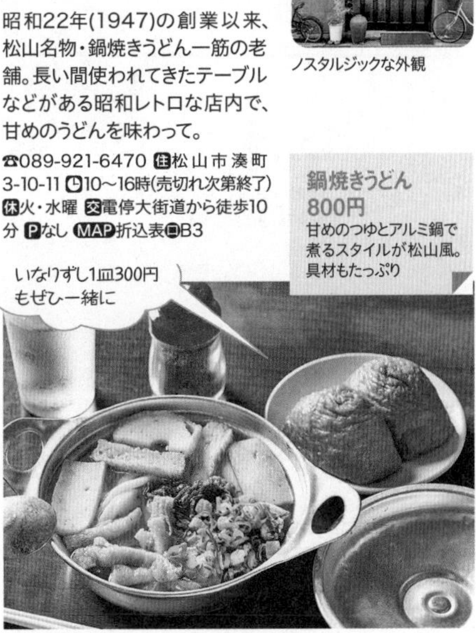

いなりずし1皿300円
もぜひ一緒に

📖 松山名物五色そうめんの色は、蕎麦・玉子・梅・茶による天然のもの。郷土料理 五志㐂(☞P69)などで購入できる。

おいしい＆かわいい♡ 愛媛みやげを集めました

愛媛の伝統工芸をハイセンスにアレンジした雑貨をはじめ、
地元クリエーターの人気作品、話題のおいしいものなどをセレクト。

おいしい おみやげ

ちゅうちゅうゼリー

各360円～〔オレンジフーズ〕

完熟果汁を70%以上使用した、ミカンそのものなゼリー。定番の温州みかんほか、旬の柑橘が揃う ❷❹❻❽

真鯛チーズディップ

507円〔あいさと〕

愛媛県産の真鯛とまろやかなチーズを使ったディップ。サラダなどお料理のアクセントにもよい ❷❻❽

with ソルト＆伊予柑ピールチョコレート

780円〔GOOD CACAO〕

伊予柑ピールと伯方の塩を混ぜ込んだチョコレート。絶妙な風味となめらかな口溶けがたまらない ❷

愛媛の地酒 山丹正宗しずく媛

1820円（720mℓ）

愛媛のお米を使ったやさしい味の純米吟醸酒。石鎚緑ラベル1860円、城川郷尾根越えて1540円も人気 ❺❽

まどんなのよろこびハーフ

1674円～〔グリップコーポレイション〕

高級柑橘の紅まどんなをたっぷり使ったさっぱりとした甘さのケーキ ❶❷❻❽

霧の森大福 195円

お茶処・新宮町のかぶせ抹茶を使った、お取り寄せでも人気の大福。ばら売りは午前中に売り切れることも ❼

ウスズミキューブ（クラシック・キャラメル・ショコラ）

各410円〔薄墨羊羹〕

松山銘菓、薄墨羊羹が食べやすい一口サイズに。キャラメル・ショコラは洋風の新感覚ようかん ❶❷❻❽

※❷は冬期のみ

瀬戸内鯛めし（2合用）

1170円～〔愛媛海産〕

瀬戸内の天然真鯛を使った鯛めしの素。米と一緒に炊飯器で炊くだけの手軽さで、本格派鯛めしが味わえる ❶❻

愛媛のいいもの一堂に

松山

伊織 松山店《いおり まつやまてん》 ❶

☎089-993-7557 住松山市大街道3-2-45 営9時30分～19時 休無休 交電停大街道から徒歩5分 Pなし MAP折込表◘B2

デパートでみやげ探し

松山

十五万石 YUI《じゅうごまんごく ゆい》 ❷

☎089-934-5890 住松山市一番町3-1-1松山三越1F 営10～19時 休無休 交電停大街道からすぐ P松山三越駐車場利用（有料） MAP折込表◘B2

こだわりのみやげ物が多数

道後温泉

歩音《あるね》 ❸

☎089-906-5467 住松山市道後湯之町4-56 営12時～17時30分 休火曜（祝日の場合は営業） 交伊予鉄道道後温泉駅から徒歩4分 Pなし MAP折込表◘D3

柑橘製品が豊富に揃う

道後温泉

えひめ果実倶楽部みかんの木《えひめかじつくらぶみかんのき》 ❹

☎089-941-6037 住松山市道後湯之町13-15 営9時30分～18時30分（土曜は～20時） 休無休 交伊予鉄道道後温泉駅から徒歩3分 Pなし MAP折込表◘D3

※❶～❽は商品を扱っている店。

かわいい おみやげ

みきゃんフェイスマスク
495円（1枚入り）〔愛媛屋〕
温州みかんや真珠エキスなど愛媛の恵みを詰め込んだ、肌に嬉しいみきゃん顔のフェイスマスク ❻❽

yaetocoバスソルト（ぽんかん・甘夏）
各275円〔無茶々園〕
西予市明浜地区で有機栽培された柑橘の精油を使った入浴剤。さわやかな香りで贅沢なバスタイムを ❶

木春（アロマストーン付・桐箱入り）
4400円〔椿のおもてなし〕
松山市の市花である椿をイメージしたアロマオイルは凛とした香り。椿型のアロマストーンとのセット商品 ❶

張子 姫だるま
赤・白 各1320円〔五代目両村作〕
愛媛の郷土玩具「姫だるま」の張子。道後温泉の湯玉があしらわれていて、旅の思い出にぴったり ❸

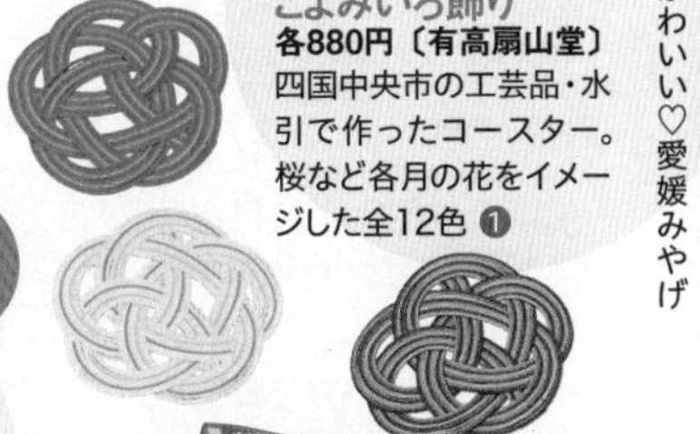

こよみいろ飾り
各880円〔有高扇山堂〕
四国中央市の工芸品・水引で作ったコースター。桜など各月の花をイメージした全12色 ❶

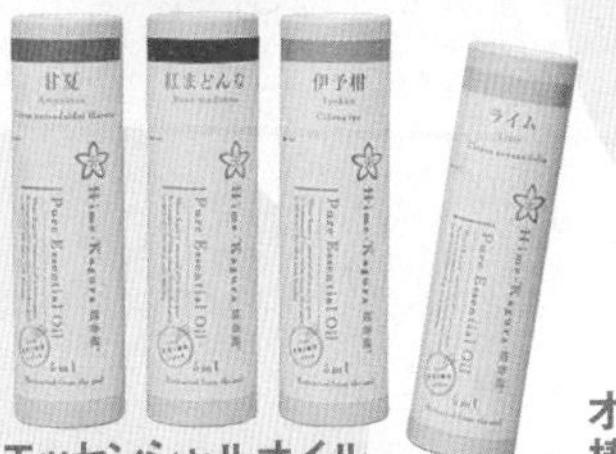

エッセンシャルオイル
各1572円～（5mℓ）〔媛香蔵〕
瀬戸内の柑橘果皮から抽出した天然精油。ハンカチに数滴落としたり、芳香拡散器で香りを楽しめる ❶

オリジナル 椿湯香茶碗
2530円〔歩音〕
すっと手になじむ独特のフォルムが印象的な湯呑み茶碗。紅白の椿があしらわれ、気分が華やかに ❸

ミカンの花 オレンジ ミニハンカチ
880円〔伊織〕
愛媛らしさが詰まった今治タオル（認定番号 第2015-125号）。オレンジ色は愛媛限定カラーなのでぜひ ❶

地酒のアンテナショップ
松山
一酒一感《いっしゅいっかん》 蔵元屋《くらもとや》 ❺
☎089-934-5701 住松山市一番町1-11-7濱商一番町ビル1F 時12～21時 休月曜 交電停大街道から徒歩3分 Pなし MAP折込表B2

定番の物産が集結
松山
えひめ愛顔の観光物産館《えひめえがおのかんこうぶっさんかん》 ❻
☎089-961-4501 住松山市大街道3-6-1岡崎産業ビル1F 時9～18時 休無休 交電停大街道から徒歩4分 Pなし MAP折込裏B2

イートインもＯＫ
松山
霧の森菓子工房《きりのもりかしこうぼう》 松山店《まつやまてん》 ❼
☎089-934-5567 住松山市大街道3-3-1 時9時30分～17時30分 休第4月曜（祝日の場合は営業） 交電停大街道から徒歩2分 Pなし MAP折込表B2

松山駅のみやげ専門店
松山
Kiosk《きよすく》 松山銘品館《まつやまめいひんかん》 ❽
☎089-934-2161 住松山市南江戸1-14-1 時8～20時 休無休 交時室松山駅構内 Pなし MAP折込表A2

えひめ愛顔の観光物産館にある「蛇口からみかんジュース」は1杯100円。フォトジェニックスポットとしても人気。

ココにも行きたい

松山&周辺のおすすめスポット

愛媛県美術館《えひめけんびじゅつかん》

松山城を仰ぐ城山公園内の美術館

モネや郷土出身の画家など、国内外の秀逸な作品を所蔵・展示する。幅広いジャンルの企画展も評判。DATA ☎089-932-0010 住松山市堀之内 ¥入館330円（企画展は別途）◷9時40分～18時 休月曜（祝日の場合は翌日、第1月曜は開館し翌日休館）交JR松山駅前から伊予鉄道路面電車松山市駅前行きなどで7分、南堀端下車、徒歩すぐ P県庁西駐車場利用 MAP折込表回B2

松山城二之丸史跡庭園《まつやまじょうにのまるしせきていえん》

ゆったりとした時の流れる空間

松山城二之丸御殿跡を整備した庭園。間取りを流水で再現した奥御殿跡流水園など、情緒ある手法で当時の姿を表現している。平成25年10月に恋人の聖地に認定された。DATA ☎089-921-2000 住松山市丸之内5 ¥入園200円 ◷9～17時（季節により異なる）休12月第3水曜 交JR松山駅前から伊予鉄道路面電車道後温泉駅行きで11分、県庁前下車、徒歩5分 P31台 MAP折込表回B2

秋山兄弟生誕地《あきやまきょうだいせいたんち》

偉大な先人の功績にふれる

司馬遼太郎の小説『坂の上の雲』で正岡子規と共に主人公として描かれた秋山好古・真之兄弟の生家を忠実に復元。貴重な資料や映像で2人の足跡をたどることができる。庭には真之胸像と好古騎馬像が立つ。DATA ☎089-943-2747 住松山市歩行町2-3-6 ¥入場300円 ◷10～17時 休月曜（祝日の場合は翌日）交電停大街道から徒歩5分 Pなし MAP折込表回B2

Art Labo KASURI《あーと らぼ かすり》

伊予かすりのショッピングも楽しめる

日本三大かすりに数えられる伊予かすりの、200年に渡る歴史や製造工程を紹介する施設。天然藍染め体験1500円～（所要約60分）や、姫だるま製作体験1600円（所要約60分）で、愛媛の伝統工芸にチャレンジするのもおすすめ。各体験は要事前予約。DATA ☎089-968-1161 住松山市大街道3-8-1 ¥入館無料 ◷9～17時 休無休 交電停大街道から徒歩5分 Pなし MAP折込表回B2

子規堂《しきどう》

在りし日の正岡子規に思いを馳せる

子規が17歳まで過ごした住まいの一部を、菩提寺である正宗寺の境内に移設した資料館。子規の直筆原稿や愛用した机など、貴重な資料の数々で子規の生涯にふれられる。境内には子規の三周忌に建立された埋髪塔もある。DATA ☎089-945-0400 住松山市末広町16-3 ¥入館50円 ◷9～17時（入館～16時40分）休無休 交電停松山市駅から徒歩5分 P10台 MAP折込表回B3

伊丹十三記念館《いたみじゅうぞうきねんかん》

伊丹十三らしさを随所に感じる

高校時代を松山で過ごした伊丹十三の記念館。エッセイストや映画監督などの仕事や趣味を、豊富な資料を用いて13のコーナーで紹介。グッズショップや入館者専用カフェも併設。DATA ☎089-969-1313 住松山市東石井1-6-10 ¥入館800円 ◷10～18時 休火曜（祝日の場合は翌日）交伊予鉄道松山市駅から伊予鉄バス砥部線で21分、天山橋下車、徒歩2分 P20台 MAP P153C1

愛媛県立とべ動物園《えひめけんりつとべどうぶつえん》

行動展示型獣舎でかわいいしぐさを観察

丘陵地に立つ西日本最大級の動物園。人工哺育の日本記録をもつホッキョクグマのピースほか約150種の動物を展示している。DATA ☎089-962-6000 住砥部町上原町240 ¥入園500円 ◷9～17時（入園は～16時30分）休月曜（祝日の場合は翌日）交伊予鉄道松山市駅から伊予鉄バスえひめこどもの城行きで36分、とべ動物園前下車、徒歩5分 P2000台（1日300円）MAP P153C1

CAFÉCABARET《かふぇかばれ》

居心地のよいビストロで地元食材を満喫

パリの食堂のような雰囲気。甘とろ豚のハンバーグセット（ランチ限定）1650円は、甘とろ豚100%のミンチをジューシーに焼き上げたハンバーグで、愛媛のブランド肉を堪能できる。DATA ☎089-934-6271 住松山市花園町3-1佐伯ビル3F ◷11時30分～14時、18～22時（金曜は夜のみ、土曜は11時30分～22時、日曜・祝日は～21時）休月・火曜 交電停松山市駅から徒歩2分 Pなし MAP折込表回A3

鉄板ダイニングバルゆう《てっぱんだいにんぐばるゆう》

ブランド肉をランチやディナーで

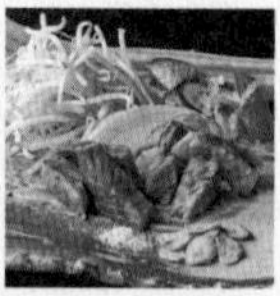

愛媛あかね和牛ランプステーキランチ3500円や夜のコース料理で、希少な愛媛あかね和牛を味わえる。ランチタイムには愛媛あかね和牛のビーフシチューオムライスSサイズ1000円と、手ごろなメニューもある。予約がおすすめ。DATA ☎089-907-0029 住松山市千舟町3-2-1三田ビル1階 ◷11～15時、18～22時 休月・木曜 交松山市駅から徒歩10分 Pなし MAP折込表回B3

かどや《かどや》 大街道店《おおかいどうてん》

愛媛グルメの代表格・宇和島鯛めし

電停大街道そばにある、宇和島の郷土料理を味わえる食事処。新鮮な鯛の刺身を卵を溶いた冷たいだし汁に絡ませ、アツアツごはんにのせて味わう宇和島鯛めし1700円が人気。ほかにもじゃこ天やふくめんなど愛媛の南予地方の郷土料理が揃う。DATA ☎089-947-4600 住松山市大街道3-1-1地下1階 ◷11時～14時30分、17～22時 休無休 交電停大街道から徒歩すぐ Pなし MAP折込表◘B2

漱石珈琲店《そうせきこーひーてん》 愛松亭《あいしょうてい》

漱石ゆかりの地でティータイム

夏目漱石が松山赴任当初に下宿した「愛松亭」跡地に立つ和モダンなカフェ。愛媛のフルーツパフェ1300円で、愛媛の柑橘をはじめとした旬の果実をたっぷり味わえる。萬翠荘（☞P59）そばにあり、緑豊かなテラス席もおすすめ。DATA ☎089-993-7500 住松山市一番町3-3-7 ◷10～17時 休月・木曜（祝日の場合は営業） 交電停大街道から徒歩5分 P20台（萬翠荘と共有） MAP折込表◘B2

Café BC《かふぇ びーしー》

コーヒー通に人気のカフェ

昭和44年（1969）創業の老舗。有機栽培などの豆を、個性に合わせ自家焙煎したコーヒーが評判。BCスペシャリティブレンド3種各600円や、愛媛産フルーツなどを使った季節の果物のタルト650円～が味わえる。自家製ボロネーゼ980円～も人気。DATA ☎089-945-9295 住松山市大街道2-2-20 ◷9～18時 休木曜（祝日の場合は営業） 交電停大街道から徒歩5分 Pなし MAP折込表◘B2

フルーツパーラーみしま《ふるーつぱーらーみしま》

旬のフルーツを使ったスイーツ

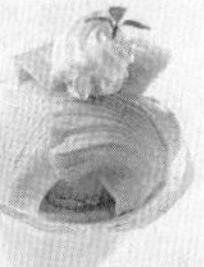

老舗果物店が経営する地元で人気のパーラー。7～9月ごろ限定のマンゴーパフェ1500円など、旬の選び抜いたフルーツの味を生かした、スイーツやジュースが味わえる。フルーツたっぷりのコトコトカレー850円（11時30分～14時30分）も名物。DATA ☎089-921-8598 住松山市大街道2-5-5 ◷10～19時 休水曜 交電停大街道から徒歩2分 Pなし MAP折込表◘B2

タオル美術館《たおるびじゅつかん》

タオルアートの鑑賞とショッピング

タオルをアートとして魅せるスポット。キャラクターから各ブランドまで、さまざまなタオルが豊富に揃い、ショップやレストランも併設。ギャラリー（入館800円）では製造工程の見学もできる。DATA ☎0898-56-1515 住今治市朝倉上甲2930 ¥入館無料（ギャラリー入館800円） ◷9時30分～18時 休冬期に休館日あり（要事前確認） 交JR今治駅から車で25分 P250台 MAP折込裏D2

東道後《ひがしどうご》のそらともり《のそらともり》

天然温泉とサウナでリラックス

宿やレストランを備える複合温浴施設。美肌の湯と呼ばれる天然温泉を露天風呂などの多彩な浴槽で楽しめる。天然アロマ水を使ったセルフロウリュのサウナ室もありリラックスできる。館内着とタオルが借りられる（入館料込）ので手ぶらでもOK。DATA ☎089-970-1026 住松山市南久米町3-1 ¥入館1500円 ◷5～24時札止め 休無休 交伊予鉄道久米駅から徒歩4分 P250台 MAP P153C1

地元っ子御用達の ほっこりおやつ

松山で愛され続ける昔ながらの素朴なおやつは、おみやげにも喜ばれそう。

みよしの《みよしの》

手間ひまかけた優しい味わい

5色おはぎ700円が人気の老舗甘味処。テイクアウトも可能で、売り切れも多いので予約がおすすめ。DATA ☎089-932-6333 住松山市二番町3-8-1 ◷10時～売切れ次第終了 休火・水曜 交電停大街道から徒歩4分 Pなし MAP折込表◘B2

労研饅頭《ろうけんまんとう》たけうち《たけうち》 大街道支店《おおかいどうしてん》

昭和6年の創業以来受け継ぐ酵母菌

素朴な味わいの労研饅頭1個150円は松山のソウルフード。うずら豆やよもぎつぶあんなど全14種類。DATA ☎089-921-6997 住松山市大街道2-3-15 ◷9時30分～19時（売切れ次第閉店） 休水曜 交電停大街道から徒歩3分 Pなし MAP折込表◘B2

西岡菓子舗《にしおかかしほ》

ふわっ、トロッの人気和菓子

西岡のつるの子1個220円は、柔らかな食感と濃厚な黄身クリームが絶品。DATA ☎089-925-5642 住松山市道後一万9-56 ◷9時30分～16時 休日・月曜 交JR松山駅前から伊予鉄道路面電車道後温泉行きで16分、南町下車、徒歩5分 P5台 MAP折込表◘C1

くつろぎのひとときを満喫する
愛媛のとっておきの宿

ラグジュアリーな宿、文学の香り漂う老舗宿、和風モダンで小さな宿、上質な時間が過ごせる宿をセレクトしました。

くつろぎポイント
なめらかな泉質の露天風呂
離れの露天風呂「道後御茶屋」は夜には前庭がライトアップされ雰囲気バツグン

ラグジュアリーな宿ならココ！

道後温泉

（露天風呂）

別邸《べってい》 朧月夜《おぼろづきよ》

大人の休日にふさわしい 道後の瀟洒な隠れ宿

賑やかな温泉街の中にあって、静かで奥ゆかしい上品な佇まいを見せる。館内は明るくモダンなテイスト。客室は居室と寝室を分けたスイートタイプ。すべてに専用の露天風呂とデッキテラスを備えている。ロビーでは、自由に紅茶やコーヒーを飲めて、好きな音楽を聴くこともできる。ゴージャスだが我が家のように寛げる、別荘として利用したいとっておきの宿。

☎089-915-2222 住松山市道後鷺谷町4-4 交伊予鉄道道後温泉駅から徒歩7分 P19台 送道後温泉駅付近まで送迎あり MAP折込表D2 ●19室●2008年開業

客室は間取りや趣向の異なる7タイプがある

くつろぎポイント
フリードリンクコーナー
2階ラウンジにあり、生ビールやコーヒーが自由に楽しめる。種類豊富なドリンクを飲みながらくつろぎの時を

食事は1階の料亭個室「二十三夜」で。愛媛の季節感あふれる山海の滋味を使った会席料理

客室の露天風呂で宵に朝に道後温泉を堪能できる。湯上がりはデッキでひと休み

CHECK

1泊2食付き料金
- 平　日　4万5250円～
- 休前日　5万750円～

IN 14時 OUT 11時

道後温泉 (一部) (一部客室)

ふなや《ふなや》

由緒ある宿ならココ！

一句ひねってみたくなる伝統の日本旅館

正岡子規や高浜虚子、夏目漱石ら明治の文学者も訪れた老舗旅館。彼らが散策した日本庭園「詠風庭」には足湯（無料）があり、夏には川席も登場。昭和天皇が宿泊された時の洋間をロビーに移築し、当時のまま再現している（観覧無料）。「俳句ラウンジスイート」は、ふなやの精神を込めた特別室。

☎089-947-0278 住松山市道後湯之町1-33 交伊予鉄道道後温泉駅から徒歩3分 P50台 送迎なし MAP折込表D3 ●54室●寛永年間創業

CHECK
1泊2食付き料金
平日 2万4350円～
休前日 2万7650円～
IN 15時 OUT 10時

くつろぎポイント
庭を見渡すテラス席
詠風庭をガーデンテラス「こもれび」から眺める

1 古代檜の大浴場。露天風呂もあり
2 俳句ラウンジスイートで上質な空間を満喫、総檜の浴槽完備

道後温泉

CHAHARU離れ 道後夢蔵《ちゃはるはなれ どうごゆめくら》

女性におススメのプチ宿ならココ！

お部屋もフードもぜ～んぶ“えひめ”チックできめよう！

道後温泉本館の東側という絶好のロケーションで、どの部屋からも道後温泉本館（P52参照）が一望できる。客室はすべて異なったコンセプトでデザインされ、調度、アメニティに至るまで愛媛らしさを最大限に活かしている。2階のレストラン「QUATRE CINQ」（キャトルサンク）は、愛媛の旬の食材をふんだんに使用した新しい形のフレンチ。優雅なディナータイムを堪能しよう。

☎089-931-1180 住松山市道後湯之町4-5 交伊予鉄道道後温泉駅から徒歩5分 P7台 送迎なし MAP折込表D3 ●7室●2011年改装

CHECK
1泊2食付き料金
平日 2万8600円～
休前日 3万5200円～
IN 15時 OUT 11時

くつろぎポイント
伝統工芸品に囲まれた素敵な空間
客室「夢庵」はテキスタイルも壁紙も愛媛の伝統工芸品

1 レストラン「QUATRE CINQ」の季節を感じさせるうつくしいフレンチ。個室で楽しめるのも嬉しい 2「楽庵」浴室。全室眺めのよい内風呂がある

松山

ANAクラウンプラザホテル松山《えーえぬえーくらうんぷらざほてるまつやま》

松山城や繁華街にも近いロケーション抜群のシティホテル

目前に城山がそびえる松山の中心街にあり、松山観光の拠点に最適な立地。シングルやツイン、スイートルームまで、さまざまなタイプの部屋を選べる。夜は最上階のバーで、大理石のカウンター越しに松山の夜景とカクテルを楽しみ、朝はスカイラウンジで、ちょっとリッチなモーニングビュッフェを味わいたい。

☎089-933-5511 住松山市一番町3-2-1 交電停大街道から徒歩2分 P80台（1泊1200円） 送送迎なし MAP折込表回B2 ●330室（ツイン97室、シングル195室他）

CHECK
シングル 1泊室料
7000円～
IN 14時 OUT 11時

ツインルームは1万4000円～

くつろぎポイント
城山の緑を眺めながらの朝食
最上階からの最高の景色のなかで爽やかな1日をスタート

レストランから眺める桜は情緒がある

くつろぎポイント
湖と緑に囲まれたリゾートホテル
桜の時期にはあたり一面がピンク色に染まる

砥部

TOBE AUBERGE RESORT《とべ おーべるじゅ りぞーと》

里山の魅力が奏でる自然豊かな美食の宿

歴史ある陶磁器と自然豊かな山里・砥部町にある森と湖の美食オーベルジュ。瀬戸内海の恵みと敷地内で育ったこだわりのオーガニック野菜でもてなす。やさしい風、きらめく水面、小鳥のさえずり・・・湖水の風景を堪能できるテラス・露天風呂では豊かに息づく自然が身も心も癒やしてくれる。砥部焼ギャラリーやろくろ体験など滞在中の楽しみもつきない。

☎089-960-7501 住砥部町宮内1622-7 交バス停供養堂から徒歩5分 P20台 送送迎あり MAP P153C2 ●洋室10室●2010年4月開業

CHECK
1泊2食付き料金
平日・休前日
4万5375円～
IN 15時 OUT 12時

内子

内子の宿 織《うちこのやど おり》

古民家の宿で暮らすように泊まる

八日市・護国の町並みの中にある、大正時代の古民家をリノベーションした1棟貸しの宿。古民家の魅力を生かしたモダンな館内は設備も充実し、キッチンでの自炊も可。リビングでくつろいだり、ゆったりお風呂に入ったり、気の向くままに過ごすことが出来るのも1棟貸しならでは。

☎0893-44-5735 住内子町内子3013（フロントは内子町内子1995） 交JR内子駅から徒歩20分 P10台 送送迎あり MAP P153C3 ●1棟（定員6人）●2017年11月開業

CHECK
4名利用時1泊朝食付き料金
平　日　1人1万5500円～
休前日　1人1万6500円～
IN 15時 OUT 11時

くつろぎポイント
別棟の湯屋で半露天気分を満喫
建物の世界観が凝縮された上質な空間でリラックスタイム

檜があしらわれたモダンな浴室

龍馬さんの見下ろす桂浜、足摺岬、室戸、大海原を眼前に非日常感たっぷりの高知へ

高知は四国のなかでも特に個性あふれるエリア。日曜市の賑わいや坂本龍馬像が立つ桂浜、鏡のような四万十川、鮮度抜群のカツオもぜひ。きっとパワーがもらえることでしょう。

これしよう！

足摺岬ドライブ

感動的な絶景が待っているのが足摺岬。温泉や足湯、パワースポットも見逃せない。（☞P92）

これしよう！

室戸岬でジオ&グルメ

見渡す限りの太平洋と奇岩が織りなす風景を満喫。海の恵みあふれるグルメも楽しもう。（☞P94）

これしよう！

桂浜さんぽ

龍馬ファンならずとも訪ねたいのが、おなじみの坂本龍馬の銅像。生まれた町も要チェック。（☞P82・87）

これしよう！

四万十川でサイクリング

清流に架かる不思議なフォルムの沈下橋巡りがおすすめ。天然の川の幸を使った料理も楽しみ。（☞P88・90）

これしよう！

日曜市を探検

青空マーケットの日曜市には、異国のような雰囲気が漂っている。ちょい食べグルメも味わいたい。（☞P80）

これしよう！

高知タウンでグルメ&お買物

中心街には居酒屋が集中している。カツオ料理はもちろん、ブランド肉、高知野菜なども味わいたい。（☞P86・96・98）

高知《こうち》

こんなところ

清流四万十川や絶景スポット足摺岬、世界ジオパークの室戸など、ダイナミックな大自然が一番のみどころです。カツオのたたきをはじめ、新鮮な海の幸、山の幸を使った絶品料理もぜひ味わいましょう。また、四国で最も広いのが高知県。四万十川や足摺岬を訪れるのなら、1泊2日のゆったりしたプランを立てましょう。

観光の前に情報集め

高知に関するさまざまな情報を発信しているのが、JR高知駅南口にある高知観光情報発信館「とさてらす」。わからないことや、知りたいことがあれば、スタッフに何でも聞いてみよう。
☎088-879-6400 🕒8時30分～18時

その他の 問合せ
高知市観光企画課 ☎088-823-9457
四万十市観光協会 ☎0880-35-4171
土佐清水市観光協会 ☎0880-82-3155

〜高知　はやわかりMAP〜

高知駅から

県内を広く巡るならば、JR高知駅を起点にJRや土佐くろしお鉄道を利用しましょう。駅南口の三志士像前は記念撮影ポイント

後免駅から

県東部の観光には、土佐くろしお鉄道ごめん・なはり線で。海沿いを走ることが多くて眺望抜群。オープンデッキ車両がおすすめです。

窪川駅から

四万十観光や宿毛方面へは、土佐くろしお鉄道中村・宿毛線を利用します。

お遍路さんはCHECK!

高知龍馬空港にはお遍路さんのためのお接待のコーナーがあり、着替えや休憩をすることができます。

ココにも立ち寄りたい!

ドライブなら横浪黒潮ラインを。リアス式のすばらしい海岸線を楽しめます。

観光列車をCHECK!

高知駅〜窪川駅間を走る観光列車「志国土佐 時代の夜明けのものがたり」で土佐流のおもてなしを楽しむ列車旅もおすすめ。運転日・最新の情報は公式Webサイト（→P57）を確認。

旅のアドバイス

・高知タウン観光には、はりまや橋を中心に東西南北の大通りをのんびり走る路面電車を利用しましょう。

・桂浜や牧野植物園へ行くのに便利なMY遊バスは、1日券1000円などで乗り降り自由。観光施設の料金割引などの特典付きです。

・高知タウンを除いて、路線バスは便がかなり少ないので、事前に確認しておきましょう。

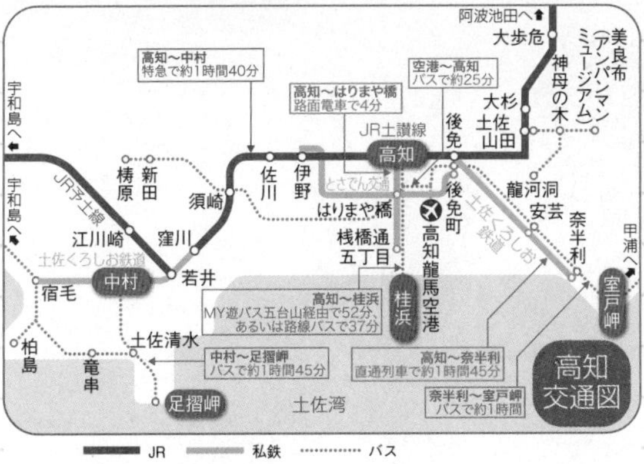

アクセスのアドバイス

・桂浜へは、とさでん交通バスかMY遊バスで。

・牧野植物園へは、MY遊バスで。その他の公共交通はありません。牧野植物園のすぐ隣には四国霊場の竹林寺が。ぜひセットで回りましょう。

・室戸岬へは、JR土讃線、土佐くろしお鉄道、高知東部交通バスを乗り継いでアクセスします。

・四万十川は中流域に行くのならば、JR土讃線、土佐くろしお鉄道、JR予土線を使って、JR江川崎駅へ向かいましょう。下流域の中村駅にはJR土讃線、土佐くろしお鉄道を乗り継ぎます。

・足摺岬へは、JR土讃線、土佐くろしお鉄道、高知西南交通バスを乗り継ぎます。

日本最大級の青空市場、高知の台所・日曜市を探検しましょう

毎週日曜の早朝から開かれる、大規模な青空マーケット。
土佐弁の人懐っこいおばちゃんたちと触れあいながら、地元の食材を買い歩きましょ。

近郊農家のおばちゃんが採れたて野菜や山菜を販売

手書きの説明もチェック

まるで海外のような雰囲気のマーケット

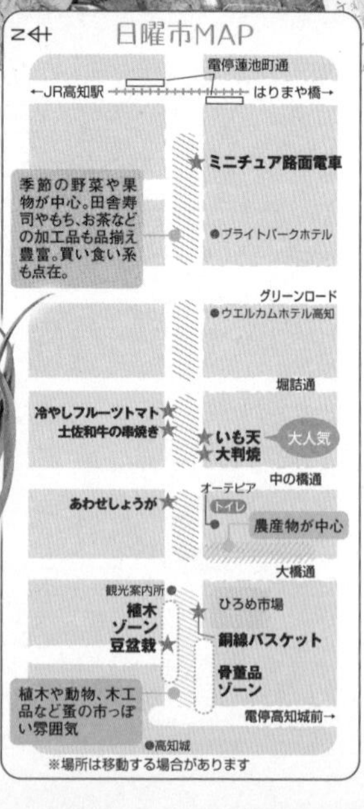

CHECK!

高知の代表的な野菜＆果物

【ユズ】
高知の寿司やぽん酢には欠かせない。旬は晩秋。瓶入りゆず酢は年中手に入る。

【イタドリ】
山に生える野草で、土佐っ子の大好物。旬は春だが、塩漬けは年中ある。

【チャーテ】
ウリの仲間。漬物や味噌漬けにしたり、豚肉と一緒に炒め物にする。旬は秋。

【ニンニク(葉)】
すりつぶしてヌタにすると、ブリなどの刺身と相性抜群。すき焼きの具にも。旬は冬

毎週土曜に開かれる
ナチュラルテイストの
マーケットで幸せ気分

「池公園の土曜市 高知オーガニックマーケット」は、有機野菜や無添加の手作りスイーツなど売り物は体に優しいものばかり。土曜8～14時（7・8月は～13時）。MY遊バスで行ける。
☎088-840-6260 MAP P155C3

【冷やしフルーツトマト】
氷漬けをそのままガブリ！ すごく甘くてビックリ。1個100円

【田舎寿司】
ミョウガやタケノコなどがのるかわいい寿司

【銅線バスケット】
銅線で作る手編みのバスケット2500円～。使いこむほどに味が増す

【ミニチュア路面電車】
セメント製で手作り。1個1400円

【唐辛子の束】
真っ赤に熟した唐辛子。辛さは「普通」「すごく」の2段階

【豆盆栽】
手のひらサイズの可愛い盆栽。身近に置ける癒しグッズで、お世話も簡単。1300～2000円

おかしな大根、見～つけた！

日曜市《にちよういち》

見学時間 60分

おばちゃんたちと会話がはずむ まるでマルシェのような街路市

長さ約1kmの路上に約300軒の小さなテント張りの店が立ち並ぶ。農家の新鮮な野菜や果物をはじめ、田舎寿司や菓子、手作り工芸品、干物、骨董品など、商品のジャンルはバラエティー豊か。

☎088-823-9375（高知市商業振興・外商支援課）🕒日曜の6～15時頃※出店の準備と片付けの時間を含む 休1月1・2日、8月10～12日 交電停高知駅前からとさでん交通栈橋通五丁目行きで3分、蓮池町通下車すぐ Pなし MAP折込表ハC2

いつ行くのがおすすめ？

朝市ではなく、早朝から15時頃まで日中開かれる。売切れ次第、閉店する店も多い。品揃えが充実し、ゆったり買い物ができる午前中が狙い目だ。

上手な買い物の仕方は？

たくさん買う場合は、宅配便を利用しよう。箱入り高級トマトや果物は、扱う店から発送できることが多い。

市の人気店もチェック！

いも天

1袋350円。揚げたてはおやつにピッタリ

いつも行列が続く超人気食べ歩きグルメ。甘めのふっくら生地に、ほくほくしたサツマイモが包まれている。揚げたて熱々を食べられるのもウレシイ。おいしいイモを入手できない夏場は出店しないので注意。

大判焼き

ユズ餡入り1個150円、つぶ餡は100円

無農薬ユズで作った自家製の餡がたっぷり入った大判焼き。焼きたてをほおばれば、さわやかな甘さがユズの香りと一緒に口のなかいっぱいに広がる。

土佐和牛の串焼き

土佐和牛は1本300～400円

炭火で香ばしく焼いた土佐和牛のサーロインは、ジューシーで柔らかな歯ごたえ。このほか、焼き鳥やウナギ、シンプルなねぎ焼など、バラエティー豊富な串焼きも焼きたてで食べられる。

あわせしょうが

その場で飲めるしょうが湯150円、冷やしあめは1杯180円

水は一切使わず、ショウガと砂糖だけを釜炊きして作る香り高い無添加シロップ。湯や水で薄めて飲んだり、焼酎や紅茶に入れたりするほか、ショウガ焼きなどの料理にも使える。1本1836円。

高知市では日・火・木・金曜日に、いろいろな場所で街路市が開催。日曜市に次いで規模が大きいのは木曜市（MAP折込表ハB3）。

龍馬像が見守る美しい景勝地・桂浜で潮風さんぽ

まるで箱庭のように美しい桂浜は、高知市随一のビュースポット。太平洋を見つめる坂本龍馬像をはじめ、周辺のみどころも豊富。ゆっくりおさんぽしてみましょ。

潮風がとっても気持ちいい!

台座と合わせると高さ13m以上もある坂本龍馬像

浜には美しい五色石が。波に注意して探そう

桂浜《かつらはま》

坂本龍馬像が見守る人気抜群のスポット

民謡よさこい節にも歌われた、古くから知られる景勝地。龍頭岬から龍王岬に向けて、浜が弓状に弧を描く。海はあくまでも青く、背後には緑濃い松林の丘。ゆっくり打ち寄せる波を見ていると、時間が過ぎていくのを忘れそう。市内中心部から少し離れているので、余裕のあるスケジュールで。

☎088-841-4140(桂浜公園管理事務所)住高知市浦戸6 ¥◷休周辺自由 交JR高知駅からとさでん交通バス桂浜行きで37分、桂浜下車、徒歩5分 P桂浜公園利用500台(有料)MAP P83・155C4

龍馬グッズもありますよ…

龍馬のイラスト入りの缶バッチ、ぜよバッチ210円

楽しみながら、龍馬を学べる

太平洋に突き出るかのようなユニークな建築物

龍馬を知るならココへ!

高知県立坂本龍馬記念館《こうちけんりつさかもとりょうまきねんかん》

直筆の手紙や貴重な資料から、龍馬の素顔や歴史的役割がよくわかる。体験型展示も取り入れられ、龍馬や幕末を楽しみながら知ることができる。

☎088-841-0001 住高知市浦戸城山830 ¥企画展開催時700円、展示替期間500円 ◷9～17時 休無休 交JR高知駅からとさでん交通バス桂浜行きで35分、龍馬記念館前下車、徒歩すぐ P40台 MAP P83

龍馬のフィギュアと記念写真も撮れる

龍馬が使用したものと同型のピストルも展示

龍馬像を
真横から見られる
「龍馬に大接近」

4月上旬～5月下旬と、9月中旬～11月中旬のあわせて約4ヵ月間、龍馬像の隣に特設展望台が立つ。龍馬の顔を間近に見ることができ、同じ視線で太平洋を眺められると、大人気。
☎088-823-4016(（公社)高知市観光協会)

桂浜《かつらはま》 海のテラス《うみのてらす》

2023年3月にリニューアルした商業エリア。みやげ物店やレストランのほか、高知の文化や桂浜の歴史などが学べる桂浜ミュージアム、観光案内所など、13の施設が立ち並ぶ。☎088-841-4140(桂浜公園管理事務所) 住高知市浦戸6 ⏰施設により異なる 休施設により異なる 交バス停桂浜から徒歩すぐ P桂浜公園駐車場利用500台(1回400円) MAP P83

食べる・買う・学ぶ・憩うがテーマの商業施設エリア

桂浜水族館《かつらはますいぞくかん》

桂浜の浜辺に立つローカル色あふれる水族館。土佐湾の魚を中心に、トド、アシカ、ペンギン、カワウソなど、さまざまな生き物を飼育展示する。個性豊かな生き物たちへのエサやり体験も人気。
☎088-841-2437 住高知市浦戸778(桂浜公園内) ¥入館1600円 ⏰9～17時 休不定休 交バス停桂浜から徒歩5分 P桂浜公園利用500台(1回400円) MAP P83

公式キャラのおとどちゃんが人気。スタッフとも気軽に話せる水族館

バス停桂浜から龍馬像経由で、龍王岬までおさんぽするのがおすすめ。桂浜から龍馬記念館へは椿の小径を約10分。

ヒーリング効果たっぷり！ 話題の牧野植物園で遊びましょう

高知市東部のポコッと突き出る五台山に、四季の花々に彩られる広大な植物園があります。鮮やかな色彩、うっとりするような香りを楽しみながら、幸せ～な気分になりましょう。

所要時間
約3時間

眺望抜群のこんこん山広場でピクニック気分を楽しんで

本館にはショップも

おすすめモデルコース
ここからスタート

9:00 木の温もりあふれる建築

牧野富太郎記念館《まきのとみたろうきねんかん》 本館《ほんかん》

建築家、内藤廣氏が設計。木の優しい風合いが、植物をこよなく愛した牧野博士のイメージに重なる。

ふむふむ広場

植物の匂いをかいだり、触れることができる

9:30 植物の研究ひと筋の人生を知る

牧野富太郎記念館《まきのとみたろうきねんかん》 展示館《てんじかん》

牧野博士の生涯を年代を追って紹介。直筆の植物図や愛用の胴乱（採集道具、複製）など、貴重な資料を展示。

シアターでは植物の生態に迫る高精細な映像作品を上映

高知県立牧野植物園《こうちけんりつまきのしょくぶつえん》

四季折々の美しさを凝縮した みどころ豊富な植物園

高知県出身の世界的植物分類学者、牧野富太郎博士の業績を顕彰する総合植物園。五台山山頂近くの約8haの園内に、博士ゆかりの植物をはじめ、3000種類以上に及ぶ植物が植栽されている。

☎088-882-2601 住高知市五台山4200-6 ¥入園730円 ⏱9～17時（最終入園16時30分） 休12月27日～1月1日（メンテナンス休園あり。詳しくはHPをチェック） 交はりまや橋からMY遊バスで19分、牧野植物園正門前下車すぐ P225台 MAP P155C2

滝が流れ落ちて、臨場感満点！ジャングルに迷い込んだような気分に

牧野博士って、どんな人？

高知県佐川町生まれ。独学で植物学を学び、94年の生涯で命名した新種や新品種は1500種類余り。約40万枚の標本を収集し、「日本の植物分類学の父」と呼ばれる。

カボチャの1種を前に微笑む77歳の牧野博士。
写真提供／高知県立牧野植物園

牧野博士も愛したサクラ属の園芸品種'仙台屋'の満開時は息を呑む美しさ

10:30 四季の花々に包まれる楽園

南園《みなみえん》

古い石垣や竹林寺への参道を生かした造園がすばらしい。サクラやツツジ、ハナショウブ、アジサイの仲間など、季節の花に彩られる。

牧野博士の銅像も

期待感がぐっと高まる温室へのアプローチ

11:00 熱帯の雰囲気をたっぷり味わう

温室《おんしつ》

洋ランやヤシの仲間をはじめとする熱帯の植物、珍しい資源植物などが出迎えてくれる。奥のジャングルゾーンは熱帯雨林そのもの。

「植物研究交流センター」で植物の新たな魅力を発見！

植物資源研究施設「植物研究交流センター」が2023年5月にオープン。ガラス越しに植物研究の様子を見学でき、漢方薬の原料となる生薬なども展示。南園が一望できるレストラン「C.L.GARDEN」や、牧野ミュージアムショップ「サクラ」も併設。

季節の花々カレンダー

四季を彩る花にほっこり癒やされる（※公式Webサイトで見ごろ情報を要確認）

サクラの仲間 3〜4月
サクラの仲間は牧野博士が特に好んだ花

ユリの仲間 6月末〜7月
サクユリやタキユリなどが初夏を彩る

寒蘭 11月
端正な姿と香りが、独特の風情を醸す

バイカオウレン 1〜2月
牧野博士が幼少から親しんだ早春の花

ミュージアムショップでおみやげ探し

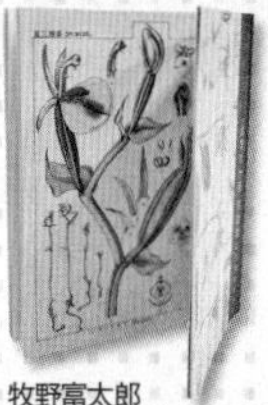

牧野富太郎
ポストカードブック1320円

牧野博士ゆかりの植物などを使った、牧野植物園オリジナルブレンドティ。Makino original blend tea324円

牧野オリジナルクリアファイル各495円

シェフの気まぐれランチ1400円など地元食材を生かしたランチも充実

スイーツメニューも充実

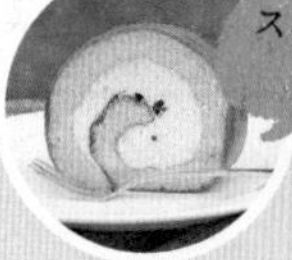

まきのロール
400円

C.L.GARDEN
☎088-802-6951
自家製ケーキでひと休み。フレンチテイストのランチも評判。

時間があればここにも

竹林寺《ちくりんじ》

四国霊場第31番札所で、牧野植物園のすぐ隣にある。国重文の本堂や仏像をはじめ、五重塔や庭園などみどころが多い。

☎088-882-3085 住高知市五台山3577 ¥境内自由（宝物館・庭園共通400円）🕒8時30分～17時 交はりまや橋からMY遊バスで21分、竹林寺前下車すぐ P100台 MAP P155C2

牧野植物園をのんびり回ると3時間はかかるので時間に余裕をもって訪れよう。

かわいい路面電車でトコトコ 高知タウンを周遊

所要時間 約8時間

高知市内中心部には、かわいい路面電車がトコトコ走っています。上手に利用して、タウンを代表する観光地や穴場のスポット、おいしい食事処を巡ってみませんか？

路面電車で10分(はりまや橋乗換え)

山内一豊銅像は日本最大級の騎馬像

1 高知城《こうちじょう》

お城下を見守り続ける 土佐24万石のシンボル

土佐藩初代藩主、山内一豊が築城。市内を見下ろす小高い丘に立つ。国の重要文化財の天守や追手門など、みどころ満載の名城だ。

☎088-824-5701（高知城管理事務所）住高知市丸ノ内1-2-1 ¥天守・懐徳館利用料420円 ⏰天守・懐徳館9～17時（最終入館16時30分）休12月26日～1月1日 交電停はりまや橋からとさでん交通鏡川橋・朝倉・伊野行きなどで5分、高知城前下車、徒歩5分 P65台（有料） MAP折込表㋩B2

周辺SPOT

日曜市《にちよういち》／木曜市《もくよういち》

高知城の東では日曜市、南方向では木曜市が開催される（☞P80）

天守からの眺めは最高！

優美なフォルムに見とれてしまう

徒歩すぐ

2 高知県立高知城歴史博物館《こうちけんりつこうちじょうれきしはくぶつかん》

土佐藩のお宝がズラリと並ぶ大注目の博物館

高知城追手門のすぐ隣にある博物館で、土佐藩主山内家伝来の貴重な資料を多数展示する。館内から一望できる高知城の眺めも好評だ。

☎088-871-1600 住高知市追手筋2-7-5 ¥入館無料、3階観覧料500円、企画展開催時700円 ⏰9～18時（日曜は8時～）休12月26日～31日 交電停高知城前から徒歩2分 P2台（障害者用。一般は周辺のコインパーキング利用） MAP折込表㋩B2

特別展示室のほか、展示物はすべて約2カ月ごとに変更

館内から一望の美しい高知城

徒歩2分

3 ひろめ市場《ひろめいちば》

高知をギュッと凝縮 大いに賑わう巨大屋台村

日曜市の通りに面して、小さな店が約60軒集まった屋台村。カツオのたたきや地酒など、高知の名産が多彩に揃う。ランチや夕食にもおすすめ。

☎088-822-5287 住高知市帯屋町2-3-1 ⏰月～土曜、祝日10～23時、日曜9時～（店舗により異なる）休1月1日、ほか年6日程度（ほかに店舗ごとに休みあり）交電停はりまや橋からとさでん交通鏡川橋・朝倉・伊野行きなどで3分、大橋通下車、徒歩2分 P180台（有料） MAP折込表㋩B2

土佐黒潮水産（☎088-873-7198）では土・日曜に店頭でわら焼きたたきを実演。1本3800円。焼きサバ寿司などもある

食事は各店の料理を購入して好きな席で楽しめる

周辺SPOT

はりまや橋《はりまやばし》

民謡『よさこい節』の舞台となった名所。朱塗りの太鼓橋がカワイイ。 MAP折込表㋩D2

路面電車の利用は何度でも
乗り降りOKの1日乗車券が便利

路面電車で移動するなら、乗り降り自由の1日乗車券がおすすめ。市内均一区間500円ほか。高知駅バス案内所やはりまや橋サービスセンター、路面電車車内で販売。
☎088-833-7121(とさでん交通電車輸送課)

路面電車で7分

4

高知市立龍馬の《こうちしりつりょうまの》
生まれたまち記念館《うまれたまちきねんかん》

龍馬のルーツがわかる人物ミュージアム

土佐漆喰の美しい建物

少年時代の龍馬と生まれ育ったまちを模型などで紹介。話題のバーチャルコンテンツも体験できる。

誕生地からほど近いミュージアム

☎088-820-1115 住高知市上町2-6-33 ¥入館300円 ◷8～19時 休無休(臨時休館あり) 交電停はりまや橋からとさでん交通鏡川橋・朝倉・伊野行きなどで10分、上町1丁目下車、徒歩2分 P14台 MAP折込表ハA3

周辺SPOT
坂本龍馬誕生地《さかもとりょうまたんじょうち》

龍馬ファンのマストスポット。電車通り沿いにひっそり佇む。MAP折込表ハA3

路面電車で8分

5

5019 PREMIUM FACTORY《ごーいんぐ ぷれみあむ ふぁくとりー》

昼はカフェ、夜はバーとして利用できる

ぎゅっと潰して、豪快にガブリ！

ユニークで迫力満点の高知らしいハンバーガーを賞味

中心街にあるダイニングバー。カツオフレークや高知野菜をサンドした龍馬バーガー1200円がおすすめだ。

☎088-872-5019 住高知市帯屋町1-10-21 ◷11～15時(土・日曜、祝日～17時)、21時～午前4時(日曜18～24時) 休木曜 交電停はりまや橋からとさでん交通鏡川橋・朝倉・伊野行きなどで1分、堀詰下車、徒歩2分 Pなし MAP折込表ハC2

徒歩4分

6

ひだまり小路 土佐茶カフェ《ひだまりこみち とさちゃかふぇ》

隠れ名産地、高知のお茶と手作りスイーツに舌つづみ

高知産の香り高い「土佐茶」にこだわるカフェ。産地別の個性豊かな煎茶6種380円～とともに、彩り鮮やかなスイーツを合わせよう。

☎088-855-7753 住高知市帯屋町2-1-31 ◷11～17時 休水曜(祝日の場合は翌日) 交電停大橋通から徒歩3分 Pなし MAP折込表ハC2

お芋のかくれんぼ500円は、ほくほくのお芋にアイスがのる

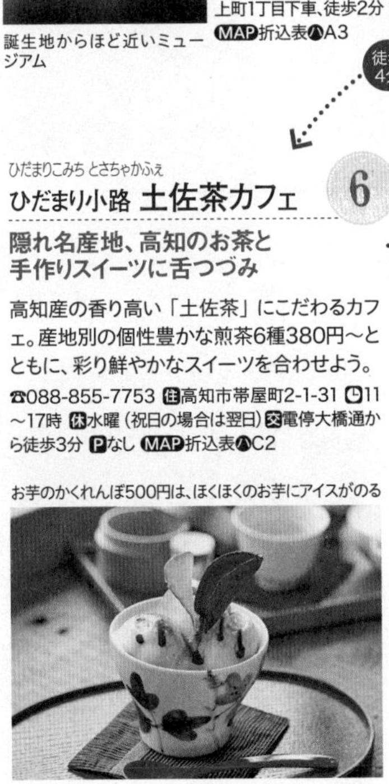

路面電車で電停知寄町まで8分、徒歩15分

7

とさのさと AGRI COLLETTO《とさのさと あぐり これっと》

高知のおいしいみやげをゲット！

加工食品のセレクトショップで「こうちのうまいを再発見」がテーマ。スタッフ厳選の逸品は、みやげにぴったり。

☎088-803-5015 住高知市北御座10-10 ◷10～19時(レストランは10～20時) 休1月1・2日 交高知自動車道高知ICから車で6分 P300台 MAPP155B1

高知の食材を使ったレストランや、テイクアウトの店も併設

JAファーマーズマーケット とさのさと《じぇいえいふぁーまーずまーけっと とさのさと》

とさのさと AGRI COLLETTOに隣接するJA直販所。高知産の新鮮な野菜や果物、鮮魚、茶などが豊富に並ぶ。

☎088-878-8722 住高知市北御座10-46 ◷9～19時 休1月1～4日

直販所としては、全国随一の広さを誇る

徒歩2分のバス停北御座からとさでん交通バス県庁前・桟橋車庫前行きなどで10分、高知駅前下車

MY遊バス(☞P79)の系統はJR高知駅～はりまや橋～五台山展望台～牧野植物園正門前～竹林寺前～桂浜。☎088-823-1434(高知県観光コンベンション協会)。

日本最後の清流・四万十川でのんびり過ごしましょう

全長196km。高知県西部を悠々と流れる四国最長の河川、四万十川。
雄大な自然と人の営みが溶け合う、どこか懐かしい「日本の原風景」に心なごみます。

りんりんサイクルで清流沿いを走ろう

四万十を好みのペースでのんびり楽しむなら、自転車レンタルのりんりんサイクルがおすすめ。四万十・川の駅カヌー館をはじめ、四万十楽舎、四万十カヌーとキャンプの里かわらっこなどでレンタルOK。川風を感じつつ、のんびり四万十川を巡ろう。

四万十川って？

ゆったり蛇行しつつ悠々と流れる大河で、サイクリングやカヌーなど、楽しみ方はさまざま。川の幸を使った料理も味わいたい。

サイクリングのモデルコース

どちらのコースも、アップダウンがないので走りやすい。ただし、狭い道があるので車には充分注意を。

❶ルートを案内板でチェック❷ビュースポットが多いのでカメラを忘れずに❸春は菜の花が咲き誇る

広域MAP P154

〈江川崎へのアクセス〉
高知駅からJR土讃線特急で約2時間の窪川でJR予土線に乗り換え約55分。

ここで体験しました

四万十《しまんと》・川の駅《かわのえき》 カヌー館《かぬーかん》

四万十のアウトドアの拠点

☎0880-52-2121 住四万十市西土佐用井1111-11 ¥りんりんサイクル当日返却(17時まで)1500円ほか、要予約 ⌚8時30分～17時30分 休無休 交JR江川崎駅から徒歩15分 P70台 MAP P154A2

ここでもレンタルできます

四万十市観光協会《しまんとしかんこうきょうかい》

四万十川下流域を巡るのにおすすめ。電動アシスト付き自転車もあり。

☎0880-35-4171 住四万十市駅前町8-3 ¥5時間まで1000円～(車種により違いあり) ⌚8時30分～17時30分 休無休 交土佐くろしお鉄道中村駅から徒歩すぐ P2台 MAP P154C4

(一社)《いちしゃ》 四万十町観光協会《しまんとちょうかんこうきょうかい》

四国霊場37番札所岩本寺のある窪川地区や、足を延ばして沈下橋も。

☎0880-29-6004 住四万十町琴平町1-1 ¥4時間まで620円(保険料120円含む)、1時間延長ごとに100円追加 ⌚8時30分～17時 休無休 交JR窪川駅から徒歩2分 Pなし MAP P154C2

サイクリングシミュレーション

9:00 START

コースや注意点をレクチャーしてもらってスタート。

▼

9:40 のどかな風景

石垣のある民家や段々畑など、山村の風景を楽しもう

▼

10:00 岩間沈下橋

岩間沈下橋を望むポイントへ MAP P154A2

▼

11:00 GOAL

たっぷり遊んで返却。アップダウンがほとんどないので爽快！

▲川に浮かぶカラフルなカヌーは夏の風物詩
◀途中、こんな雄大な風景が

清流で暮らす生きものたち

アカメ
汽水域の魚で、大きなものは1m超。目が赤く光るのが特徴

カワムツ
四万十川で最も釣りやすい魚のひとつ。全長20cm弱

モクズガニ
塩茹でにするとおいしい。あの「上海蟹」のごく近い親戚

観光遊覧船

ゆったり気分で清流を満喫しよう

気軽に四万十川を満喫できる観光遊覧船。中・下流域の数カ所に乗船場があり、定期便や料理付きなどいろいろなタイプがある。
☎0880-35-4171（四万十市観光協会）

舟母《せんば》（舟母浪漫《せんばろまん》 松廣屋《まつひろや》）

四万十川で唯一の帆掛け船の舟母を運航。
☎0880-34-8911 住四万十市入田16 ¥乗船2500円 🕒3月20日～11月30日の9時15分～16時15分の1時間おき（要予約） 休悪天候時 交土佐くろしお鉄道中村駅から車で10分 P20台 MAP P154A4

カヌー

美しい川面をスイスイ漕いでみよう

アクティブな人はカヌーにチャレンジを。四万十カヌーとキャンプの里かわらっこのメニューはカヌー体験2時間2600円など。その他、ツーリング（事前申込み）には6000円などで参加できる。

四万十カヌーとキャンプの里かわらっこ《しまんとかぬーときゃんぷのさとかわらっこ》

☎0880-31-8400 住四万十市田出の川24 🕒8～18時（電話受付け） 休月曜（祝日の場合は翌日）、7～9月は無休 交土佐くろしお鉄道中村駅から車で25分 P42台 MAP P154A3

ここでも体験できます

四万十・川の駅《しまんと・かわのえき》 カヌー館《かぬーかん》

約4kmの半日ショートツーリングコース6000円（当日申込み、要事前要確認）、約8kmの四万十どっぷり1日コース9000円（要予約）、カナディアンカヌー体験4500円など。DATA☞P88。

周辺の立ち寄りSPOT

海洋堂《かいようどう》 ホビー館《ほびーかん》 四万十《しまんと》

フィギュアメーカーで名高い海洋堂のユニークなミュージアム。精巧なフィギュアに息を呑む。☎0880-29-3355 住四万十町打井川1458-1 ¥入館800円 🕒10～18時、11～2月は～17時、最終入館は30分前まで 休火曜（祝日の場合は翌日） 交JR打井川駅から車で10分（送迎あり※要問合せ） P50台 MAP P154C2

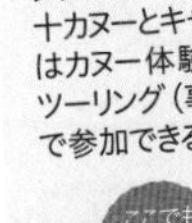

▲外観も個性的なミュージアム

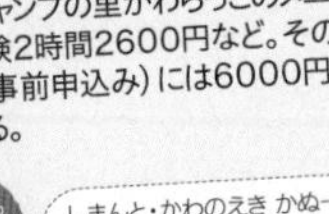

▲『北斗の拳』の等身大ケンシロウがお出迎え

四万十いやしの里《しまんといやしのさと》

四万十川河口近くにある温泉で、気持ちいい海水露天風呂もある。宿泊施設の四万十の宿が隣接。☎0880-31-5111 住四万十市下田3363 ¥入浴750円 🕒6～21時（11～3月は6時30分～） 休無休 交土佐くろしお鉄道中村駅から車で20分 P80台 MAP P154B4

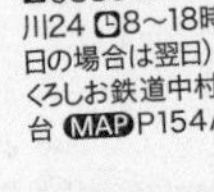

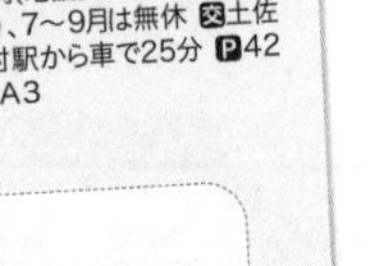

▶ゆったり浸かれる露天風呂

自然の恵みに感謝！四万十の幸をめしあがれ

天然アユや川エビ、新鮮な野菜など、四万十ならではの幸を使った数々の料理。珍しくて、おいしく、とてもヘルシーなのでぜひ味わって。

四万十屋《しまんとや》

川の幸の恵みを伝統の味わいで堪能

四万十川沿いに立ち、川の幸を地域に伝わる調理法で提供。ウナギは天然ものと養殖の2種類から選べるほか、アユや川エビなどを使った四万十の漁師料理が楽しめる。

☎0880-36-2828 住四万十市山路2494-1 ⏲10～15時 休水曜 交土佐くろしお鉄道中村駅から車で10分 P15台 MAP P154B4

清流を眺めながら舌つづみを

❶うな重は天然ものが5600円、養殖が3550円。天然ウナギは時期によってない場合がある ❷春から秋は縁側テラス席が人気 ❸清流育ちで香りの高い天然アユの塩焼きは1380円

これもおすすめ！

ごりのから揚げ 580円

ハゼの仲間の小さな魚のから揚げで、サクサクの歯ごたえ

郷土料理《きょうどりょうり》 花ぜん《はなぜん》

高知県西部の川の幸と海の恵みが一堂に揃う

四万十川の食材を使った料理をはじめ、県西部の名物料理が評判の食事処。座敷や個室、半個室などでゆったり寛げる。

☎0880-34-5088 住四万十市中村東町1-8-19 ⏲11～14時、17～21時 休水曜（GW、お盆期間は無休） 交土佐くろしお鉄道中村駅から高知西南交通バス口屋内行きなどで5分、市民病院前下車、徒歩5分 P8台 MAP P154C4

これが四万十の天然アユ！

❶いろいろ食べられてお得な花ぜんおまかせ定食2200円。青さのり天ぷらやごりの佃煮、カツオのたたきなど❷季節の川の幸料理が自慢。アユ塩焼きは天然のみで時価❸落ち着いた雰囲気の郷土料理店

これもおすすめ！

ひっつけ寿司1100円

旬の魚の握り。酢みかんをしぼってあっさり味に

ぜひ味わいたい四万十の名物はこれです

アユ

石や岩につくコケを食べて育つ天然アユからは、スイカのようないい香りがする。初夏から秋が旬。

アメゴ

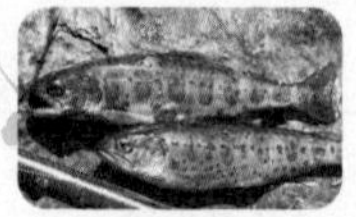

冷たい水を好む美しい渓流魚で、料理で使われるのは養殖魚。身は淡いピンク色で、ほんのり甘い。

川エビ

テナガエビの仲間。生きているときは黒っぽいが、火を通すと真っ赤になる。から揚げや塩焼きで。

青のり

河川敷に干す風景は冬の風物詩。佃煮や天ぷらにする。

ゴリ

別名ヌマチチブという、小さいハゼの仲間で、春に川を遡上。

四万十ポークたっぷり！道の駅あぐり窪川の名物豚まん

道の駅あぐり窪川に立ち寄ったら、名物B級グルメ、豚まん230円をテイクアウトしよう。地元ブランド肉、四万十ポークをたっぷり使ったジューシーな味わいがたまらない。

☎0880-22-8848 MAP P154C1

いわき食堂《いわきしょくどう》

雄大な流れを眺めながら
清流の幸料理に舌つづみ

江川崎近辺で四万十の幸を味わいたいならこの店へ。店主自らとってくる川エビの料理や、天然アユやウナギほか、メニューは多彩。川エビは品薄の場合があり、要確認を。

☎0880-52-1172 住四万十市西土佐津野川647-5 ⏰8～20時 休第1・3日曜(8月は無休) 交JR江川崎駅から車で5分 P10台 MAP P154A2

❶青のり入りの麺が個性的な四万十ぶっかけうどん880円（5～10月限定）には川エビから揚げがのる。ゴリ丼700円も人気メニュー ❷ロケーションのいい座敷

❶

❷

味劇場ちか《あじげきじょうちか》

四万十の夜を満喫できる
人気の居酒屋

メニュー豊富な居酒屋で、川の幸料理も気軽に味わえる。「舞台」に見立てた厨房をカウンターが囲む、劇場のような設計にも注目。

☎0880-34-5041 住四万十市中村新町1-39-2 ⏰17時～22時30分 休月曜 交土佐くろしお鉄道中村駅から高知西南交通バス口屋内行きで8分、市役所前下車、徒歩5分 P20台 MAP P154C4

❶右上から焼きサバ姿寿司1切320円～、青さのり天ぷら720円、川エビ塩焼き880円、ゴリのから揚げ730円 ❷2階から厨房を見下ろしながら食事

❶

❷

別腹スイーツのおいしい店はこちらです

古民家カフェ半平《こみんかかふぇはんぺい》

築120年ほどの古民家をリノベーション。美しい庭を眺めながら、地元の老舗・松鶴堂による和菓子をどうぞ。

☎0880-22-2101 住四万十町茂串町2-3 ⏰9～17時（16時LO） 休木曜、12月27日～1月3日 交JR窪川駅から徒歩5分 P10台 MAP P154C2

▲地元老舗の和菓子を抹茶とセットで600円

▶しっとりしたたたずまい

ストローベイルSANKANYA《すとろーべいるさんかんや》

道の駅に併設。四万十川を望む展望デッキやテラス席でスイーツを。テイクアウト可。

☎0880-31-6070 住四万十市西土佐江川崎2410-3道の駅よって西土佐内 ⏰10～17時 休無休(12～2月は火曜日) 交JR江川崎駅から徒歩15分 P45台 MAP P154A2

▲西土佐和栗のモンブラン400円が看板商品

▶おしゃれな外観

観光遊覧船（P89参照）でも四万十の幸を使った料理が楽しめる。四万十川を眺めながらの食事はまた格別。

自然の神秘とパワーを感じる！ 足摺岬で絶景ドライブ

所要時間 約6時間

南国ムードとスピリチュアルな雰囲気あふれる四国最南端の足摺岬。水平線がまーるく見える断崖絶壁をはじめ、必見スポットを巡る快適ドライブにでかけましょ。

四万十市中心部

START!

約40km

高知のみならず、四国屈指の景勝地

遊歩道が整備されていて散策しやすい

灯台へは遊歩道ですぐ

1 足摺岬《あしずりみさき》

視界270度の絶景スポット

垂直にそそり立つ、高さ80mに及ぶ断崖絶壁から太平洋を一望。水平線が緩やかなカーブを描く。遊歩道で5分余りの天狗の鼻展望台からの眺望も素晴らしい。2～3月には周辺の遊歩道にヤブツバキの花が咲き誇る。

☎0880-82-3155（土佐清水市観光協会）住土佐清水市足摺岬 交バス停足摺岬から徒歩2分 P市営P利用20台 MAP P93

すぐそば

金剛福寺《こんごうふくじ》

四国霊場第38番札所。亜熱帯性の植物も見られて南国情緒満点（☞P143）

約500m

2 白山洞門《はくさんどうもん》

波に削られた巨大な穴

波打ち際にそびえる巨大な岩の塊に、大きな穴がぽっかり。その空洞は高さ16m、幅17mもあり、花崗岩の洞門としては日本一の大きさ。

☎0880-82-3155（土佐清水市観光協会）住土佐清水市足摺岬 交バス停足摺岬から徒歩15分 P市営P利用20台 MAP P93

万次郎足湯から眺めるのがベスト

すぐそば

白山洞門展望 万次郎足湯《はくさんどうもんてんぼう まんじろうあしゆ》

窓から白山洞門が見える絶景の足湯。足摺温泉郷の良質な湯で疲れを癒やそう。

☎0880-88-0988(あしずり温泉協議会) ¥無料（タオル100円）◷8～19時 休水曜 MAP P93

約8km

パワースポット

▼巨石に登って海を見ていると時間が過ぎるのを忘れてしまう

▼確かに、巨岩が一ヵ所に集められたかのよう

約11k

3 唐人駄場遺跡 巨石群《とうじんだばいせき きょせきぐん》

巨岩が並ぶパワースポット

高さ6～7mもある巨石が林立する謎のスポットで、古代遺跡が出土した一帯にある。人に削られたような跡もあり、古代人が何らかの目的で並べたのではないか、という説も…。

☎0880-82-3155（土佐清水市観光協会）住土佐清水市松尾 ¥◷休周辺自由 交バス停足摺岬から車で15分 P5台 MAP P93

自然のアート作品のような海岸▼

▼見残し湾のシコロサンゴ群は日本一の規模。グラスボートでこの景観を真上から見られる。竜串観光汽船
☎0880-85-0037
¥往復2000円 MAP P93

弘法大師ゆかりの伝説の地

足摺岬には「足摺七不思議」と呼ばれる伝説スポットが点在している。孝行心があれば押したら動くという巨岩の「ゆるぎ石」など、実際には7ヵ所以上のスポットがある。
☎0880-82-3155(土佐清水市観光協会)

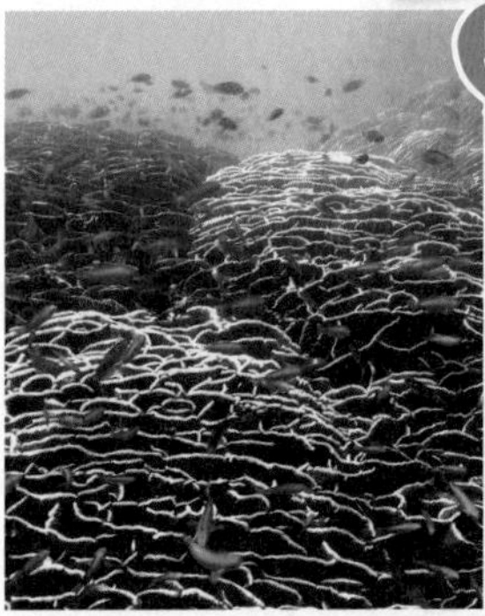

5 竜串海岸《たつくしかいがん》

奇岩とサンゴの絶景

奇岩が連なる変化に富んだ海岸線と、美しい海が魅力。グラスボートに乗れば、竜宮城のような風景を堪能できる。

☎0880-82-3155(土佐清水市観光協会) 住土佐清水市竜串 交バス停清水プラザパル前から高知西南交通バス宿毛行きで20分、竜串下車、徒歩5分 P市営P利用70台 MAP P93

約850m

海が写り込むウミガメ水槽▶

6 高知県立足摺海洋館《こうちけんりつあしずりかいようかん さとうみ》 SATOUMI

足摺の海が舞台の水族館

豊かな生態系を誇る竜串湾がテーマ。竜串地区の自然を再現し、色鮮やかな魚たちやウミウシ、サンゴなど約350種1万5000点を展示する。

☎0880-85-0635 住土佐清水市三崎4032 ¥入館1200円 ⏰9〜17時(最終入館16時30分) 休無休 交バス停清水プラザパル前から高知西南交通バス宿毛行きで22分、SATOUMI前下車、徒歩1分 P139台 MAP P93

約11km

4 久松製パン所《ひさまつせいぱんじょ ぽみえ》 ポミエ

その名も「清水のさばぁがー」

地元ブランド魚、清水さばの竜田揚げが入ったご当地バーガー334円。ニンニク入りの甘辛タレと、自家製タルタルソースがきいている。

▲売り切れもあるので、電話で取り置きを頼んでおけば安心

☎0880-82-0143 住土佐清水市天神町1-16 ⏰7〜18時 休日曜 交バス停清水プラザパル前から徒歩3分 P6台 MAP P93

▲竜串湾を再現した四国最大級の大水槽

約38km

GOAL!
四万十市中心部

●足摺岬へのアクセス

電車・バス:JR高知駅から土讃線、土佐くろしお鉄道中村・宿毛線特急で1時間45分の中村駅下車、高知西南交通バス足摺岬行きで55分で清水プラザパル前、さらに45分で足摺岬

車:高知自動車道中四万十町中央ICから国道56・321号、県道27号を約90km

広域MAP 折込裏D6

足摺岬は四国でも格別温暖な地。太い気根が特徴のアコウやヤシの仲間のビロウなどの亜熱帯植物が自生している。

室戸ジオパークドライブで、雄大な自然美とグルメを満喫！

所要時間
約8時間

大地の成り立ちなど、ダイナミックな自然を体感できる室戸岬をドライブ！
海の幸を使ったグルメやイルカとのふれあいなど、いろいろなお楽しみが待ってます。

START!

高知自動車道
南国IC

約78km

「ジオパーク」とは？

ユネスコの国際地質科学ジオパーク計画のひとつとして実施されている「ユネスコ世界ジオパーク」。自然・歴史・文化に触れ、地球（ジオ）を学び、貴重な地質遺産や文化遺産、生態系などを楽しめる。

「室戸ユネスコ世界ジオパーク」は大地が盛り上がり続けるところで、地域の人々が美しい地形を守りながら、その独特の地形や文化、海洋深層水などを活かした活動が高く評価されている。

大地の成り立ちなどをわかりやすく展示

1 室戸世界《むろとせかい》ジオパークセンター《じおぱーくせんたー》

室戸ジオパークをより楽しむための拠点施設

多彩な展示やシアター、体感ボックスなどにより、室戸ユネスコ世界ジオパークを紹介する拠点施設。室戸岬ガイドツアーの受付も行っている（前日までに要電話予約）。

☎0887-23-1610 住室戸市室戸岬町1810-2 ¥入館無料 ⏰9～17時 休無休 交バス停室戸岬から高知東部交通バス室戸世界ジオパークセンター行きで9分、終点下車すぐ P50台 MAP折込裏G5

館内にはカフェやショップもある

約4km

2 むろと廃校水族館《むろとはいこうすいぞくかん》

プールでサメが泳ぐ!?お魚が集う小学校

廃校をリノベしたユニークな水族館。校内に設置した水槽には、室戸でとれた魚や亀などが泳ぐ。

☎0887-22-0815 住室戸市室戸岬町533-2 ¥600円 ⏰9～18時（10～3月は～17時）休無休 交バス停室戸市役所前から高知県東部交通バス甲浦岸壁行きで26分、むろと廃校水族館下車すぐ P100台 MAP折込裏G4

サメやウミガメが泳ぐ屋外プール

50種1000匹以上の魚を飼育・展示

約10km

約2km

3 室戸岬《むろとみさき》

ダイナミックな風景を堪能

太平洋に突き出すV字型の岬で、室戸ジオパークの中心エリア。海岸沿いに乱礁遊歩道が整備されており、ダイナミックな地層や珍しい植物などを見ることができる。

☎0887-22-0574（室戸市観光協会案内所）住室戸市室戸岬町 交バス停室戸岬から徒歩すぐ P95台 MAP折込裏G5

壮大なスケールの風景に出合える

地殻変動で生まれたスゴイ地層

太平洋を一望する
絶景スポット
「恋人の聖地」へ

室戸岬周辺には、NPOが各地で認定している「恋人の聖地」が3つもある。室戸岬灯台と中岡慎太郎銅像上の展望台、室戸スカイライン山頂展望台（写真）で、いずれも壮大な絶景スポット！ MAP P95

4 室戸岬灯台《むろとざきとうだい》

太平洋を見下ろす美しい灯台

室戸岬の山上に立つ白亜の灯台。レンズは直径約2.6mもあり国内最大級。近くに四国霊場第24番札所の最御崎寺《ほつみさきじ》がある。

☎0887-22-0574（室戸市観光協会案内所）住室戸市室戸岬町 ¥◷休周辺自由 交バス停室戸岬から車で5分 P室戸スカイライン駐車場利用20台 MAP P95

約49km先まで照らす

すぐそば

最御崎寺《ほつみさきじ》

高知最初の四国霊場でみどころ豊富(☞P.143)

約6km

5 料亭花月《りょうていかげつ》

味わい最高の室戸キンメ丼

創業90年を超える老舗料亭。室戸沖獲れのキンメダイの照り焼きと刺身を味わい、お茶漬けで締めるご当地グルメ、室戸キンメ丼1800円を食べよう。

☎0887-22-0115 住室戸市室津2586 ◷11時～13時30分LO（土・日曜、祝日は10時30分～）休不定休 交バス停室戸市役所前から高知東部交通バス甲浦行きなどで2分、室戸下車、徒歩3分 P16台 MAP折込裏G5

高級魚キンメダイが丼を埋め尽くす。通年味わえる

落ち着いた座敷で食事を楽しめる

約3km

GOAL!

高知自動車道南国IC

約79km

6 室戸ドルフィンセンター《むろとどるふぃんせんたー》

イルカと思いっ切り遊ぼう！

イルカと触れ合える施設。ドルフィンスイム9000円など、さまざまな体験プログラムがある。夏季は、海上アスレチックとミニボート体験も開催。

☎0887-22-1245 住室戸市室戸岬町6810-162 ◷10～17時（最終入園16時30分）休10～3月の水曜（祝日、長期休み期間は開園）交バス停戸市役所前から高知東部交通バス甲浦行きなどで6分、室戸営業所前下車、徒歩5分 P20台 MAP P95

目の前で迫力満点のジャンプが見られる

エサやり体験600円は1日5回実施

●室戸岬へのアクセス

電車・バス：JR高知駅から土佐くろしお鉄道ごめん・なはり線で90分、奈半利駅下車、高知東部交通バス甲浦行きなどで60分、室戸岬下車すぐ

車：高知自動車道南国ICから国道32・55号を約80km 広域MAP 折込裏G4～5

室戸世界ジオパークはガイドしてもらうといっそう楽しめる。公式Webサイトからの申込みは3日前までに要予約。

土佐っ子に人気の店で感動のカツオ料理を楽しみましょう

日本一のカツオ王国、高知を旅したら、絶対に食べたいのがカツオ料理。
定番のタレたたき、近ごろ人気の塩たたきのほか、バラエティー豊かなメニューを味わえますよ！

高知タウン

土佐料理《とさりょうり》 たたき亭《たたきてい》

県外客からも人気の居酒屋。カツオのたたきは、注文を受けるたび、無農薬のわらで一気に焼き上げる。カツオと並んでウツボのたたきも看板料理で、うつぼたたき1430円はコラーゲンたっぷりで女性にも好評。

☎088-824-0018 住高知市はりまや町3-1-12ロックビル1階 ◷17～23時 休月曜、月1回日曜 交電停はりまや橋からとさでん交通高知駅行きで2分、蓮池町通下車、徒歩2分 Pなし MAP折込表ハD2

◆予算目安 2人で9000円前後

これもおすすめ！

かつおコロッケ 880円
あっさりして食べやすい、カツオの風味が口に広がる創作料理

香ばしさに箸が進む 逸品のカツオのたたき

目の前でわら焼き！

❶高く上がる炎は迫力満点
❷カウンターやテーブル席、座敷があり、落ち着いた雰囲気

土佐沖どれのカツオを使った鰹たれたたき1650円は、秘伝の自家製ダレがカツオの旨みを引き立てる

高知タウン

利他食堂《りたしょくどう》

高知市内の契約漁港から、その日どれの魚を直接購入。和食の料理長と洋食のシェフがそれぞれ自慢の腕をふるう。注文後に松葉で焼くたたきをはじめ、個性ある料理を堪能できる。カツオは新鮮な生のみを使うので、事前にあるかどうか確認を。

☎088-885-6983 住高知市相生町2-20 ◷17時30分～23時 休月曜 交JR高知駅から徒歩5分 P4台 MAP折込表ハD1

◆予算目安 2人で1万円前後

モダンな雰囲気のなか、和・洋の多彩な料理を

高知ならではの太巻き

❶カツオのたたきを巻いた土佐巻き1400円～、ハーフ800円 ❷開放的な店内

香りがひと際高いカツオの松葉焼き1400円～。カツオのポワレトマトソース1400円～は南仏風の創作料理

これもおすすめ！

土佐あかうしシリーズ
ローストビーフ、頬肉赤ワイン煮込みなど、多彩なメニューがラインナップ。1000円～

高知に伝わる お座敷遊びを 楽しんでみては

高知のお座敷遊びで、可杯（べくはい）という杯を使う遊び。コマを回して、出た絵柄の杯で酒を呑むという趣向。ひろめ市場の「土佐の地酒市場 西寅」で販売。☎088-872-6676 MAP折込表⑧B2

黒潮町

カツオふれあいセンター 黒潮一番館《かつおふれあいせんたー くろしおいちばんかん》

漁師のおかみさんが作るカツオ料理

高知県随一のカツオ一本釣り基地にある食堂＆体験施設で、漁師のおかみさんたちが運営。本場流のわら焼きたたきのほか、カツオ漬けマヨ丼900円など、漁師流メニューも。

☎0880-55-3680 住黒潮町佐賀字海雲寺374番地9 ⏲3～11月の11～15時 休火曜（体験は期間中無休）交土佐くろしお鉄道土佐佐賀駅から徒歩20分 P30台 MAP P154C3

◆予算目安 2人で2600円前後

看板にもカツオが。カツオの水揚げ時期に営業

小鉢も付いてくるカツオタタキ定食1500円。団体利用で満席の場合があるので、事前に確認しておきたい

生にこだわるカツオのタタキ定食1180円。写真の盛り付けは3～4人前

漁師町でおみやげを

干物などの海産物加工品も販売

中土佐町

黒潮工房《くろしおこうぼう》

漁師町に長年伝わる本格わら焼きたたき

人気の湯宿「鰹乃國の湯宿 黒潮本陣」（☞P105）に隣接する食事処。わら焼きしたての温かいたたきを、一本釣り漁師町伝来のカツオの味を引き立てるタレでいただく。

☎0889-40-1160 住中土佐町久礼8009-11 ⏲8～15時（食事は11～14時）休第2木曜（8月は無休）交JR土佐久礼駅から車で5分 P80台 MAP折込裏D4

◆予算目安 2人で2500円

高知タウン

旬鮮料理 愛禅《しゅんせんりょうり あいぜん》

土佐の旬を使った創作料理を満喫

新鮮な魚をはじめ、旬の新鮮な食材を使った料理を提供する居酒屋。注文のたびにわらで焼くカツオのたたきは、あっさりした塩とこだわり自家製チリ酢の2タイプがある。上質な和牛や野菜を使う多彩な創作料理もぜひ味わってみたい。

☎088-861-4282 住高知市はりまや町1-4-11 ⏲17～23時（22時30分LO）※小学生以下の入店不可 休水曜 交電停はりまや橋から徒歩2分 Pなし MAP付録表⑧D2

モダンな雰囲気の店で、女性も気楽に入れる

イチ押しのワラ焼きカツオのたたき2500円。塩たたきは自然塩と脂がとけあう絶品

黒潮一番館と黒潮工房では、カツオたたき作り体験も行っている。自分で焼いたたたきの味はひとしお。

高知ならではの個性派グルメを味わってみて

カツオ料理のほかにも、高知のおいしい料理はいっぱいあります。
黒潮の幸からブランド肉、高知野菜まで、たっぷり味わって！

皿鉢《さわち》料理

皿鉢料理 昼7700円～、夜9900円～
海の幸を中心に、多彩な料理を豪快に盛付け（写真は2名分）

もう一品

塩たたき2200円
別途、塩たたきを注文し、皿鉢のタレたたきと食べ比べも

高知タウン

得月楼《とくげつろう》

創業150年の料亭で名物料理を

明治3年（1870）創業の老舗料亭。宮尾登美子の小説で映画化もされた『陽暉楼』の舞台にもなった。高知名物がたっぷり楽しめる皿鉢料理をぜひ味わいたい。2名から2日前までに要予約。

☎088-882-0101 住高知市南はりまや町1-17-3 ⏰11～14時、17～22時 休不定休 交電停はりまや橋からすぐ P契約駐車場あり MAP折込表Ⓐ D2

ゆったり食事できる全室個室

皿鉢料理とは？
大皿に山海の幸を盛込む、高知独特の宴席料理。通常3～5人前だが、店によっては1～2人用の小さな皿鉢もある。食べ方にルールはなく、好きなものから味わってOKだ。

土佐清水

御食事処あしずり《おしょくじどころあしずり》

黒潮に育まれた魚は絶品！

足摺沖でとれるブランド魚、清水さばを味わえる食事処。鮮度最高の刺身をいただくと、舌を弾き返すほどのプリプリの食感に驚かされる。軽く炙るたたきも絶品だ。

☎0880-82-0825 住土佐清水市元町3-15 ⏰11～14時、17～20時 休不定休 交土佐くろしお鉄道中村駅から高知東部交通バス足摺岬行きで55分、清水プラザパル前から徒歩3分 P7台 MAP P93

もう1品

清水さばタタキ1200円
柑橘類入りのタレで。塩とごま油でいただく塩タタキもある

人気店で、昼も夜も賑わう

清水さば刺身 1200円
甘口の醤油がよく合う。定食1400円でも食べられる

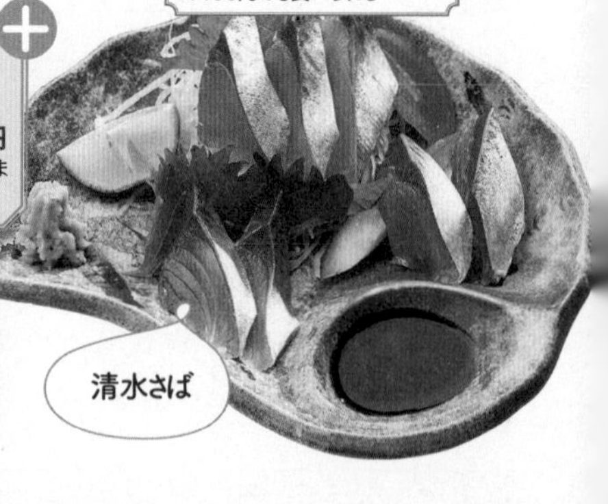

清水さば

クジラ

鯨刺身 1450円
臭みはなく、あっさりした味わい。プラス350円で定食に

もう1品

鯨竜田揚げ1000円
ボリュームたっぷりで食べごたえあり。ご飯との相性もいい

室戸

キラメッセ室戸・食遊鯨の郷《きらめっせむろと・しょくゆういさのごう》

クジラ料理がバラエティー豊か

高たんぱく低脂肪のヘルシーなクジラを使った料理が評判。刺身やたたきほか、豊富なメニューをリーズナブルに味わえる。

☎0887-25-3500 住室戸市吉良川町丙890-11 ⏰10時30分～19時30分（10時30分～11時は喫茶のみ）休月曜（祝日の場合は翌日）交土佐くろしお鉄道奈半利駅から高知東部交通バス室戸岬行きで27分、キラメッセ室戸下車すぐ P50台 MAP折込裏G5

海に面した道の駅のレストラン

安芸市のご当地グルメ
釜揚げちりめん丼
塩ゆでして、軽く天日干ししたしらすを使った釜揚げちりめん丼。廓中ふるさと館などの店舗で食べられる。
☎0887-34-0701 MAP折込裏F4

高知タウン

プティ・ヴェール《ぷてぃ・ぶぇーる》

うまい赤身をワインとともに

ヘルシーでおいしい赤身肉が人気の、土佐あかうしが味わえるワインバー。豪快にかたまり肉で焼き上げ、ジューシーなうまみが存分に楽しめる。

☎088-822-2520 住高知市帯屋町2-3-1（ひろめ市場内）⏰11～15時、17～22時 休月・火曜（祝日の場合は翌日）、ひろめ市場の休館日 交電停はりまや橋からとさでん交通鏡川橋・朝倉・伊野行きなどで3分、大橋通下車、徒歩2分 P約180台（有料）MAP付録表Ⓐ B2

ひろめ市場（P86）内にあり、土佐あかうしの料理が充実。

土佐あかうし

土佐あかうしの塊肉のステーキ
200g 4200円～
ウデ、モモ、フィレ肉の好みの部位をチョイスしよう

もう1品

5種チーズの盛り合わせ
1600円
ワインのお供にぴったり

いの

畑山ガーデン《はたやまがーでん》

野菜ソムリエが作るピザが評判

おいしい野菜のピザが味わえる。高知野菜を知りつくした野菜ソムリエの手作り。9種類のピザをはじめ、県産野菜を使ったメニューを提供。

☎088-893-4848 住いの町波川98 ⏰10時30分～15時30分（LO15時、ピザ生地がなくなり次第閉店）休月曜（祝日の場合は翌日）交JR波川駅から徒歩10分 P20台 MAP折込裏E4

もう1品

フルーツトマトジュース
550円
水を使わず、3～4個のフルーツトマトだけで作る

テラス席もある、開放的な店内

フルーツトマトのピザ
1750円（持ち帰り1870円箱入り）
トマトの甘さが際立った、ヘルシー&おいしい一品

高知野菜

おいしい＆かわいい♡ 高知のおみやげを集めました

手に入れると心がなごみそうな高知のおみやげたち。
素朴なナチュラル系のアイテムがおすすめです。

塩けんぴ
200g 399円
高知みやげの定番、芋けんぴは海洋深層水を効かせた甘辛味が最近人気。細切りは一層パリパリ感あり ❷

ゆずのマカロン
各150円
高知県産の香り高いユズを使用した高知流マカロン。さっくりとした歯ざわりで、ユズの香りがさわやか ❶

ぼうしパン **162円**
高知生まれのかわいいご当地パン。ハット型デザインで、表面とつばの部分が甘～いカステラ生地 ❺

ダバダ火振
100mℓ 363円
720mℓ 1635円
〔無手無冠〕
四万十のクリを使って醸造する本格焼酎で人気が高い。ミニチュアボトルのほか、720ml1635円なども ❸❻

ぽん酢しょうゆ ゆずの村
500mℓ　670円～
〔馬路村農業協同組合〕
ユズの香りが高く、カツオだしとのバランスが絶妙なポン酢で、鍋ものや湯豆腐、和風ドレッシングにぴったり ❸❻
(☞P87)とさのさとAGRI COLLETTOでも販売

おいしいおみやげ

しまんと地栗モンブラン
3個入り1620円
糖度の高い四万十のクリを使用するので砂糖控えめ。クリ本来の自然な甘さを活かした特別なモンブラン ❹

桐島畑のジンジャーシロップ
480g 1690円～
〔桐島畑〕
四万十町で有機栽培されたショウガを使った香りのいいシロップ。薄めて飲むほか、調味料にも ❸❹

栗きんとん
6個入り1720円、12個入り3400円
原材料は四万十のクリと砂糖のみで、クリのおいしさをそのまま味わえる。すべての工程を完全手作り ❹

ゆずのフィナンシェも要チェック
安芸
洋菓子倶楽部《ようがしくらぶ》 ❶
☎0887-34-4367 住安芸市矢ノ丸3-2-6 ⏰10時～18時30分 休火曜、第1日曜、第3水曜 交土佐くろしお鉄道安芸駅から徒歩すぐ P9台 MAP折込裏F4

昔懐かしいお菓子で大人気
四万十
水車亭《みずぐるまや》 ❷
☎0880-22-3456 住四万十町古市町9-30 ⏰8～20時 休無休 交JR窪川駅から徒歩10分 P80台 MAPP154C2

高知の全市町村の逸品
高知タウン
土佐せれくとしょっぷ てんこす《とさせれくとしょっぷ てんこす》 ❸
☎088-855-5411 住高知市帯屋町1-11-40 ⏰9～21時 休無休 交電停はりまや橋から徒歩2分 Pなし MAP折込表八C2

四万十ならではのおみやげならここ
四万十
道の駅四万十とおわ《みちのえきしまんととおわ》 ❹
☎0880-28-5421 住四万十町十和川口62-9 ⏰8時30分～17時 休不定休 交JR十川駅から車で5分 P82台 MAPP154A1

※❶～❽は商品を扱っている店。

四万十のおみやげなら 道の駅 よって西土佐

四万十川沿いにあり、天然アユなどの四万十の幸や、地場野菜などが豊富に並ぶ。
☎0880-52-1398 住四万十市西土佐江川崎2410-3 交JR江川崎駅から徒歩10分 ⏰7時30分～18時 休無休（12～2月は火曜）P42台 MAP P154A2

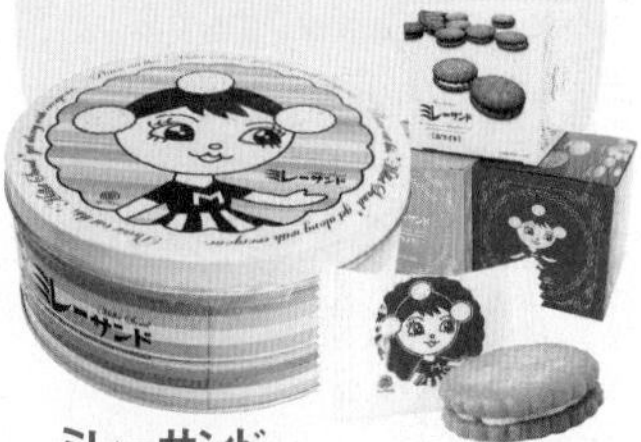

オリジナルタンブラー バイカオウレン
3850円
牧野富太郎博士が愛した「バイカオウレン」がオリジナルグッズに
※高知県立牧野植物園内ショップ（☞P84）で販売

ミレーサンド
箱各800円、缶2700円
高知のご当地お菓子、ミレービスケットでクリームをサンド。香ばしさと甘さのハーモニーが魅力 ❸（箱のみ）❻

土佐手拭い **各1100円～〔わらびの〕**
可愛い魚やユズ、高知野菜など、高知の食材が描かれた楽しい日本手拭い。カラフルな色合いもキュート！ ❸❹

monaccaバッグ (bag-kaku-shou)
3万800円（プレーン）〔エコアス馬路村〕
スギの美しい木目を生かした、個性的なデザイナーズバッグ。色や形などバリエーションも豊富 ❸
※馬路村ふるさとセンター「まかいちょって家」（☞P103)でも販売

かわいいおみやげ

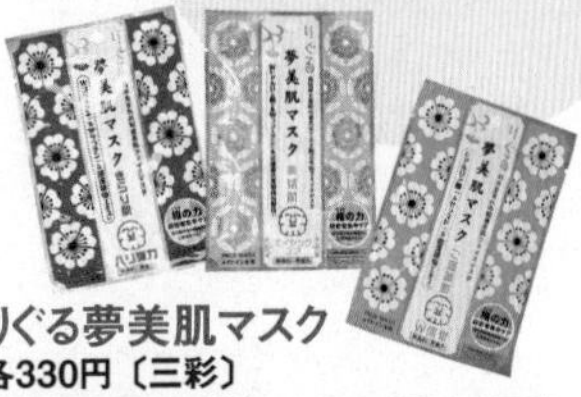

りぐる夢美肌マスク
各330円〔三彩〕
土佐和紙の原料で、お肌に優しい県産コウゾを使った厚手のシートに、美容液がたっぷりしみ込んだ美容マスク ❸

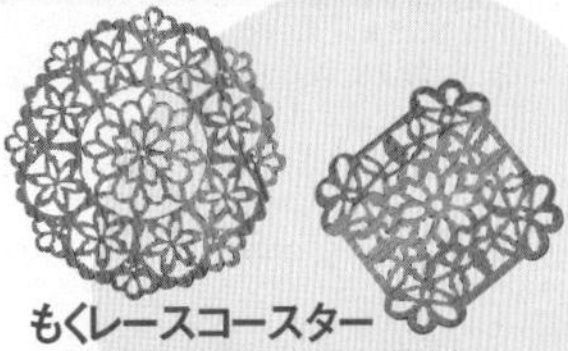

白竹ランドリーバスケット
4万3780円
竹製品の製造直売店による、軽くて丈夫、オシャレな脱衣かご。使うほどに風合いが深まる逸品 ❼

土佐和紙ギフト袋
小385円、大440円
温かみのある風合いの手漉き和紙で作られた、土佐和紙専門店オリジナルのギフト袋。ぽち袋やうちわなどもある ❽

もくレースコースター
Mサイズ1078円ほか〔ばうむ〕
ありそうでなかった、スギ製のかわいいコースター。繊細で優美なレース模様が目をひく ❸

ぼうしパンを発明したパンメーカーの直営店
高知タウン
リンベル《りんべる》 ❺
☎088-822-0678 住高知市永国寺町1-43 ⏰7～18時 休日曜（祝日不定休）交JR高知駅から徒歩12分 P5台 MAP折込表Ⓐ C1

高知駅改札からすぐでアクセス抜群！
高知タウン
キヨスク高知銘品館《きよすくこうちめいひんかん》 ❻
☎088-823-5356 住高知市栄田町2-1-10 ⏰8時～19時30分 休無休 交JR高知駅構内 P高知駅駐車場利用（有料）MAP折込表Ⓐ D1

伝統の竹製品を製造直売
須崎
竹虎《たけとら》 ❼
☎0889-42-3201 住須崎市安和913-1 ⏰9時～17時30分 休日曜 交JR安和駅から徒歩3分 P10台 MAP折込裏D4

優しい趣が魅力のオリジナル手漉き和紙
高知タウン
土佐和紙工房パピエ《とさわしこうぼうぱぴえ》 ❽
☎088-880-9185 住高知市はりまや町2-8-11 ⏰10～17時 休火・水曜 交電停はりまや橋から徒歩10分 P3台 MAP折込表Ⓐ D2

「キモかわっ」で人気のご当地キャラが、カツオの頭に手足のついた「カツオ人間」。ストラップなどをてんこすほかで販売。

ココにも行きたい

高知のおすすめスポット

野良時計《のらどけい》

レトロで素朴な手作り時計台

田園地帯で目を引く時計台。明治20年（1887）ごろ、地主の畠中源馬《はたけなかげんま》さんの手作り。時計が一般的でなかった時代、農作業をする人に時を知らせた。国の登録有形文化財。DATA ☎0887-34-8344（安芸観光情報センター）住安芸市土居 ¥🕒休外観見学自由 交土佐くろしお鉄道安芸駅から元気バス畑山行きで16分、野良時計前下車、徒歩すぐ P溝ノ辺緑地公園利用30台 MAP折込裏F4

絵金蔵《えきんぐら》

インパクト強烈な芝居絵屏風を鑑賞

土佐藩家老の御用絵師から失脚し、放浪の末に町絵師となった絵金を紹介。極彩色の芝居絵屏風をロウソクの灯りで照らす奇祭、須留田八幡宮神祭（7月14・15日）を再現するコーナーなど展示方法が個性的。DATA ☎0887-57-7117 住香南市赤岡町538 ¥入館520円 🕒9～17時 休月曜（祝日の場合は翌平日）交土佐くろしお鉄道あかおか駅から徒歩10分 P20台 MAP折込裏F4

西島園芸団地《にしじまえんげいだんち》

年中トロピカルムードの観光農園

大型のハウスが立ち並ぶ観光農園で、天井一面に咲き誇るブーゲンビリアをはじめ、美しい花々が出迎えてくれる。こだわり自家栽培のおいしいフルーツやスイーツを味わったり、ジャムなどのみやげを買ったりと楽しみ方はいろいろ。DATA ☎088-863-3167 住南国市廿枝600 ¥フルーツ券780円（スイカ・メロン試食付き）🕒9～17時 休無休 交JR後免駅から車で5分 P200台 MAP折込裏E4

高知県立歴史民俗資料館《こうちけんりつれきしみんぞくしりょうかん》

国史跡・岡豊城跡に立つ博物館

戦国大名・長宗我部氏の居城、岡豊城跡にある歴史系総合博物館。長宗我部氏の興亡をたどる展示室が人気。2023年9月19日～翌3月28日（予定）まで休館。DATA ☎088-862-2211 住南国市岡豊町八幡1099-1 ¥通常展470円（企画展別途）🕒9～17時 休12月27日～1月1日（臨時休館あり）交JR高知駅からとさでん交通バス領石行きなどで30分、学校分岐下車、徒歩15分 P50台 MAP折込裏E4

北川村「モネの庭」マルモッタン《きたがわむら「もねのにわ」まるもったん》

花々が咲き誇る絵画のような庭園

印象派の画家、クロード・モネが後半生を過ごした庭を再現。約10万本の草花が植栽される。DATA ☎0887-32-1233 住北川村野友甲1100 ¥入園1000円 🕒9～17時 休6～10月の第1水曜、12月～2月末（冬期メンテナンス）交土佐くろしお鉄道奈半利駅から北川村営バス北川村行きで9分、モネの庭下車、徒歩すぐ P100台 MAP折込裏G4

高知県立のいち動物公園《こうちけんりつのいちどうぶつこうえん》

まるでサバンナやジャングルのよう

キリンとシマウマが歩くサバンナ展示場、熱帯雨林の生きものを展示するジャングルミュージアムなど、生息地の環境をできるだけ再現した動物公園。ハシビロコウやブチハイエナなども飼育。DATA ☎0887-56-3500 住香南市野市町大谷738 ¥入園470円 🕒9時30分～17時（入園は～16時）休月曜（祝日の場合は翌日）交土佐くろしお鉄道のいち駅から徒歩20分 P300台 MAP折込裏F4

龍河洞《りゅうがどう》

スリルあふれる巨大鍾乳洞の探検

約1億7500万年かけてできた巨大な鍾乳洞で、国の史蹟・天然記念物に指定。すばらしい自然のオブジェを観賞しながら、探検気分で散策できる。DATA ☎0887-53-2144（龍河洞保存会）住香美市土佐山田町逆川 ¥入洞1200円 🕒8時30分～17時（12～2月は～16時30分）休無休 交JR土佐山田駅からとさでん交通バス龍河洞行きで20分、終点下車、徒歩2分 P600台 MAP折込裏F4

にこ淵《にこぶち》

仁淀ブルーを代表する神秘的な滝つぼ

“仁淀ブルー”で有名な仁淀川の支流、枝《えだ》川《がわ》川《がわ》にある滝つぼ。高い透明度の、青く輝く水をたたえる。大蛇の伝説が残る神聖な場所で、入水や飲食、トイレはNG。滝つぼまでは足場の悪い場所を通るので、歩きやすい靴、動きやすい格好で訪れよう。DATA ☎088-893-1211（いの町観光協会）住いの町清水上分1278 ¥🕒休散策自由 交高知自動車道伊野ICから車で1時間 P20台 MAP折込裏E3

砂浜美術館《すなはまびじゅつかん》

広大な砂浜そのものがギャラリー

約4kmにわたる美しい砂浜、入野海岸を舞台とした、建物のない美術館。太陽や月の照明と波の音のBGMで、風が描く砂紋、漂流物、季節の草花などの「常設展」を楽しむ。5月のTシャツアート展ほかの「企画展」にも注目。DATA ☎0880-43-4915 住黒潮町入野 ¥🕒休周辺自由（企画展は見学時間・料金設定あり）交土佐くろしお鉄道土佐入野駅から徒歩10分 P周辺可 MAP P154B3

竜串貝類展示館《たつくしかいるいてんじかん》 海のギャラリー《うみのぎゃらりー》

貝の美しさを引き立てる展示は必見

日本三宝と呼ばれる珍しい貝類など約3000種5万点の貝類を展示。女性建築家、林雅子さん設計の建築や、外光を取り入れた展示にも注目を。DATA ☎0880-85-0137 住土佐清水市竜串23-8 ¥入館300円 ◷9～16時（7・8月は～17時）休木曜 交JR中村駅から高知西南交通バス足摺行きで55分、清水プラザパル前下車、宿毛行きに乗り換え20分、竜串下車、徒歩2分 P市営P利用70台 MAP P93

四国《しこく》カルスト《かるすと》 天狗高原《てんぐこうげん》

雲の上に広がる美しい草原

標高1000m以上の尾根が連なり、雲を見下ろす雄大な景色が広がる。石灰岩が雨で浸食された不思議な風景やのどかな放牧の様子など、大自然が満喫できる。DATA ☎0889-55-2021（津野町観光推進課）住津野町芳生野乙 交JR須崎駅から高知高陵交通バス梼原行きで1時間の新田よりタクシーで四国カルストまで30分 MAP 折込裏D4

大方《おおがた》ホエールウォッチング《ほえーるうぉっちんぐ》

クジラやイルカとの感動の出合い

土佐湾はホエールウォッチングの絶好のポイント。約4時間のクルージングで、ニタリクジラをはじめ、イルカやハナゴンドウの群れにも出合える。遭遇する確率は約80%。DATA ☎0880-43-1058 住黒潮町入野227（集合場所・入野漁港）¥1人8000円 ◷4月下旬～10月下旬の8時～、10時～、12時～(変更あり) 交土佐くろしお鉄道土佐入野駅から徒歩20分 P200台 MAP P154B3

ラフディップ《らふでぃっぷ》

1年中、かき氷が楽しめるカフェ

写真スタジオに併設のカフェで、通年提供するかき氷はふわふわの食感が魅力。ウエハースがアクセントのココナッツ704円など定番のほか、旬の果物などを使った季節限定のかき氷も要チェック。DATA ☎0887-59-2500 住香美市香北町太郎丸510-1 ◷11～17時LO 休火曜（冬季は火・金曜）交JR土佐山田駅からJR四国バス大栃行きなどで18分、岩改口下車、徒歩5分 P17台 MAP 折込裏F3

鍋焼《なべや》きラーメン《らーめん》専門店《せんもんてん》 まゆみの店《まゆみのみせ》

ご当地麺、鍋焼きラーメンを賞味

須崎市のご当地グルメ、熱々を土鍋でいただく鍋焼きラーメンの専門店。親鶏のがらでじっくり取ったスープは、鍋もののような奥深い味わい。並850円ほか。DATA ☎0889-42-9026 住須崎市栄町10-14 ◷11～17時（スープがなくなり次第終了。土・日曜、祝日は～21時に変更の場合あり、要確認）休水曜、第1日曜（祝日の場合は営業）交JR土佐新荘駅から徒歩8分 P10台 MAP 折込裏D4

チムジルバン《ちむじるばん》・レストラン《れすとらん》鷹取《たかとり》

本格的なキムチとビビンバが人気

山中にあるレストランで、本場仕込みの韓国料理を味わえる。前日午前中までに要予約の完全予約制。手作りナムルの入った石焼きビビンバ800円や本格的なキムチがおすすめだ。食事の後は、韓国式低温サウナ1000円でゆっくり温まろう。DATA ☎0889-62-3308 住梼原町下折渡206 ◷10時～14時30分 休月曜（祝日の場合は翌月）交JR須崎駅から車で1時間 P30台 MAP 折込裏D4

馬路村《うまじむら》ふるさとセンター《ふるさとせんたー》「まかいちょって家《まかいちょってや》」

多彩なユズ加工品と木工品を販売

ユズ商品で有名な馬路村の総合案内所で、みやげも販売。ぽん酢しょうゆなどのユズ加工品や木工芸品など、村の特産品が豊富に揃う。観光スポットや道路案内も教えてくれる。DATA ☎0887-44-2333 住馬路村馬路382-1 ◷9～17時 休無休 交土佐くろしお鉄道安田駅から高知東部交通バス馬路行きで37分、馬路橋下車、徒歩すぐ P7台 MAP 折込裏G4

久礼大正町市場《くれたいしょうまちいちば》

カツオ一本釣りの漁師町の歴史ある台所

明治時代から続く市場で、カツオが四国一うまいと評判の「土佐の一本釣りの町」にある。カツオの刺身やタタキのほか、カツオ丼が食べられる食堂が人気。タタキや干物の持ち帰りもOKだ。周辺の漁師町の原風景も魅力的。DATA ☎0889-59-1369（商店会事務局）住中土佐町久礼 ◷10～15時ごろ（店舗により異なる）休店舗により異なる 交JR土佐久礼駅から徒歩6分 P30台 MAP 折込裏D4

物産館《ぶっさんかん》「ひなたや《ひなたや》」

個性強烈、カツオのたたきバーガー

道の駅ビオスおおがた内の物産館&食事処で、ユニークなカツオたたきバーガー500円が名物。特製ダレに漬け込んだわら焼きたたきを、カツオ節入りのバンズに挟み、タルタルソースでいただく。DATA ☎0880-43-3113 住黒潮町浮鞭953-1 ◷7～18時 休無休 交土佐くろしお鉄道浮鞭駅から徒歩10分 P28台 MAP P154C3

国土交通省が管理する全国の河川のなかで水質No.1に輝いた「奇跡の清流」仁淀川（付録裏E4）は一見の価値あり。

グルメ、ロケーション、コスパGOOD！ 高知のとっておきの宿を集めました

高知タウンのアクセス便利なおしゃれホテルから、
海・山・川の豊かな自然に包まれる宿まで。選りすぐりをご紹介します。

憧れポイント
広々としたコテージ
大きな窓が開放感にあふれるコテージはツインルーム。木の柔らかい質感を生かした室内に心安らぐ

1 お腹も心も満たす、美しく繊細な和食膳 2 緑に癒やされながら、ゆったり湯に浸かろう

仁淀川町 (一部客室)

中津渓谷《なかつけいこく》 ゆの森《ゆのもり》

渓谷の豊かな自然に包まれて 料理と温泉を楽しむ

県立自然公園中津渓谷の入口に立つ温泉宿。開放感にあふれるコテージがおすすめ。夕食は、四季折々の旬の食材を使った和食膳が味わえる。森を眺めながら入る温泉の露天風呂も気持ちいい。

☎0889-36-0680 住仁淀川町名野川258-1 交JR佐川駅から黒岩観光バス落出行きなどで35分、名野川下車、徒歩7分 送送迎なし 休火曜(祝日の場合は翌日)、月2回水曜、12月31日、1月1日 P20台（無料）MAP折込裏D4 ●7室(和室4、コテージ3)●1997年4月開業

CHECK
コテージ 1泊2食付き
平　日　2万3580円
休前日(特定日を含む)　2万4580円
IN 15時 OUT 10時

高知市

7days Hotel plus《せぶんでいず ほてる ぷらす》

女性客の満足度◎ アート感覚にあふれるホテル

シンプル&モダンなホテルで、コストパフォーマンスが抜群。館内随所に版画作品がディスプレイされるなど、上質なアート感が漂う。日曜市やはりまや橋、JR高知駅などへは徒歩圏内。高知タウン観光の拠点に絶好だ。

☎088-884-7111 住高知市はりまや町2-13-6 交JR高知駅から徒歩10分 送送迎なし P40台(1泊800円) MAP折込表ハD2 ●80室(シングル51室他)●2004年12月開業

CHECK
シングル（朝食付）
6900円〜
IN 15時 OUT 10時

憧れポイント
ギャラリーのような館内
打ち放しのコンクリートの壁に、アート作品。まるでギャラリーにいるよう

1 客室は4タイプあり、写真はデラックス 2 ヘルシーな朝食付きの宿泊プランもある

高知市

おーべるじゅとさやま

オーベルジュ土佐山

高知市の奥座敷にある 隠れ家リゾート

高知市内の立地ながら、すぐ目の前を渓流が流れる静かな佇まい。インテリアに土佐和紙などの自然素材を使用。部屋にはテレビや時計がなく、街の喧騒から離れたなか、時間がゆっくり流れるのを楽しめる。開放感あふれる露天風呂のある温泉、季節の食材を彩りよく見せる「土佐山キュイジーヌ」も好評だ。利用は中学生以上。

憧れポイント

自然に囲まれた露天風呂

せせらぎを聞きながら、温泉三昧の時間を過ごせる

CHECK

2名1泊2食付き
- 平日 2万8200円～
- 休前日(特定日含む) 3万3150円～
- IN 15時 OUT 11時

☎088-850-6911 住高知市土佐山東川661 交JR高知駅から車で40分 送迎あり(要予約) P50台 MAP折込裏E3 ●16室(ヴィラ4棟含む)●1998年7月開業

吊り橋を渡った対岸にあるヴィラも好評

中土佐町

かつおのくにのゆやど くろしおほんじん

鰹乃國の湯宿 黒潮本陣

温泉と汐湯を楽しめ 海鮮料理も評判の宿

太平洋を望む高台にある温泉宿で、全室オーシャンビュー。湯が充実していることでも人気が高く、男湯女湯が1日交替の錆石と白御影の温泉、海水を沸かした露天風呂がある。夕食も評判で、カツオのたたきをはじめ、地魚を使った豪華な海の幸料理は、カツオ一本釣りの漁師町ならでは。部屋は和モダンの雰囲気でゆったりくつろげる。

憧れポイント

海を一望する露天風呂

海水を利用した潮の香りがする湯。ロケーション最高！

CHECK

和室 2名1泊2食付き(1名料金)
- 平 日 1万7750円
- 休前日 1万8850円～
- IN 15時 OUT 10時

☎0889-52-3500 住中土佐町久礼8009-11 交JR土佐久礼駅から車で5分 送迎あり 休第2木曜(祝日の場合は変更) P80台 MAP折込裏D4 ●11室(和室8室他、別荘6棟含む)●1996年12月開業

宿場の宿をイメージした重厚な外観

梼原

くものうえのほてるべっかん まるしぇ・ゆすはら

雲の上のホテル別館 マルシェ・ユスハラ

木の質感に癒される 山里のビジネスホテル

建築家、隈研吾《くまけんご》氏の設計によるビジネスホテル。外観、内装とも、木の風合いに包まれて独特の雰囲気が漂う。1階には地元の農産物や加工品などを販売する市場(マルシェ)を設置。また、町内にある源泉かけ流しの温泉や室内プールを利用できるように、シャトルバスも運行している。

憧れポイント

温かな雰囲気の部屋

天井もフローリングも木の風合いが温かい。写真はスイートルーム

CHECK

シングル 1泊朝食付き
- 平 日 8290円
- 休前日 1万50円
- 特定日 1万2250円
- IN 15時 OUT 11時

☎0889-65-1288 住梼原町梼原1196-1 交JR須崎駅から高知高陵交通バス梼原行きで1時間10分、四つ角下車、徒歩1分 送迎なし P12台(無料) MAP折込裏C4 ●全15室(シングル6室、ツイン4室他)●2010年8月開業

前面が茅葺き風のユニークな外観

高知県では農家民宿に宿泊するのもおすすめ。なかでも多いのが梼原町で、山里の素朴な暮らしを体感できる。

ふむふむコラム
fumu fumu

見ているだけで元気になる！よさこい祭りの魅力って ？

南国高知の真夏を彩るよさこい祭り。すごくパワフルでカラフルな踊り子たちから、元気を分けてもらいましょう。

どんな祭り？

約200チーム、2万人が参加。各チーム、原曲『よさこい鳴子踊り』を取り入れたオリジナル曲に乗り、独自の衣装と振り付けで踊る百花繚乱の祭り。迫力のある音量にもビックリ！

鳴子《なるこ》
鳥などを追い払う農具が起源。これを持って鳴らしながら踊るのが数少ないルールのひとつ。

衣装
法被や浴衣、Tシャツなどさまざま。共通点はカラフルなこと。

地方車《じかたしゃ》
音響装置を積んで、踊り子たちを先導する車。ド派手なディスプレイに注目。

踊ってみよう

当日、1時間程度練習して、実際に会場で踊ってみよう。

あったか高知踊り子隊
観光客対象。土佐和紙の法被と鳴子付きで3000円。当日参加OKだが、事前予約がおすすめ。
☎088-823-5941（高知市旅館ホテル協同組合あったか高知踊り子隊）

市民憲章よさこい踊り子隊
地元の人や観光客が一緒に踊る。参加無料で、紙法被500円(先着順)。鳴子は持参（当日販売あり）。予約不要。
☎088-823-9080（高知市民憲章推進協議会・高知市地域コミュニティ推進課内）

じっくり見たいならここへ!

追手筋本部競演場の有料桟敷席で。昼夜の入れ替え制。チケットは6月下旬～7月上旬、チケットぴあやコンビニなどで販売予定。問合せは高知市観光協会。

知っておきたい祭りのコツ

宿はできる限り早めに予約を。夕食は予約がベストだが、この期間は対応しない店も少なくない。市内に点在する会場間の移動は路面電車利用が便利。

スケジュール

●8月9日　前夜祭
中央公園競演場で祭りの開幕を祝う。
●8月10～11日　本番
高知市内17会場で
11時～21時30分ごろ開催
（会場によって異なる）
●8月12日　後夜祭・全国大会
本番受賞チームと県外エントリーチームが競演
問合せ よさこい祭振興会 ☎088-875-1178
(公社)高知市観光協会☎088-823-4016(全国大会)
追手筋本部競演場へのアクセス JR高知駅からとさでん交通桟橋通五丁目行きで3分、蓮池町通下車、徒歩10分。もしくは電停はりまや橋からとさでん交通鏡川橋、朝倉、伊野行きなどで2分、堀詰下車、徒歩5分 MAP 折込表㊇C2(追手筋本部競演場)

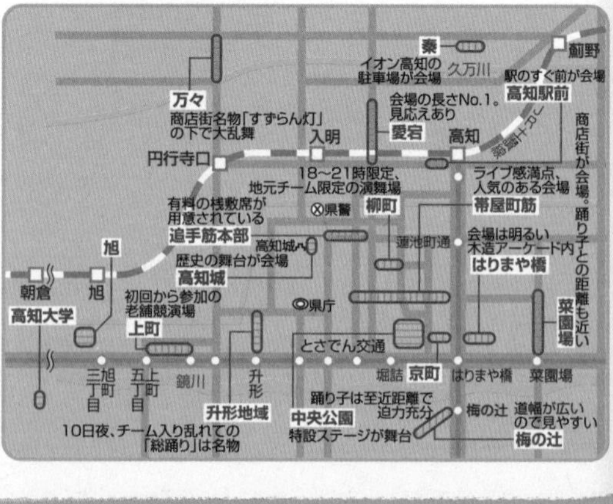

秘境・祖谷渓や熱狂の阿波おどり、
四季折々訪ねたい徳島の風景

海、山、川、自然の3拍子が揃った徳島は、
鳴門鯛や徳島ラーメンなどご当地グルメも豊富。
うず潮や大塚国際美術館で知られる鳴門をはじめ
昔町好きには見逃せない脇町も訪ねてみたいところ。

これしよう！

脇町散策

うだつを掲げた豪商の屋敷や蔵が軒を連ねる風情ある昔町をのんびり散策しよう。
(☞P118)

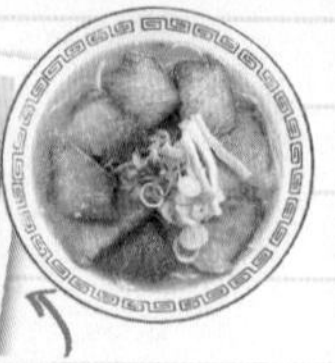

これしよう！

徳島タウンでグルメ&お買いもの

水と光に彩られた新町川周辺で水都の魅力を満喫。市内に集中する徳島ラーメンも要チェック！
(☞P122・124)

これしよう！

鳴門のうず潮ウォッチング

ダイナミックな鳴門のうず潮を観潮船や橋上遊歩道から眺めよう。大塚国際美術館も必見。
(☞P110・112)

これしよう！

祖《い》谷《や》ドライブ

ダイナミックな渓谷、かずら橋などで有名な秘境・祖谷で平家伝説をたどってみよう。
(☞P114)

これしよう！

阿波おどりで踊っちゃおう！

400年以上にわたって踊り継がれてきた徳島の伝統芸能。陽気な2拍子のリズムに浮かれよう。(☞P120)

徳島《とくしま》

こんなところ

鳴門のうず潮や剣山、日本三大河川のひとつ吉野川と、海・山・川の三拍子揃った徳島県。特に吉野川流域には、うだつの上がる町並みの脇町、大歩危・小歩危の大峡谷、秘境・祖谷など個性豊かな風土・文化が息づいている。話題の徳島ラーメンはもちろん、鳴門鯛、阿波尾鶏などのグルメな楽しみも目白押しです。

観光の前に情報集め

JR徳島駅前にある徳島市広域観光案内ステーションでは、県下の観光地のパンフレットを取り揃えており、スタッフが県内の名所やグルメなどを案内してくれます。☎088-635-9002 ⏲10時～19時 休無休

問合せ

徳島県観光協会 ☎088-652-8777
徳島市にぎわい交流課 ☎088-621-5232
鳴門市観光情報センター ☎088-686-0743
三好市観光案内所 ☎0883-76-0877

～徳島 はやわかりMAP～

JR阿波池田駅から

大歩危・小歩危、祖谷方面へのアクセスの起点はJR阿波池田駅。駅前に三好市観光案内所があります。

JR徳島駅から

旅の起点はJR徳島駅。路線バス乗り場、高速バス乗り場、徳島市広域観光案内ステーションなどすべてが集中しています。

ココにも立ち寄りたい！

吉野川中流きっての名勝・美濃田の渕に隣接して立つ吉野川ハイウェイオアシス。絶景、買い物、食事、入浴でリフレッシュ！

徳島市のシンボル・眉山のベストアングルはココ！

吉野川北岸の堤防沿いからのこの景色は夕暮れ時もとっても風情があります。

旅のアドバイス

・徳島市内の観光は、徳島バスの市内路線210円均一区間が500円で1日乗り降りが自由にできる「1日乗車券」が便利です。

・とくしま観光ガイドボランティア会によるまち歩きガイドツアーで徳島市内を効率よく巡ろう。日曜は阿波おどり会館前から9時40分～、予約不要で参加できるツアーを開催（所要1時間30分）。10分前までに集合しよう。

問合せ☎088-655-1910

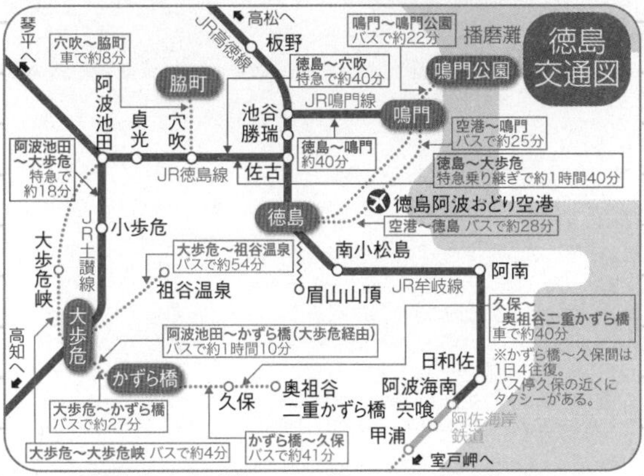

アクセスのアドバイス

・徳島駅を起点にJR、バス、高速バスが運行しています。主要都市までJRで移動して、バス、レンタカーなどを組み合わせましょう。

・鳴門公園観光にはJR徳島駅、鳴門駅から路線バスが出ています。大型駐車場があるのでレンタカーを利用するのもいいです。

・脇町へはJR穴吹駅から車で8分。タクシーが便利です。

・徳島タウンは阿波おどり会館で9時30分～17時、レンタサイクル利用できます。新町川沿いのサイクリングがおすすめ。3時間まで500円。1日1000円。

・祖谷方面へは徳島駅から特急が1日6～7往復運行しているので、これを利用してスケジュールを組みましょう。阿波池田駅からは土讃線に乗り継いで大歩危駅まで行くか、四国交通バスで移動します。かずら橋行きのバスは大歩危経由。祖谷行きは1日3便なので下調べを。

どこから見る？ 鳴門のうず潮 パーフェクトガイド

所要時間 約4時間

観潮船で間近に見るもよし、海上遊歩道から鳥の目線で楽しむもよし。
世界有数のスケールを誇る鳴門のうず潮を堪能しましょう。

鳴門公園周辺へのアクセス

交電車：JR徳島駅から鳴門線で40分、鳴門駅下車。鳴門駅から徳島バス鳴門公園行きで22分、終点下車
車：神戸淡路鳴門自動車道鳴門北ICから県道11号などを約3km
P鳴門公園利用200台（1回500円）
問合せ☎088-684-1731
（鳴門市うずしお観光協会）

START!

鳴門北IC

約3km

うず潮はなぜできるの？

鳴門のうず潮は、潮の干満による瀬戸内海と太平洋の水位差が生み出す速い潮流が、海底の複雑な地形と合わさり、遅い流れを巻き込んで発生する。

1 水中観潮船アクアエディ《すいちゅうかんちょうせんあくあえでぃ》

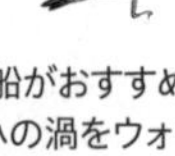

水中のうず潮も眺められる 世界初の水中観潮船

うず潮の迫力を体で感じたいなら観潮船がおすすめ。波しぶきを上げ、あちこちに現れる大小の渦をウォッチング！　轟音をたてて逆巻くうず潮は引き込まれそうな迫力だ。ガラス張りの水中展望室からは海中の渦の様子を眺められて興味シンシン。うず潮誕生の瞬間も見られるかも。所要25分。全便予約制。

☎088-687-0101（鳴門観光汽船）住鳴門市鳴門町土佐泊浦字大毛264-1 ¥乗船2400円 ⌚9時15分～16時15分の間、30分毎に運航 休無休（荒天時は休航）交JR鳴門駅から徳島バス鳴門公園行きで20分、鳴門観光港下車、徒歩すぐ P200台 MAP P157C1

▲海面下1mにあるガラス張りの水中展望室

▲展望デッキからうず潮を間近に眺めよう

▲大鳴門橋の下に巻くうず潮。現れては消え、消えては現れと見飽きることはない

約1.5kmの鳴門公園駐車場へ

▶東洋一の高低差を誇るエスカレーター

2 エスカヒル・鳴門《えすかひる・なると》

全長68mの観光エスカレーター

標高98m鳴門山山頂にある展望台まで、全長68m、高低差34mのエスカレーターで一気に上る。鳴門海峡を一望するパノラマビューは見事で、天気のよい日は紀伊半島や小豆島まで望める。軽食もとれるカフェや売店もある。

☎088-687-0222 住鳴門市鳴門町鳴門公園内 ¥エスカレーター利用400円 ⌚9～17時 休無休 交JR鳴門駅から徳島バス鳴門公園行きで22分、終点下車、徒歩すぐ P鳴門公園駐車場利用200台（1回500円）MAP P157C1

徒歩3分

4 大鳴門橋遊歩道《おおなるときょうゆうほどう》 渦の道《うずのみち》

450mの海上散歩で渦の真上へ

大鳴門橋の橋桁内に設置された約450mの海上遊歩道。潮風に吹かれながら先端の展望室まで進むと、床には眺望ガラス床が設置されており、45m下にうず潮が眺められる。うずの発生する時間は渦の道ホームページで確認を。

☎088-683-6262 住鳴門市鳴門町鳴門公園内 ¥510円（エディとのセット券900円）◷9～18時（10～2月は～17時、GW・夏休みは8～19時）休3・6・9・12月の第2月曜 交バス停鳴門公園から徒歩5分 P鳴門公園駐車場利用200台（1回500円）MAP P157C1

▲真下で巻くうず潮の振動が伝わってきそう

▶干潮時にはうず潮がガラス床の真下に発生するとか

うず潮の見ごろっていつ？

うず潮は潮の干満と海底の複雑な地形によって生まれる。干潮時、満潮時を中心に前後90分が見ごろで、事前に渦の道公式Webサイトの潮見表で調べておこう。春と秋の大潮時には直径20m以上の大渦が見られることも。

徒歩3分

▲大鳴門橋を一望する千畳敷展望台

▲ワカメの吸い物、茎ワカメの佃煮付きの鯛丼

ちょっと ひと休み…

5 うづ乃家《うづのや》

▲なると金時を使った「渦きん」150円。1階の売店で人気

新鮮な鳴門の鯛の名物丼に舌つづみ

千畳敷展望台に立つ食事処。名物の鯛丼1950円は、鯛の切身と鳴門ワカメをたっぷりのせ、特製甘ダレをかけた一品。プリプリの鯛とコリコリのワカメの食感のハーモニーが絶妙。

☎088-687-0150 住鳴門市鳴門町鳴門公園内 ◷10時～14時30分LO 休不定休 交バス停鳴門公園から徒歩8分 P鳴門公園駐車場利用200台（1回500円）MAP P157C1

徒歩3分

3 大鳴門橋架橋記念館《おおなるときょうかきょうきねんかん》エディ《えでぃ》

体験型のうず潮ミュージアム

4K360°シアターやVR観光体験など楽しいアトラクションがいっぱい。うず潮と橋について楽しみながら学ぶことができる。パノラマ展望台からの絶景は必見！渦の道とのお得なセット券900円あり。

☎088-687-1330 住鳴門市鳴門町鳴門公園内 ¥620円 ◷9～17時（夏休みは～18時、GWとお盆は8～18時）休公式ウェブサイト参照 交バス停鳴門公園から徒歩3分 P鳴門公園駐車場利用200台（1回500円）MAP P157C1

◀360度のパノラマ展望台は記念撮影もオススメ

鳴門公園駐車場より約6km

GOAL!

6 豊田商店《とよたしょうてん》

▶新鮮な魚で作る干物の味は格別

鳴門の地魚で干物作り体験

鳴門ワカメやなると金時などが揃うみやげ物店。天然鯛の開き350円～など鳴門の地魚で作る自家製干物が自慢。試食つきの干物作り体験2200円（所要約3時間30分、要予約）も人気。完成した干物は持ち帰ることができる。

▲魚のさばき方もわかりやすく手ほどきしてくれる

☎088-687-0856 住鳴門市鳴門町土佐泊浦字高砂203-2 ◷7～18時 休無休 交JR鳴門駅から徳島バス鳴門公園行きで7分、追分下車、徒歩3分 P15台 MAP P157C1

ドライブ途中にここにも寄りたい

カリフォルニアテーブル《かりふぉるにあてーぶる》

瀬戸内海を見渡す高台に立つアメリカ西海岸スタイルのレストラン。眼下の眺望を楽しみながらランチ3300円～、ディナー3850円～を味わえる。ディナーは土曜・日曜・祝日のみで、3日前までに要予約。

▲季節や時間によって変化する海の表情を楽しもう

☎088-688-0212 住鳴門市瀬戸町大島田字中山1-1 ◷11～20時LO 休月曜（祝日の場合は翌日）交JR鳴門駅から車で25分 P80台 MAP P157C1

テラスカフェ《てらすかふぇ》 オーゲ《おーげ》

アオアヲ ナルト リゾート（→P133）1階の鳴門海峡を見晴らす絶景カフェ。

◀鳴門金時パフェ1200円

☎088-687-2580（アオアヲ ナルト リゾート）住鳴門市鳴門町土佐泊浦字大毛16-45 ◷10～22時（ランチは11～15時）休無休 交JR鳴門駅から車で15分 P200台 MAP P157C1

▲海側が全面ガラス張りで開放感満点！

鳴門の大毛島はラッキョウの産地。10月下旬～11月上旬にはラッキョウの花が咲き、島全体が薄紫のじゅうたんに覆われる。

世界に類を見ない陶板名画美術館・大塚国際美術館で名画鑑賞の旅へ

日本にいながら、世界の名画をリアルに体験できる大塚国際美術館。
鑑賞ルート約4kmにも及ぶ贅沢なアートの旅は、驚きと感動がいっぱいです。

所要時間 約3時間

※写真は大塚国際美術館の展示作品を撮影したものです。

▲高さ約13mの『スクロヴェーニ礼拝堂』。ジョットの描く宗教画が壁面を飾る

▲神秘的な雰囲気が漂う『聖ニコラオス・オルファノス聖堂』

「最後の審判」「創世紀」の壁画が圧倒的な迫力で迫る『システィーナ・ホール』

▲天井画の一部を目の高さに展示。大きさを実感する

◀屋外展示できるのも陶板ならでは。ポンペイ遺跡の『貝殻のヴィーナス』

▲鮮やかな「ポンペイ・レッド」に魅了される『秘儀の間』

大塚国際美術館《おおつかこくさいびじゅつかん》

世界の名画がここに集結！
国立公園に立つ陶板名画美術館

世界26カ国190余の美術館が所蔵する西洋名画1000点以上を陶板で原寸大に再現した、世界で類を見ない陶板名画美術館。表面の凹凸やひび割れまで精巧に再現しており、リアルさに驚かされる。礼拝堂や古代遺跡などを空間ごと再現した「環境展示」、西洋美術史の変遷に沿った「系統展示」など、展示方法もユニーク。名画との記念撮影も可能。

☎088-687-3737 住鳴門市鳴門町土佐泊浦字福池65-1 ¥3300円 時9時30分～17時(入館券販売は～16時) 休月曜(祝日の場合は翌日)、1月は連続休館あり、ほか特別休館あり、8月は無休 交JR鳴門駅から車で15分またはJR鳴門駅から徳島バス鳴門公園行きで15分、大塚国際美術館前下車すぐ P450台 MAP P157C1

◀6月中旬～9月ごろ周辺の池に睡蓮が咲き誇る

▲クロード・モネの『大睡蓮』は自然光のもと鑑賞。季節や天気によって雰囲気が変わる

＼名画を深く楽しくガイド／

より詳しく鑑賞したいなら音声ガイド1台500円がおすすめ。ミュージアムショップで貸し出し。

▲4カ国語で約100点をガイド

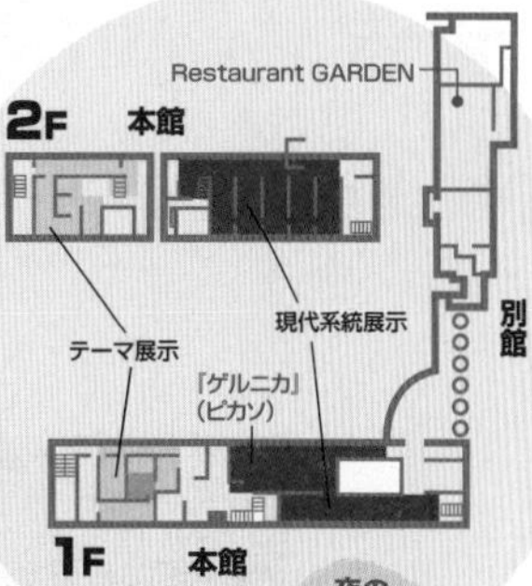

▲ダ・ヴィンチの代表作。同じ空間に修復前と修復後の絵を向かい合わせに展示しており、比較しながら鑑賞できる

最後の晩餐
レオナルド・ダ・ヴィンチ作

注目作品はこれです

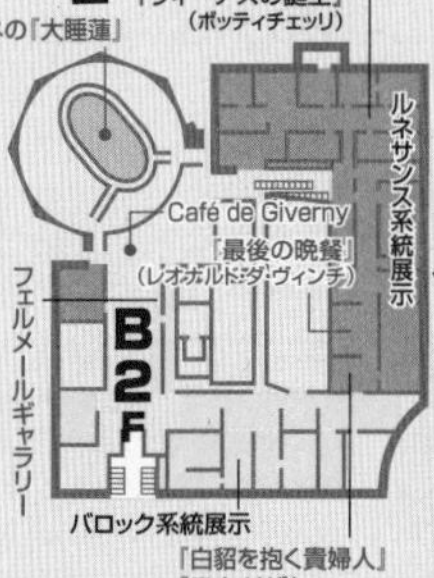

夜のカフェテラス
フィンセント・ファン・ゴッホ作

◀開館25周年を記念して、2023年3月、ゴッホの人気作品を陶板で原寸大に再現して公開。これでゴッホ作品が17点も鑑賞できるようになった。

白貂を抱く貴婦人
レオナルド・ダ・ヴィンチ作

▲ポーランドのチャルトリスキ美術館にある名画を再現。照明に超高演出白色LED「Optisolis TM」が使用されており、絵の色を忠実に見ることができる

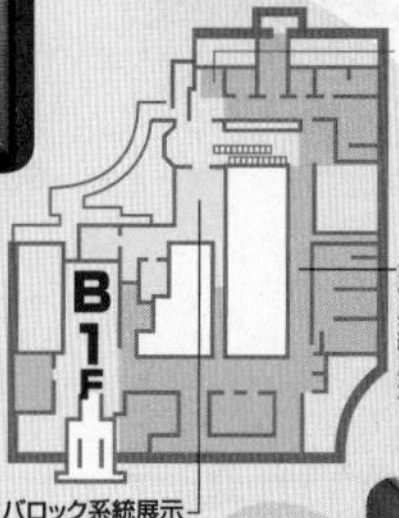

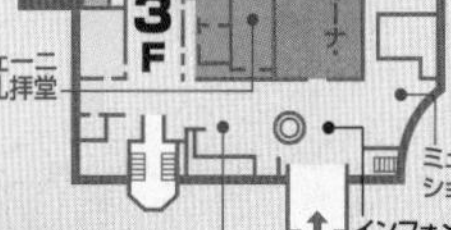

モナ・リザ
レオナルド・ダ・ヴィンチ作

▲モデルについてはさまざまな説があり、実在の人物の肖像ではないともいわれている作品。人間と自然の調和を表現していると考えられている

▼7点鑑賞できるのも陶板名画ならでは

ヒマワリ
フィンセント・ファン・ゴッホ作

＼7つの「ヒマワリ」が一堂に！／

開館20周年を記念して新設された展示室では、陶板で原寸大に再現された、ゴッホの花瓶の「ヒマワリ」全7点が一度に鑑賞できる。個人蔵や戦禍で焼失した幻の作品も再現されている。

ミュージアムショップでお気に入りのアートをおみやげに

開けてびっくり！ムンク阿波和三盆糖790円▼

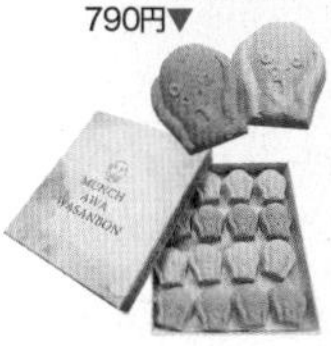

▲約55種の名画ミニ陶板2550円～。イーゼル別売1540円

名画鑑賞の途中にほっとひと息

Café de Giverny《かふぇ どじゔぇるにー》

地下2階にあり、自然の光があふれるモネの池を眺めながら、画家や作品をイメージしたスイーツやランチが味わえる。カレーや丼ものなども揃う。

🕒10時30分～16時（フードは15時LO）

▲ドガ「舞台の踊り子」をイメージしたエトワール450円

Café Vincent《かふぇ ふぃんせんと》

地下3階にあり、ゴッホのファーストネームの付いたカフェ。ゴッホ「夜のカフェテラス」をイメージした席も用意されている。ホットドリンクはゴッホのマグカップで味わえる。

🕒14時～16時30分LO

イタリア栗のモンブラン450円とホットカフェラテ400円▲

名画にちなんだイベントや、フォトスポットなど楽しい企画がいっぱい。スクロヴェーニ礼拝堂では結婚式が行われることも。

平家ゆかりの秘境・祖谷を走る山峡ドライブ

所要時間 約9時間

日本三大秘境のひとつである祖谷は独特の景観や風土が魅力。吉野川や祖谷川が刻んだ渓谷美を楽しみながら、平家伝説や妖怪伝説に彩られたエリアを巡りましょう。

START! 井川池田IC

約25km

▲エメラルドグリーンに輝く吉野川と峡谷のコントラストが美しい

▲3月下旬から5月末には150本の鯉のぼりが川面を泳ぐ

1 大歩危峡観光遊覧船《おおぼけきょうかんこうゆうらんせん》

そそり立つ峡谷の間をのんびり遊覧

国の天然記念物及び国の名勝に指定された大歩危峡約2kmを30分ほどで往復する遊覧船。2億年前の結晶片岩が侵食されてできたという険しい峡谷を間近に眺められる。春は桜、秋は紅葉、冬は雪に彩られ、四季折々に違った趣が楽しめる。

☎0883-84-1211(レストラン大歩危峡まんなか) 住三好市山城町西宇 ¥乗船1500円 ⏰9～17時(最終出航は16時30分) 休無休(増水・強風の場合は欠航) 交JR大歩危駅から車で5分 P150台 MAP P156A4

ライオンの横顔にも見える「獅子岩」

約8km

▶祖谷地方の暮らしをしのばせる囲炉裏

▼緑に囲まれて立つ茅葺きの風情ある屋敷

徒歩すぐ

2 道の駅大歩危 妖怪屋敷と石の博物館《みちのえきおおぼけ ようかいやしきといしのはくぶつかん》

約5km

愉快な妖怪たちに会いにいこう

博物館のある道の駅。大歩危峡の地質や世界の珍しい石を紹介するコーナーに加え、児《こ》啼爺《なきじじい》発祥の地にちなみ地元の妖怪を紹介する妖怪屋敷も。

妖怪グッズもいっぱい

☎0883-84-1489 住三好市山城町上名1553-1 ¥博物館入館700円 ⏰9～17時 休12～2月の火曜(祝日の場合は翌日) 交JR大歩危駅から車で5分 P52台 MAP P156A4

▲閻魔大王をはじめ手造りの妖怪約60体が鎮座する

児啼爺《こなきじじい》の石像にも会いにきて!

◀道の駅から車で5分

3 平家屋敷民俗資料館《へいけやしきみんぞくしりょうかん》

平家ゆかりの屋敷を利用した資料館

平安末期の天皇・安徳天皇の御殿医の子孫代々の屋敷。歴史を物語る民俗資料を多数展示。庭には時代を見守り続けた樹齢800年の大樹がそびえる。

☎0883-84-1408 住三好市西祖谷山村東西岡46 ¥500円 ⏰9～17時(12～2月は～16時) 休無休 交JR大歩危駅から車で10分 P30台 MAP P156A4

定期観光バスを利用した祖谷の旅はいかが？

秘境を巡る定期観光バスは4～11月の土・日曜、祝日運行(5・10・11月は毎日運行)。予約制。☎0883-72-1231（四国交通）¥9200円 交JR阿波池田駅発、阿波池田バスターミナル着 P50台 MAP P156B1

4 祖谷のかずら橋《いやのかずらばし》

日本三奇橋に数えられる吊り橋

祖谷川の上空14mに架かるシラクチカズラで編んだ吊り橋。平家の落人が、追手が迫ったときにすぐ切り落とせるように考案したと伝えられる。風に揺らぎ、ひと足ごとにギシギシと揺れ、スリル満点だ。国指定重要有形民俗文化財。

☎0883-76-0877(三好市観光案内所) 住三好市西祖谷山村善徳 ¥渡橋550円 ⌚8～18時(7・8月は7時30分～18時30分、9～3月は～17時) 休無休 交JR大歩危駅から車で20分 Pかずら橋夢舞台利用300台（1回500円）MAP P156B4

▼平家が琵琶を奏でて都を懐かしんだという琵琶の滝もある

▲周囲の自然に溶け込むように佇む。3年に一度、架け替えが行われる

◀床木の隙間から川面が見え、思わず足がすくむ

野趣いっぱいの吊り橋。すくむ足を踏み出して渡ろう

徒歩約5分

5 かずら橋夢舞台《かずらばしゆめぶたい》

かずら橋観光の拠点に

かずら橋にほど近く大型駐車場を備える物産館。地元の特産品が多彩に揃う物産コーナー、祖谷そば800円～などが味わえるフードコーナーも併設。屋外ではでこまわしの実演販売も。

☎0883-87-2200 住三好市西祖谷山村今久保 ⌚9～18時（12～3月は～17時）休無休 交JR大歩危駅から車で20分 P300台（1回500円）MAP P156B4

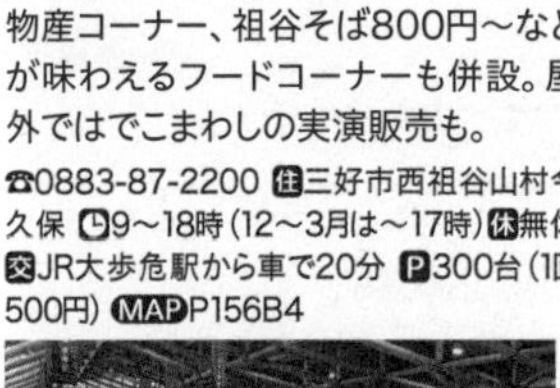
▲天井が高く開放的なフロア

祖谷そば、手作りこんにゃくなどが勢揃い。かずら細工も人気！

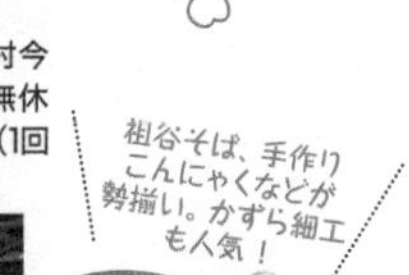

車で約7km

◀急カーブを描く祖谷川。秋は渓谷全体が錦に染まってそれは見事

小便小僧と記念撮影。足もとにはご注意を！

6 祖谷渓《いやけい》

V字型に切れ込んだ雄大な渓谷

祖谷川が刻んだ約10Kmにわたる渓谷。七曲の断崖に立つ小便小僧の像（MAP P156B3）は必見。その昔、人々がここで度胸試しをしたというエピソードも残っており、谷底まで200mという絶景は目もくらむほどだ。

☎0883-76-0877(三好市観光案内所) 住三好市池田町松尾～西祖谷山村 ¥見学自由 交小便小僧へはJR阿波池田駅から車で45分 Pなし MAP P156B3

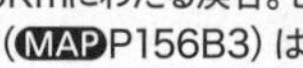

車で約24km

GOAL!
井川池田IC

三好市山城町は世界妖怪協会から日本で2番目の「怪遺産」に認定されている。道の駅大歩危は「妖怪村」の「村役場」だそう。

ドライブ途中に立ち寄りたい 祖谷の定番グルメ＆温泉

祖谷そば、でこまわしなど、秘境には素朴で味わい深い郷土料理がいっぱい。景観自慢の温泉＆スローフードで癒やされましょう。

祖谷そば 山かけぶっかけ (小鉢2品付) 980円

祖谷産そばと山の水で打つそば。つなぎを使わず、麺が太く短い

でこまわし 400円

コンニャクや石豆腐などを串に刺し、炭火焼きした味噌田楽

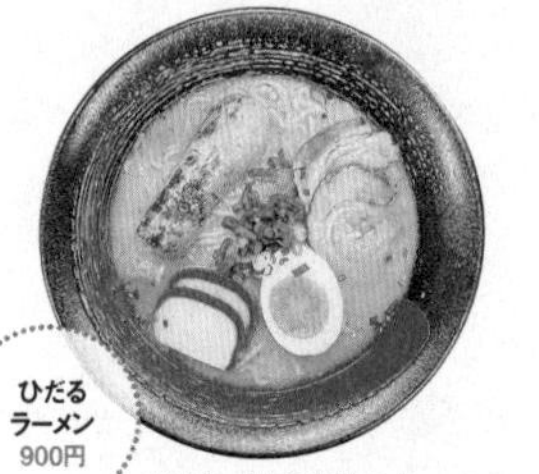
ひだるラーメン 900円

ピリ辛、味噌風味のラーメン

祖谷そば《いやそば》 もみじ亭《もみじてい》

東祖谷の名人が打つ祖谷そば

祖谷地方の古民家を移築した風情ある食事処。東祖谷のそば打ち名人が打った祖谷そばが名物。素朴な食感、そばの香りを堪能しよう。この地方ならではの岩豆腐700円もおすすめ。

☎0883-84-1117 住三好市山城町西宇1468-1 ◷11～17時 休無休（12～6月は水曜、祝日の場合は営業） 交JR大歩危駅から車で6分 P100台 MAP P156A3

築200年という風情ある建物。店舗の隣には水車もある

いこい食堂《いこいしょくどう》

自家製甘味噌で焼き上げる田楽

かずら橋のたもと近くに立つ。炭火でじっくり、ホクホクと焼き上げる名物でこまわしは自家製甘味噌が味の決め手。自家製手打ち祖谷そば650円～、アメゴの塩焼き600円も自慢。

☎0883-87-2840 住三好市西祖谷山村善徳166 ◷10～16時（季節により変動） 休不定休 交JR大歩危駅から四国交通バスかずら橋行きで22分、終点下車、徒歩5分 Pかずら橋夢舞台利用350台（1回510円） MAP P156B4

店頭で焼かれるでこまわしの香ばしい匂いが鼻をくすぐる

レストラン大歩危峡 まんなか《れすとらんおおぼけきょう まんなか》

妖怪伝説から生まれたラーメン

大歩危峡観光遊覧船（→P114）のターミナル内にある食事処。その昔、山中を行く人にとり憑きお腹を空かせて動けなくさせたという妖怪「ヒダルガミ」の伝説にちなんで作られたひだるラーメンが人気。

☎0883-84-1211 住三好市山城町西宇1520 ◷9～15時 休無休 交JR大歩危駅から車で5分 P150台 MAP P156A4

デザートは竹炭抹茶味の妖怪ソフト「かっぱーな」で決まり！

徳島きっての湯どころ 大歩危・祖谷でほっこり

祖谷渓温泉 ホテル秘境の湯《いやけいおんせん ほてるひきょうのゆ》

地域最大級の大浴場で湯三昧

気泡湯、塩サウナ、地元産ヨモギの薬湯など多彩な浴槽を備えた大浴場と、渓谷を望む青石造りの露天風呂がある。

☎0883-87-2300 住三好市西祖谷山村尾井之内401 ¥入湯1000円 ◷15～20時（受付は～19時、土・日・祝日は12～18時（受付は～17時）） 休火曜（祝日の場合は翌日）、冬期休業あり 交JR大歩危駅から四国交通バスかずら橋行きで14分、秘境の湯前下車すぐ P120台 MAP P156B4

大歩危温泉 サンリバー大歩危《おおぼけおんせん さんりばーおおぼけ》

地元でも評判の美肌の湯

小歩危峡や吉野川の大自然を一望する展望大浴場と露天風呂を備えている。ぬめりの強い湯は四国でも有数のアルカリ含有量であり、美肌・若返りの湯として評判だ。

☎0883-84-2111 住三好市山城町西宇1259-1 ¥入湯700円 ◷12～21時（受付は～20時） 休無休 交JR大歩危駅から車で10分 P50台 MAP P156A3

峡谷の湯宿 大歩危峡まんなか《きょうこくのゆやど おおぼけきょうまんなか》

大歩危峡の“まんなか”に立つ

峡谷を見渡す露天風呂が人気。温熱効果の高いトゴールウォームタイトの湯やミストサウナ岩盤浴（料金別途）で湯三昧。風情ある囲炉裏風のスペースや売店も。

☎0883-84-1216 住三好市山城町西宇1644-1 ¥入湯700円 ◷12～21時（受付は～20時、状況により時間変更あり） 休要問合せ 交JR大歩危駅から車で5分 P21台 MAP P156A4

秘境・祖谷のさらに奥に残る日本の原風景を訪ねてみよう

**豊かに繁る原生林、険しい渓谷に抱かれた東祖谷。
“奥祖谷”とも呼ばれるこの地では茅葺き屋根の民家や吊り橋、
段々畑といった古きよき日本の山里の風景に出会えます。**

かつては平家の夢、のちには人々の生活橋であったかずら橋

**山に自生するシラクチカズラで編まれた野趣あふれるかずら橋。
橋にまつわる伝承や歴史をひもといてみましょう。**

渓流にかかる風情ある橋。手前が女橋

奥祖谷は屋島の合戦に敗れた平家が安徳天皇を奉じて隠れ住んだと伝えられる地で、平国盛《たいらのくにもり》お手植えと伝えられる鉾杉、剣を置いて身を休めたという刀掛けの松など多くの伝説や史跡が残る。かずら橋もそのひとつで、追手が迫れば切り落とせるように平家が考案したといわれる。平家の武将たちは奥祖谷のかずら橋を渡って、剣山の山頂近くにある馬場に通い、再興を夢見て馬の訓練に励んだという。かつては谷に点在する集落を結ぶ生活橋であり、正保3年（1646）の『阿波国絵図』には、「葛橋長八間はゞ五尺水際より橋迄高五間」などの注釈入りで、祖谷川本流に6本、支流に1本のかずら橋が描かれている。今では西祖谷と東祖谷（奥祖谷）に1ヵ所ずつ3本が残るのみ。奥祖谷二重かずら橋は、長さ44mの男橋と小ぶりの女橋が寄り添うように架かる二重橋で、地元では「夫婦橋」と呼ばれている。800余年昔の平家の悲願に思いを寄せながら渡ってみよう。

☎0883-76-0877（三好市観光案内所） 住三好市東祖谷菅生 ¥渡橋550円 ◷9～17時（7・8月は8～18時） 休12～3月休業 交JR大歩危駅から車で1時間10分 P30台 MAP折込裏G3

ロープをたぐり寄せて谷を渡る人力ロープウェイ「野猿」

東祖谷の古民家再生プロジェクト

**東祖谷の魅力的な“古さ”はそのままに――
古民家を拠点とした観光事業が動きはじめています。**

国の重要伝統的建造物群保存地区である落合集落を中心に、東祖谷には多くの古民家、屋敷が残っている。内部見学ができる施設もあるので、建築様式や歴史背景を感じてみたい。東洋文化研究者のアレックス・カー氏を中心としたNPO法人 篪庵（ちいおり）トラストと三好市による古民家再生プロジェクトが本格始動。落合集落の古民家8棟を修復した宿泊施設「桃源郷祖谷の山里」を運営している。

落合集落《おちあいしゅうらく》

2005年に国の重要伝統的建造物群保存地区に選定された集落。高低差390mの急斜面に、江戸中期から昭和初期の古民家が点在する。

☎0883-76-0877（三好市観光案内所） 住三好市東祖谷落合 ¥見学自由 交JR大歩危駅から車で50分 P周辺駐車可 MAP折込裏F3

篪庵《ちいおり》

東洋文化研究者アレックス・カー氏所有の築300年の古民家。古民家の修復・保全とそれを生かした観光事業の拠点となっている。見学・宿泊も可（要問合せ）。

☎0883-88-5290 住三好市東祖谷釣井209 ¥◷休要問合せ 交JR大歩危駅から車で40分 P2台 MAP P156C4

武家屋敷旧喜多家《ぶけやしききゅうきたけ》

祖谷地方で最大の武家屋敷。自害のための「入らずの間」や広い中廊下、庭には樹齢800年の鉾杉がそびえる。

☎0883-88-2040 住三好市東祖谷大枝43 ¥310円 ◷9～17時 休12～3月 交JR大歩危駅から車で50分 P6台 MAP P156C4

うだつの上がる昔町・脇町をそぞろ歩き

白壁、瓦葺きに「うだつ」の上る藍屋敷が残る風情ある町並み。華やかかりし時代に思いを馳せながら散策しましょう

access
電車●JR徳島駅から徳島線特急で40分、穴吹駅下車、車で8分
車●徳島自動車道脇町ICから国道193号を経由して約4km
問合せ
☎0883-53-8599
(一社)美馬観光ビューロー
MAP折込裏G2

街歩きのコツ
南町の通り約400m界隈にみどころは集中している。車は町並みの南側にある道の駅藍ランドうだつにとめて散策しよう。

脇町《わきまち》うだつの町並《まちな》み

江戸～明治時代、吉野川の水運を生かした藍の商いで名を馳せた豪商たちがその隆盛を顕示した「うだつ」。もともとは防火用の袖壁だったのが、次第に富の象徴として装飾性を帯びていった。約400mの町並みにおよそ20のうだつが残っており、国の重要伝統的建造物群保存地区にも選定されている。

☎0883-52-5610（美馬市観光交流課）・☎0883-53-8599（(一社）美馬観光ビューロー）住美馬市脇町大字脇町 ◷見学自由 交JR穴吹駅から車で8分 P道の駅藍ランドうだつ駐車場利用45台 MAP P119

「うだつ」とは？
隣家との境に設けられた防火壁のことで、造るのに相当な費用がかかったため、富の象徴とされた。「うだつが上がらない」の語源。

町並みの歴史を語る建物を見学

▼柳並木に映えるパステルカラーの外観

脇町劇場《わきまちげきじょう》 オデオン座《おでおんざ》

映画のメイン舞台となったレトロな芝居小屋

昭和9年（1934）に建てられた芝居小屋。1995年に閉館したが、山田洋次監督の映画『虹をつかむ男』の舞台となったことをきっかけに、文化財として保存されることになった。直径6mの廻り舞台、花道、うずら桟敷などが再現・保存されている。

▶往事をしのばせる舞台。創建時の遺構をできるだけ使っているとか

☎0883-52-3807 住美馬市脇町大字猪尻字西分140-1 ¥200円 ◷9時～16時30分 休火曜（祝日の場合は開館）交JR穴吹駅から車で7分 P10台 MAP P119

▲質蔵、中蔵は資料館になっている

▲細部まで手の込んだ贅沢な造り

▲風格が漂う主屋。商談に使ったミセの間、帳場などが残る

藍商佐直《あいしょうさなお》 吉田家住宅《よしだけじゅうたく》

町並みのなかで最大規模を誇る重厚な藍屋敷を見学

寛政4年（1792）に創業し、「佐直」の屋号で栄えた藍商の屋敷。主屋、質蔵、藍の寝床など5棟が中庭を囲むように立ち並ぶ典型的な藍屋敷で、上質な調度品などからも当時の豪勢な暮らしぶりがうかがえる。建物の一部は道の駅に利用されている。

☎0883-53-0960 住美馬市脇町大字脇町53 ¥510円 ◷9～17時（入館は～16時30分）休無休 交JR穴吹駅から車で8分 P道の駅藍ランドうだつ利用40台 MAP P119

うだつ博士と町並みを歩こう

町並みの歴史、うだつの役割やみどころを知れば散策がより楽しくなる。うだつ博士によるボランティアガイドを利用しよう。1人500円で要予約(先着順)。
☎0883-53-8599((一社)美馬観光ビューロー)

▲行灯に浮かび上がる夜の町並み。江戸時代に迷い込んだようだ

▼レトロな看板があちこちに残る

▲りっぱな二重うだつ C

▲大谷川河畔を彩る枝垂柳 G

▲美馬市伝統工芸体験館～美来工房前 B の「自働」電話

▲つるべ式の共同井戸。文化10年(1813)創建 D

◀吉野川に架かる脇町潜水橋 A

▲その名も書状集箱(郵便ポスト)。今も現役 E

◀荷の積み降ろしをした舟着門 F

風情ある町家の店に寄り道

茶処《ちゃどころ》 茶里庵《さりあん》

純和風の茶屋で脇町特産の煎茶をいただこう。阿波尾鶏や焼き餅、シイタケなど具だくさんのそば米雑炊のセット1100円や、すだちのかき氷500円が人気。

☎0883-53-8065 住 美馬市脇町大字脇町132-5 ⏰10～15時 休 不定休 交 JR穴吹駅から車で8分 P 道の駅藍ランドうだつ利用45台 MAP P119

▲徳島の郷土料理・そば米雑炊

cafe《かふぇ》 角屋《かどや》

築100年の町家を利用したカフェ。吹き抜けの天井、一本木の梁などを生かしたアンティークな店内で、チーズケーキやアップルパイのセット1000円を味わおう。

☎0883-53-3570 住 美馬市脇町大字脇町152-1 ⏰11～17時 休 木曜(祝日の場合は営業) 交 JR穴吹駅から車で8分 P 道の駅藍ランドうだつ利用45台 MAP P119

▲町屋をモダンにリノベーション

阿波踊り竹人形の里《あわおどりたけにんぎょうのさと》 時代屋《じだいや》

竹人形師・藤澤竹海《ふじさわちくかい》氏による竹人形(男女ペア1400円～) や竹製品が並ぶ。阿波踊りの特徴を捉えた躍動感あふれる竹人形はすべて一品物。製作実演の見学もできる。

☎0883-53-1015 住 美馬市脇町大字脇町124 ⏰9～15時 休 火・金曜 交 JR穴吹駅から車で8分 P 道の駅藍ランドうだつ利用45台 MAP P119

▲躍動感いっぱいの阿波踊り竹人形

藍商佐直 吉田家住宅の鬼瓦のなかに、舌を出した通称「あっかんべえの鬼瓦」があるので探してみよう。

浮かれて踊れ！ 阿波っ子が熱狂する真夏の祭典・阿波おどり

400年以上にわたって踊り継がれてきた阿波っ子のソウルダンス、阿波おどり。さあ、100万人を超える観客を魅了する踊りの渦に飛び込みましょう。

ヤットサー♪

ヤットサー♪

あわおどり 阿波おどり《あわおどり》

街が踊り一色に染まる真夏の4日間

阿波おどりは約400年前に生まれ、時代ごとに変化を遂げながら発展してきた庶民の伝統文化。高張提灯を先頭に、ちびっこ、女踊り、男踊り、鳴り物などから構成される「連」というグループ単位で踊る。お盆前後に県下一円で行われているが、最も規模が大きく有名なのは8月12～15日に行われる徳島の阿波おどり。四国三大祭りに数えられる。

ココミル 1

総踊り《そうおどり》

阿波おどりは「連」単位で行われる。阿波おどり振興協会所属の有名連がそろい踏みして豪華絢爛な「総踊り」でフィナーレを飾る。

スケジュール

8月11日　前夜祭

有名連34連がアスティとくしまに集結して開幕前夜を盛り上げる。12時～・15時30分～・19時～の3公演。

8月12～15日　本祭

有料演舞場は2部入れ替え制。
1部 18時～19時40分／2部 20時20分～22時
昼間はあわぎんホールで選抜阿波おどりも開催。

問合せ

●阿波おどり未来へつなぐ実行委員会事務局 ☎088-678-5181
●阿波おどり会館 ☎088-611-1611
●阿波おどり公式Webサイト https://www.awaodorimirai.com/
●阿波おどり会館公式Webサイト https://www.awaodori-kaikan.jp/
MAP折込表㊁B2(紺屋町演舞場)

有料演舞場入場券の購入方法

前売りで、インターネットや全国の主なコンビニエンスストアなどで販売。2023年はS席指定席3000円、A席指定席2500円、B席指定席2000円、C席自由席1000円（当日は各300円増し）。別途、発券手数料が必要。当日券は阿波おどり総合案内所、各演舞場近くの特設当日券販売所などで販売。値段は変更の可能性があるので問合せを。

阿波おどりはこう見る

いつ見る？

演舞場は17時30分に開場し、18時に踊りがスタートする。18～22時は市内中心部に交通規制が敷かれ、演舞場付近は非常に混雑するので、早めに会場入りしよう。

▶身だしなみを整える踊り子たち。開演に向かって踊り子のテンションも上がっていく

どこで見ればいいの？

演舞場をつなぐ通りやアーケードなど市内一円で見物できるが、じっくり見たいなら演舞場がおすすめ。有料演舞場は南内町、藍場浜、紺屋町の3カ所。無料演舞場は両国本町、新町橋の2カ所。

▶演舞場には有名連も続々踊り込んでくる

ホールで見る阿波おどり

8月11日はアスティとくしまで、8月12～15日はあわぎんホールにて、選抜阿波おどりが開催され、洗練された踊りが人気を集めている。演舞場と見比べてみるのも一興。

▶音響、演出にも凝った屋内公演は演舞場とは違った魅力

ココミル 2 男踊り《おとこおどり》

豪快に、ときにユーモラスに踊る。提灯やうちわをさばきながら縦横無尽に踊る「暴れ踊り」や、網をたぐるような手の動きが特徴の「網打ち」など、さまざまなスタイルがある。

踊らにゃソンソン♪

にわか連で踊りましょう♪

見て楽しい、踊ればもっと楽しい

誰でも気軽に踊れるのが阿波おどりの魅力。達人のレッスンを受け、「にわか連」で演舞場デビューしよう。予約不要で参加料も無料、服装自由なので、気軽に参加できる。講習と実演で所要約60分。

▲観客の拍手を浴びてエ～ライヤッチャ♪

ココミル 3 女踊り《おんなおどり》

前傾姿勢で手を高くしならせ、右手と右足、左手と左足を同時に出しながら、軽やかな足運びで進む「ヤットサー」のかけ声でフォーメーションを鮮やかに変え、一糸乱れぬ集団美で魅せる。

ココミル 4 鳴り物《なりもの》

笛、三味線、鉦、大太鼓、締太鼓などで構成され、連の最後尾から、調子のよいぞめきのリズムと「よしこの節」を奏でる。踊り子を浮かすも沈めるも鳴り物の腕次第とまでいわれる。

いつでも見られる！いつでも踊れる！

▼阿波おどりの歴史に関する展示も充実

▼名人の手さばき、足さばきを堪能しよう

阿波おどり会館《あわおどりかいかん》

一年を通して阿波おどりを楽しめる。2階のホールでは昼は専属連、夜は有名連による踊りの実演（入場800円～）が楽しめる。名人による踊りの解説も好評。フィナーレは観客も踊りの輪に加わろう。

☎088-611-1611 住徳島市新町橋2丁目20 ¥入館無料（一部有料） 🕒9～17時（阿波おどりホール終演は20時50分） 休不定（要問合せ） 交JR徳島駅から徒歩10分 P26台（1時間330円） MAP折込表㊁A2

新町川沿いをぐるりさんぽで 水都・徳島タウンの魅力を満喫

なだらかな稜線を描く眉山、名水の湧く閑静な寺社、人々の憩う新町川…
緑に満ち、「水の郷百選」に選ばれた徳島のまちを川風を感じながら散策しましょう。

週末には多彩なイベントも。市民の憩いの場となっている

1 新町川・阿波製紙水際公園《しんまちがわ・あわせいしみずぎわこうえん》

昼と夜で表情を変える親水公園

朝は太陽の光がキラキラと輝いて、みずみずしい空気が公園を包み、夜はイルミネーションやフットライトがシェルターや木々を照らし出し、ロマンティックな雰囲気となる。

☎088-621-5295（徳島市公園緑地課）住徳島市南内町2・3丁目 ¥◷休見学自由 交JR徳島駅から徒歩7分 P周辺有料駐車場利用 MAP折込表㊁B2

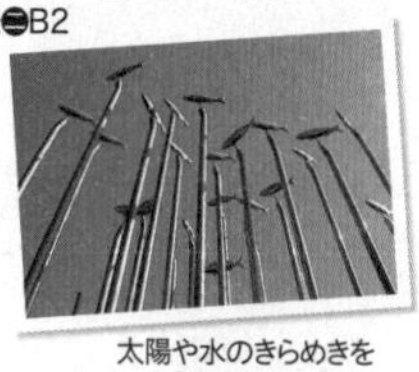

太陽や水のきらめきを映す「空の水族館」

ヨットハーバーから眉山を正面に望む

2 ひょうたん島クルーズ《ひょうたんじまくるーず》

水都を巡るボートクルーズ

川に囲まれた中洲「ひょうたん島」を巡る遊覧船。徳島市のシンボル・眉山や藩政時代の松などを水上から見学しよう。受付は両国橋北詰ボートハウス前。

☎090-3783-2084（新町川を守る会）住徳島市南内町2 ¥障害保険料400円 ◷11時～15時40分（7・8月は～19時40分）休無休 交JR徳島駅から徒歩7分 P周辺有料駐車場利用 MAP折込表㊁B2

行っとこ！見とこ！新町川の昼と夜

新町川沿いに並ぶおしゃれな朝市

とくしまマルシェ《とくしままるしぇ》

しんまちボードウォークに並んだパラソルショップで、生産者自らが新鮮な野菜や果物、加工品を販売。8000人程度が訪れる注目のスポットだ。毎月最終日曜開催。

☎088-678-2117 住徳島市東船場町2 ◷毎月最終日曜9～14時 交JR徳島駅から徒歩7分 P周辺有料駐車場利用 MAP折込表㊁B1

県下で生産された上質の農産物が集結

約80店が出店。旬に合わせて出店者は変わる

光と水の織りなす幻想的なアート

光の八十八ヶ所《ひかりのはちじゅうはっかしょ》

世界最大のLED生産拠点・徳島。そのLED技術とアートが融合し、さまざまなLEDアート作品が夜の水都とくしまを彩る。県内一円のスポットは光の八十八ヶ所と総称されるが、新町川沿いもそのうちの一つ。魅力的な水辺空間を満喫しよう。

両国橋を彩る、逢坂卓郎氏の「SORAとMIZU」

☎088-621-2121（徳島県商工労働観光部新未来産業課）住徳島市南内町 ¥◷休観覧自由 交JR徳島駅から徒歩7分 P周辺有料駐車場利用 MAP折込表㊁B2

所要3時間

コース

スタート
JR徳島駅
▶徒歩7分
❶新町川・阿波製紙水際公園
▶徒歩すぐ
❷ひょうたん島クルーズ
▶徒歩12分
❸和田の屋本店
▶徒歩5分
▶ロープウェイ6分
❹眉山公園
▶ロープウェイ6分
▶徒歩30分
❺万代中央ふ頭
▶徒歩30分
JR徳島駅
ゴール

おさんぽのヒント
徳島タウンのみどころは、眉山山麓に集中。徳島駅前地下自転車駐車場(☎088-652-6661)のレンタサイクルを利用するのもいい。5時間未満270円、5時間以上450円、保証金3000円。

焼き餅と抹茶のセット891円。400年の歴史を味わおう

3 和田の屋本店《わだのやほんてん》

眉山山麓に立つ和風喫茶

阿波藩主の御用菓子として有名な滝の焼き餅を味わえる。香ばしい食感と、錦竜水でさらした甘さ控えめの餡がおいしい。夏はヤマモモやスダチのかき氷980円も人気。

☎088-652-8414 住徳島市眉山町大滝山5-3 ⏰10～17時 休木曜（祝日の場合は営業）交JR徳島駅から徒歩15分 P要問合 MAP折込表㊁A1

眉山山麓に湧く錦竜水。まろやかな口当たり

天気のよい日には紀伊水道まで見渡せる。夜景スポットとしても有名

眉山ロープウェイは15分毎に発着

4 眉山公園《びざんこうえん》

『万葉集』にもうたわれた絶景スポット

春は桜、秋は紅葉に彩られる、徳島市のシンボル・眉山に登ってみよう。山頂へは、阿波おどり会館（☞P121）5階発着の眉山ロープウェイでわずか6分ほど。

☎088-621-5295（徳島市公園緑地課）住徳島市眉山町、佐古山町諏訪山の一部外 ¥⏰休見学自由 交JR徳島駅から眉山山頂まで車で18分 P124台 MAPP157B4
【眉山ロープウェイ】☎088-652-3617 ¥乗車往復1030円 ⏰9～21時(11～3月は～17時30分) 休無休

5 万代中央ふ頭《ばんだいちゅうおうふとう》

大注目のベイサイドスポット

新町川沿いを歩いて、万代中央ふ頭の倉庫街まで足を延ばしてみよう。ここでは近年、倉庫を生かしてカフェや書店、家具・雑貨店などが次々オープン、新たな賑わいを見せている。

☎088-679-8001（アクア・チッタ）住徳島市万代町5丁目 ⏰休店舗により異なる 交JR徳島駅から車で11分 P各店舗利用 MAPP157B4

倉庫を生かしたおしゃれなショップが続々オープン

倉庫ならではのスケールの大きな空間でカフェタイムが楽しめる

水辺のカフェでお茶しましょ

ufotable Cafe Tokushima《ゆーふぉーてーぶる かふぇ とくしま》

マチ★アソビのプロデュースを行うufotableが営むカフェ。アニメコラボのオリジナルスイーツやフードメニューを味わおう。

☎088-655-8805 住徳島市東船場1-13 国際東船場113ビル2階 ⏰10～20時(フードは19時LO、ドリンクは19時30分LO) 休月曜(祝日の場合は翌日) 交JR徳島駅から徒歩8分 Pなし MAP折込表㊁B1

新町川を一望する景観が魅力

窓の外には水辺空間が広がる

LUCKY CAFE《らっきーかふぇ》

赤い扉がお洒落な隠れ家的カフェ。ベーコンと野菜、カレーポテトなどの具と、こだわりソース、イギリスパンで作るトーストサンドイッチ700円～が人気。

☎088-623-1686 住徳島市銀座6大野ビル2F ⏰11～22時（21時30分LO）（日曜、祝日は～18時（17時LO））休月曜 交JR徳島駅から徒歩8分 Pなし MAP折込表㊁B2

手作りサンドイッチが人気

ボリュームたっぷりのブルスケッタ800円

とくしま観光ガイドボランティア（P109）の案内で新町川や眉山界隈など巡るツアーが好評。5つのコースは3日前までに要予約。

地元でホントに人気の名店で 徳島ラーメンをいただきます!

豚骨をベースに醤油を加えた「すき焼き風」スープが特徴の徳島ラーメン。
徳島市内だけでも200店ある中から地元で愛される人気店をセレクトしました。

大道

ラーメン東大《らーめんとうだい》 大道本店《おおみちほんてん》

県民から旅行客まで 幅広く人気の徳島ラーメン店

長時間煮込むことで豚骨本来の旨味と風味を最大限に引き出した甘辛の濃厚スープ。トッピングされた豚バラ肉のこってりさ、生玉子のマイルドさ、中細のもちもちとしたストレート麺が絶妙のハーモニー!

☎088-655-3775 住徳島市大道1-36 🕒11時~翌4時 休無休 交JR徳島駅から徒歩15分 P9台 MAP折込表⊖A2

東大ラーメン 豚スラ肉増し 850円
白ご飯によく合うコク深い一杯。生玉子は無料

行列に並んでも食べたい味

大工町

中華そば《ちゅうかそば》 いのたに 本店《ほんてん》

徳島ラーメンを全国区にした立役者

新横浜ラーメン博物館出店で徳島ラーメンを全国に知らしめた名店。豚骨をベースに野菜や海産物をブレンドしたスープ、風味豊かな豚バラ肉、中細ストレート麺と、これぞ徳島ラーメンの王道。

☎088-653-1482 住徳島市西大工町4-25 🕒10時30分~17時(売切れ次第終了) 休月曜 交JR徳島駅から徒歩15分 P35台 MAP折込表⊖A1

中華そば肉入り大 850円
ヨード卵 50円
中細麺がスープによく絡む。風味の強いヨード卵はスープとの相性もGood!

食券を買ってからカウンター席へ

支那そば肉入り大盛り 950円
丼ものや唐揚げなどサイドメニューも人気。食後はソフトクリーム260円が定番

徳島ラーメンってどんな特徴があるの？

豚骨をベースに醤油を加えた甘辛いスープが特徴。「茶系」が主流で、支那そば系の「黄系」、あっさり目の「白系」など3派に分類される。トッピングは味付け豚バラ肉や生玉子と、個性的。

北田宮

支那そば三八田宮店《しなそばさんぱたみやてん》

黄金スープが代名詞
女性に人気の禁煙店

鳴門で創業して約50年の老舗店。豚骨、鶏ガラ、野菜からとった黄金色のスープはとろりとマイルドで、クセになる味わい。ラーメンのスープで煮込んだチャーシューは、かむほどに味がしみ出る。

☎088-633-8938 住徳島市北田宮2-467 ⏰10時30分～20時(売切れ次第終了) 休火曜、月1回月曜不定休 交JR徳島駅から徳島市営バス島田石橋線で13分、東田宮下車、徒歩5分 P21台 MAP P157B4

ラーメン店には珍しい完全禁煙店

一番町

支那そば よあけ《しなそば よあけ》

体にやさしいスープが自慢
地元で愛されて60年余

徳島駅前にたつ徳島市内屈指の老舗。豚骨、鶏ガラ、野菜を丸一日に込んで作る秘伝のスープが自慢。ひと口目はインパクトを感じながらも後味はさっぱり！ 煮玉子100円などのトッピングも可。

☎088-653-3369 住徳島市一番町3-10駅ビル1階 ⏰10～14時、17～23時 休日曜 交JR徳島駅から徒歩すぐ Pなし MAP 折込表㊁B1

深夜まで営業しているのもうれしい

支那そば 小580円
リーズナブルに味わえる老舗の味。ワンタンメン(小)680円、ギョーザ280円もおすすめ。

支那そば肉玉入り 870円
豚肉ももやしもたっぷり！ 自家製チャーシュー入り920円も人気

広々とした明るい店内。県外客にも人気

住吉

支那そば 巽屋《しなそば たつみや》

脂分控えめの
ヘルシースープが女性に人気

余分な脂分をていねいに取り除きながら豚骨を10時間以上煮込み、1日寝かせてコクを出したスープは、見た目からは想像できないほど後味すっきり。柔らかく煮付けた豚肉との相性も抜群。☎088-653-3839 住徳島市住吉5-68-1 ⏰10時30分～15時(土・日曜、祝日、祝前日は～20時、売り切れ次第終了) 休水曜(祝日の場合は翌日) 交JR徳島駅前から徳島市営バス徳島商業高校行きで20分、西張北下車、徒歩3分 P30台 MAP P157B4

海、山、川と三拍子揃った徳島の新鮮食材を味わう

鳴門鯛に阿波尾鶏、なると金時やスダチなど、全国に名の通ったブランドが目白押し。素材のよさが光る食材王国・徳島のグルメを食べ尽くしましょう。

と〉喝《ととかつ》

天然の魚介や地の食材にこだわる。鳴門鯛を丸ごと炊き込んだ鯛めしは鯛の旨味がご飯にしみ込み絶品。刺身、焼き物などが堪能できる鯛めしコース6600円～（2名以上）が人気。

☎088-625-0110 住徳島市紺屋町13-1と〉喝ビル1・2F 🕐17～22時(21時40分LO) 休日曜(GW・お盆は営業) 交JR徳島駅から徒歩15分 Pなし MAP折込表㊁B2

◆予算目安 2人で1万4000円～

天然鳴門鯛の旨味が
凝縮された名物・鯛めし

ゆったりした和の設え。掘りごたつがうれしい

鯛めし3300円～（1釜2～3人前）。残ったらおにぎりにして持ち帰ることができる

海女料理ししくい《あまりょうりしししくい》

近海直送の海の幸を
野趣あふれる踊り焼で

伊勢エビ、アワビなどを鉄板の上で焼き上げる「踊り焼」スタイルの店。踊り焼に刺身、煮付けなどが付くコースは、梅5500円～特松1万3200円の4設定。

☎088-664-0990 住徳島市南沖洲4-5-7-1 🕐11時30分～15時（14時30分LO）、17～22時(21時LO) 休無休 交JR徳島駅から徳島市営バス沖洲・南海フェリー行きで15分、南沖洲四丁目下車、徒歩すぐ P20台 MAP P157C4

◆予算目安 2人で1万2000円～(カード支払不可)

松コース1万1000円～は伊勢エビの踊り焼と刺身も付く豪華さ。季節により素材は替わる

テーブルごとにスタッフがついて焼き上げてくれる

ムッシュ藤田城ノ内店《むっしゅふじたじょうのうちてん》

徳島フレンチ界の第一人者・故藤田正義氏が長年オーナーシェフを務めた人気店。地産の厳選素材を使ったフレンチが味わえる。6種の調理法から選べる阿波尾鶏プリフィクスコース4180円がおすすめ。

☎088-633-1225 住徳島市北田宮1-10-26 🕐11時30分～14時LO、17時30分～20時45分LO 休水曜、第1・3木曜（祝日の場合は変更あり） 交JR徳島駅から車で6分 P14台 MAP P157B4

◆予算目安 2人で5000円～

カジュアルな洋食から
本格フレンチまで

クラシカルな雰囲気の店内

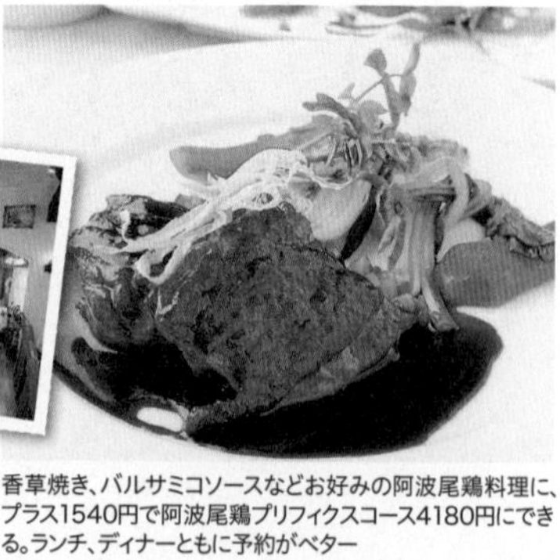

香草焼き、バルサミコソースなどお好みの阿波尾鶏料理に、プラス1540円で阿波尾鶏プリフィクスコース4180円にできる。ランチ、ディナーともに予約がベター

スダチは料理の名脇役

徳島特産のスダチは、さわやかな香りと酸味がある柑橘類。搾って、輪切りで、果皮をすりおろして…料理の味をひきたてる名脇役だ。地元の人は何にでもスダチをかける。味噌汁に、紅茶に、焼酎に…。お試しあれ。

鳥巣亭《とすて》

素材を活かし尽くす
鶏料理専門店

焼鳥や刺身、たたきのほか、阿波尾鶏三昧コース3600円（2人前～、5日前までに要予約）など多彩な阿波尾鶏メニューが揃う鶏料理専門店。仕入れにより、まく（横隔膜）や内軟骨などの希少部位も登場。

☎088-652-1773 住徳島市両国本町2-18 ⏰11時30分～13時、17～22時（昼は平日のみ営業）休日曜 交JR徳島駅から徒歩7分 Pなし MAP折込表㊀B2

◆予算目安 2人で4000円～

両国橋たもとの老舗の名店

カウンター、テーブル、座敷を完備

ジューシーな阿波尾鶏のもも焼き1000円は、鶏本来のうま味を引き立てるため、塩・コショウのみのシンプルな味付け

ピッツァマルゲリータ1580円、ワタリガニのトマトクリームパスタ2380円～など

予約必須の人気店

店内の薪窯で一気に焼き上げる

「徳島のナポリ」で
味わう絶品イタリアン

トラットリア《とらっとりあ》 ピッツェリア《ぴっつぇりあ》 スガッチィー《すがっちぃー》

真のナポリピッツァ協会認定の本格ピッツァを味わえる。香ばしく、サクッ、もちっとした食感はさすが本場仕込み！

☎090-4333-1495 住徳島市住吉1-6-11 ⏰11時30分～14時30分（～13時30分LO）、17時30分～21時30分（～20時30分LO）休月曜 交JR徳島駅から車で10分 P25台 MAP P157B4

◆予算目安 2人で4000円～

徳島オリジナルのB級グルメも味わおう

船本《ふなもと》うどん 大麻店《おおあさてん》

鳴門うどん

鳴門で愛されるご当地うどん

もっちりした不揃いな細麺、創業以来受け継ぐだし、刻み油揚げをのせた鳴門うどん407円～は、素朴でやさしい味わい。DATA☎088-689-4358 住鳴門市大麻町桧字野神ノ北10-1 ⏰10時30分～14時30分（売り切れ次第終了）休無休 交JR鳴門駅から車で20分 P20台 MAP P157A2

ニュー白馬《にゅーはくば》

まめ玉

お好み焼きには金時豆がマスト

金時豆が入った徳島流お好み焼き。自家製金時豆の甘みとソースが絶妙にマッチ。豆玉690円。DATA☎088-623-2251 住徳島市一番町1-13 ⏰11時～13時30分LO、17時～20時30分LO（木曜は夜のみ、日・祝日は～14時30分LO）休水曜（祝日の場合は翌日）交JR徳島駅から徒歩5分 P契約駐車場あり MAP折込表㊀B1

菓舗《かほ》ふくおか

ごま砂糖かけ赤飯

“赤飯にはごま砂糖”が鳴門流

塩田で栄えた鳴門では、赤飯にはごま塩ならぬ、ごま砂糖をトッピング。ふっくら蒸し上げた赤飯にごまの香りも香ばしく、和菓子感覚でいただける。量り売りで201g・324円～。DATA☎088-686-2626 住鳴門市撫養町南浜蛭子前東86 ⏰8～19時 休木曜 交JR鳴門駅から徒歩10分 P10台 MAP P157C2

竹に魚肉のすり身を巻きつけて焼いた「竹ちくわ」は徳島の名物。スダチを搾って丸かじりするのが徳島流。

ココにも行きたい

徳島のおすすめスポット

徳島市立徳島城博物館《とくしましりつとくしまじょうはくぶつかん》

徳島城跡に立つ歴史博物館

徳島藩と藩主蜂須賀家ゆかりの歴史資料や美術資料を収蔵、展示する。現存最古の木造和船である「千山丸」や、藩主が愛でた旧徳島城表御殿庭園は必見。DATA ☎088-656-2525 住徳島市徳島町城内1-8 ¥300円（特別展開催時は500円） 🕘9時30分～17時 休月曜（祝日の場合は開館）、祝日の翌日 交JR徳島駅から徒歩10分 P徳島中央公園利用100台（1回310円） MAP折込表㊁B1

徳島県立文学書道館《とくしまけんりつぶんがくしょどうかん》

徳島ゆかりの文学・書道を紹介

瀬戸内寂聴《せとうちじゃくちょう》やモラエス、昭和を代表する書家・小坂奇石《こさかきせき》など、徳島ゆかりの文学者・書家の作品や資料を収蔵、展示。瀬戸内寂聴記念室には京都にある「寂庵」の書斎も再現されている。ファンならずとも必見。DATA ☎088-625-7485 住徳島市中前川町2-22-1 ¥常設展310円（特別展は別途） 🕘9時30分～17時 休月曜（祝日の場合は翌日） 交JR徳島駅から徒歩15分 P43台 MAP P157B4

徳島県立阿波十郎兵衛屋敷《とくしまけんりつあわじゅうろうべえやしき》

伝統の阿波人形浄瑠璃を鑑賞

『傾城阿波の鳴門』ゆかりの施設で、国の重要無形民俗文化財・阿波人形浄瑠璃の世界にふれよう。毎日11時と14時に定期公演。（8月12～15日は4回公演）。DATA ☎088-665-2202 住徳島市川内町宮島本浦184 ¥410円 🕘9時30分～17時（7・8月は～18時） 休無休 交JR徳島駅から川内循環バスで20分、十郎兵衛屋敷前下車すぐ P50台 MAP P157B4

阿波木偶人形会館《あわでこにんぎょうかいかん》

人形師による軽妙な解説が人気

人形健《にんぎょうけん》氏の木偶約100体を展示。木偶人形の歴史や製作過程についての実演解説が人気。目や口を自在に動かしたり、可憐な娘が一瞬にして鬼の表情に変わるカラクリの仕組みは興味深い。世界一のジャンボ頭も展示。DATA ☎088-665-5600 住徳島市川内町宮島本浦226 ¥500円 🕘9～17時 休日曜、第1・3月曜、臨時休館あり 交バス停十郎兵衛屋敷から徒歩2分 P30台 MAP P157B4

NFT鳴門美術館《えぬえふてぃーなるとびじゅつかん》

幅広いアート作品を取り扱う

美術品やアート作品のNFT化を普及するために「鳴門ガレの森美術館」を改称してスタートした美術館。AIが作成したデジタルアートやヒロヤマガタの原画などを多数所蔵している。DATA ☎088-684-4445 住鳴門市撫養町林崎北殿町149 ¥800円 🕘10～16時 休木曜、ほか臨時休館あり 交JR鳴門駅から車で10分 P100台 MAP P157C2

大谷焼窯元 森陶器《おおたにやきかまもと もりとうき》

240年の伝統を誇る大谷焼を体験

大谷焼の窯元で手びねり2750円（2人～受付）や絵付け体験990円～（いずれも要予約）に挑戦。作品は窯で焼き上げ後日郵送（送料別途）。国登録有形文化財の登り窯の中に設置した水琴窟や、工房も見学できる。DATA ☎088-689-0022 住鳴門市大麻町大谷字井利ノ肩24 ¥見学無料 🕘8時30分～17時（日曜は9時30分～16時30分） 休無休（工房は日曜） 交JR阿波大谷駅から徒歩3分 P25台 MAP P157B2

HORIZON《ほらいずん》

海上をパドルで進む爽快体験を

鳴門の海をカヤックやSUPで楽しんでみよう。基本から学べる半日体験コース（1日2回、所要3時間）なら、初心者でも気軽にチャレンジできる。装備一式をレンタルできるので、手ぶらでもOK。DATA ☎090-3782-4250 住鳴門市鳴門町土佐泊浦黒山246-29（事務所） ¥販日コース1人8000円（2人から受付） 🕘休コースにより異なる 交集合場所は予約時に要相談 P4台 MAP P157C1

味処あらし《あじどころあらし》

鮮度抜群の地魚をめしあがれ

新鮮な地魚を堪能できる。鳴門ワカメたっぷりの味噌汁が付いた特選刺身定食1980円、特選天ぷら定食1650円をはじめ、旬の魚介を使った定食は20種以上。鯛めし1320円など鳴門鯛メニューも豊富。DATA ☎088-686-0005 住鳴門市撫養町大桑島字北ノ浜51-1 🕘11～21時（20時30分LO） 休水曜（祝日の場合は翌日） 交JR鳴門駅から車で5分、P18台 MAP P157C2

大井食堂《おおいしょくどう》

江戸時代創業の老舗食堂

鳴門のご当地麺「鳴ちゅるうどん」といえば一番に名前があがる人気店。不揃いの自家製細麺は箸でつかむと切れてしまうほど柔らかく、秘伝のだしによく絡む。具は刻み揚げやちくわのみとシンプル。うどん大盛り竹輪入り900円。DATA ☎088-686-4079 住鳴門市撫養町南浜字東浜603 🕘10時～13時30分（売り切れ次第終了） 休不定休 交JR鳴門駅から徒歩5分 P5台 MAP P157C2

味幸房《あじこうぼう》かじのや

和風モダンな店内で食す創作料理

定番の居酒屋メニューに加え、徳島の新鮮な海の幸や地鶏を使った料理、日本人好みにアレンジした洋食や中華料理も味わえる。63℃で6時間低温加熱調理した阿波豚のスペアリブ1320円は、オリジナルの特製タレで仕上げた逸品。DATA ☎088-655-2810 住徳島市沖浜東1-36-5 ◷17時30分～23時LO（ランチタイムは前日までに要予約）休火・水曜 交JR徳島駅から車で10分 P4台 MAP折込表⊖B3

酒《さけ》と飯《めし》のひら井《い》 徳島店《とくしまてん》

ヘルシー&ジューシーな徳島ギョーザ

徳島駅前に立つ人気の居酒屋。柚子こしょうをつけて食べる徳島ギョーザ6個450円は、レンコンのサクッ、パリッとした食感が新鮮。名物骨付鶏親・ひな各1180円、鯛めし1580円など地産食材を使ったメニューが揃う。DATA ☎088-657-5050 住徳島市寺島本町東3-7-2 ◷17～24時（日曜、祝日は～23時、テイクアウトは17時～）休無休 交JR徳島駅から徒歩2分 Pなし MAP折込表⊖B1

たかしまコーヒー《こーひー》店《てん》

ホットサンドが自慢のカフェ

鉄板で焼き上げるホットサンドで有名な老舗カフェ。具に合わせた自家製ソース、パンにオリーブ油を塗って香ばしく焼き上げるなど、マスターの技が詰まったホットサンドを、ネルドリップのマイルドなコーヒーとともにいただこう。DATA ☎088-652-1071 住徳島市八百屋町2-20-1 ◷7～17時30分LO 休不定休 交JR徳島駅から徒歩5分 Pなし MAP折込表⊖B1

TOKUSHIMA COFFEE WORKS《とくしまこーひーわーくす》 山城店《やましろてん》

蔵造りのシックなカフェ

ジャズが流れるシックな店内で香り高い自家焙煎のコーヒーを味わえる。6種類の豆を使ったWORKSブレンド627円は自家製スイーツとの相性も絶妙。ピリッとした辛味が食欲をそそるスパイスピラフ1045円も人気。DATA ☎088-655-8877 住徳島市山城西1-7 ◷8時30分～20時30分LO 休火曜 交JR徳島駅から車で10分 P28台 MAP折込表⊖B3

BAR《ばー》どみの《どみの》 -DOMINO-

和モダンな雰囲気の町家バー

築80年の町家を利用した店内は、竹のインテリアのあしらいがお洒落で、モダンな雰囲気。アルコール類は400種類以上揃い、好みやイメージを伝えればオリジナルカクテルを作ってくれる。座敷があるのもユニーク。カクテル800円～。DATA ☎088-655-6556 住徳島市秋田町1-33西裏通り ◷19時～翌4時 休不定休 交JR徳島駅から徒歩13分 Pなし MAP折込表⊖B2

イルローザ《いるろーざ》鳴門店《なるとてん》

カフェも併設する洋菓子店

徳島産の牛乳や和三盆糖、木頭ゆずなど地の素材を生かした洋菓子が揃う。濃厚なミルクの風味が特徴のマンマローザ5個入り864円～、鳴門金時ポテレット5個入り864円～は地元でも人気。DATA ☎088-684-0113 住鳴門市撫養町黒崎字松島405 ◷9時30分～19時（カフェは11時～）休第1・3水曜（イベントにより変動あり）交JR鳴門駅から車で6分 P15台 MAP P157C2

小男鹿《さおしか》本舗《ほんぽ》冨士屋《ふじや》 本店《ほんてん》

徳島を代表するおもてなし菓子

つくね芋、大納言小豆、うるち米、阿波和三盆糖などを使い、蒸し上げた小男鹿（一棹1本入り2160円）で有名。名前の由来である鹿の子斑、ふんわりもっちり食感と上品な甘さで愛されている。お茶席にぴったりの和三盆702円～も販売。DATA ☎088-623-1118 住徳島市南二軒屋町1-1 ◷8時20分～17時30分 休無休 交JR徳島駅から牟岐線で5分、二軒屋駅下車、徒歩すぐ Pなし MAP折込表⊖A3

にちにち雑貨店《ざっかてん》

徳島愛あふれるお洒落な雑貨店

小さな店舗にはシンプルながら遊び心のある雑貨がいっぱい。徳島ゆかりのグッズが多く、モダンな柄の藍染めグッズ、オーナー作の四国の形の陶器雑貨550円～のほか、地元作家から買い付けた1点ものの商品も並ぶ。猫好きオーナーセレクトの猫グッズも注目！DATA ☎088-679-9318 住鳴門市撫養町南浜字東浜382 交JR鳴門駅から徒歩5分 ◷11～18時 休火曜（祝日の場合は営業）P1台 MAP P157C2

ドイツ《どいつ》軒《けん》

ドイツ兵直伝のドイツパンが人気

板東《ばんどう》俘《ふ》虜収容所《りょしゅうようじょ》のドイツ兵直伝の製法を受け継ぐ老舗ベーカリー。ミルヒコルンブロート520円など、小麦やライ麦、木の実の自然素材を使用したドイツパンは、素朴で味わい深い。常時50種のパンが並び、渦巻きあんぱん140円も人気。DATA ☎088-686-3698 住鳴門市撫養町南浜字東浜674 ◷9～18時 休日曜 交JR鳴門駅から徒歩5分 P2台 MAP P157C2

徳島県立阿波十郎兵衛屋敷は『傾城阿波の鳴門』の主人公のモデル・板東十郎兵衛の屋敷跡。十郎兵衛が愛した「鶴亀の庭」も残る。

おいしい＆かわいい♡
徳島のおみやげを集めました

なると金時やスダチなど特産品を生かしたおいしいものや、
キュートでお洒落な阿波のお菓子や工芸品をセレクトしました。

竹ちくわ
8個入り891円～
天然の青竹に魚のすり身を巻き付けて焼き上げた、小松島市の特産品。シンプルで懐かしい味わい ❶

神山すだちサイダー
各288円〔神山温泉〕
スダチの生産量日本一の徳島県神山町から生まれた御当地サイダー。さわやかな香りと甘さを抑えたすっきり味 ❶

ほっこりおいものスイートポテト
8個入り1782円〔おいも、なる。〕
国産の生クリームを使用した、なめらかな口当たりのスイートポテトは、道の駅 くるくる なるとの人気のお菓子 ❷

小男鹿
(小) 1130円～
山芋や阿波和三盆糖、小豆などを使用した鹿子斑の模様が特徴の蒸し菓子。もっちりした食感で上品な甘さ ❶

おいしいおみやげ

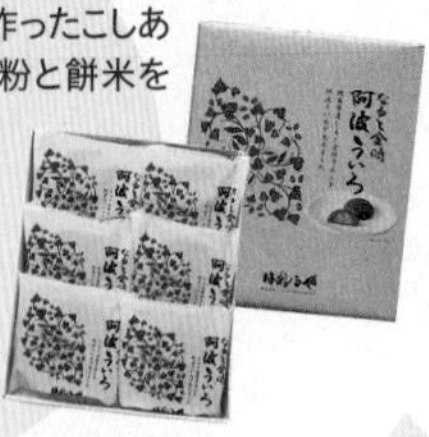

なると金時 阿波ういろ
6個入り820円〔株式会社ハレルヤ〕
北海道産小豆で作ったこしあんに徳島県産米粉と餅米を入れて蒸し上げた「阿波ういろ」で、なると金時芋餡を包んだ変わりういろ ❶

鳴門金時 里娘
720mℓ 1553円
〔日新酒類〕
なると金時のなかでも里浦産のトップブランド「里むすめ」で造った焼酎。ほっこりした甘みのある味 ❶❸

ゆうたま
7個入り972円
すだち、ヤマモモ、梅など四国特産の果実を厳選してゼリーのような食感の錦玉菓子に。さわやかな香りと後味も魅力 ❹

ホーホケキョ・ホーホケキョ辛口(左)
200ml 各1430円〔東野リキュール製造所〕
全国初の梅酒特区・吉野川市美郷のぜいたくな梅酒。グラスに注ぐと芳醇な梅の香りが広がる ❶

県下最大級の物産センター
徳島タウン
あるでよ徳島《あるでよとくしま》 ❶
☎088-622-8231 住徳島市新町橋2-20 ◷9～20時 休2、6、9、12月の第2水曜（祝日の場合は翌日） 交JR徳島駅から徒歩10分 P26台（1時間320円） MAP折込表㊁A2

鳴門の特産品が揃う食のテーマパーク
鳴門
道の駅 くるくる なると《みちのえき くるくる なると》 ❷
☎088-685-9696 住鳴門市大津町備前島蟹田の越338-1 ◷9～17時 休無休 交高松自動車道鳴門ICから車で3分 P152台 MAP P157B2

徳島の名産品が勢揃い
徳島タウン
徳島県物産センター《とくしまけんぶっさんせんたー》 ❸
☎088-624-5014 住徳島市山城町東浜傍示1 ◷10～17時 休土・日曜 交JR徳島駅から徳島バス山城町ふれあい健康館行きで10分、徳島文理大学下車、徒歩5分 P10台 MAP P157B4

趣あるお茶席も楽しめる洗練された和菓子店
徳島タウン
茜庵 本店《あかねあん ほんてん》 ❹
☎088-625-8866 住徳島市徳島町3丁目44 ◷9～18時（茶席は10時～16時30分LO） 休不定休 交JR徳島駅から徒歩8分 P8台 MAP折込表㊁B1

 ※❶～❽は商品を扱っている店。

かわいい おみやげ

幸せを呼ぶハートの和三盆
28個入り972円
地元三の竹糖(さとうきび)で作られた、伝統的な阿波和三盆の干菓子。ハートの形がとってもキュート ❸

遊山箱
3万3000円〜
徳島伝統の弁当箱で、小物入れや置物として人気。素材や塗りの種類で値段は異なる。数量限定なので問い合わせを ❶

和紙手作りキット
各1078円
風船を型に民芸紙を貼り、かわいい「はりこ」が作れる。パンダやうさぎなどいろいろな動物のデザインが揃う ❻

大谷焼湯呑
各3000円〜
大谷焼でもっとも歴史が古い元山窯の作品。手になじむコロンとした形がかわいい。色違いで揃えたい ❼

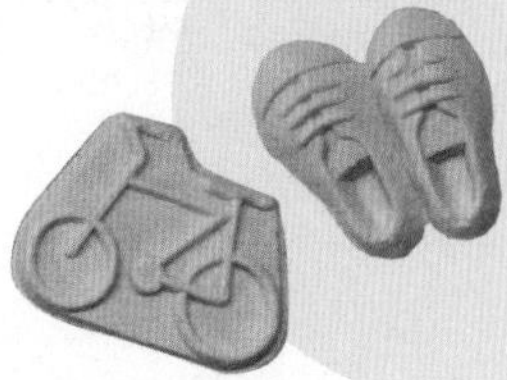

BON COFFRET干菓子
右：スニーカー(2個)／
左：自転車(2個)　各378円
徳島県産の上質な和三盆などを使用した干菓子。見た目もかわいく、おみやげやお祝いごとにもぴったり。 ❽

藍染め小物
各880円〜
自社工房にて天然灰汁発酵建による阿波藍で染められた小物はすべて1点もの。使うほどに微妙に色合いが変わる ❺

遊山
7個入り2376円 ※要予約
和菓子の伝統技法「浮島」を用いて作った、ふんわり食感の和風マカロン。スダチや山桃など7種の味が揃う ❹

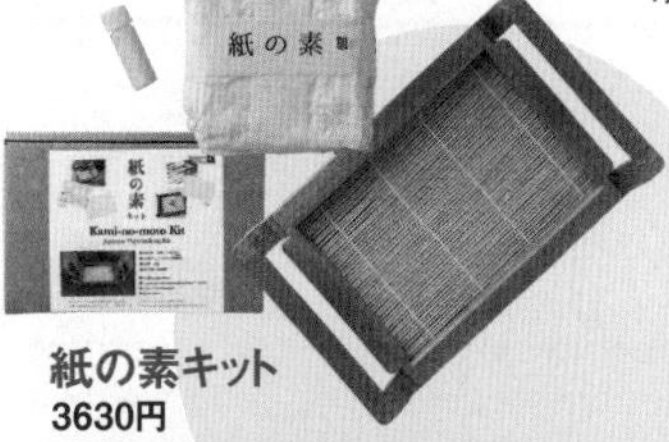

紙の素キット
3630円
手漉きの技法で和紙ハガキが作成できるキット。紙の素1個で4〜5枚作れる(キットは紙の素10個×1束入り) ❻

藍染め小物から作家作品まで
藍住
藍屋敷おくむら《あいやしきおくむら》 ❺
☎088-692-8723 住藍住町徳命字前須西179 ⏰9時30分〜17時 休火曜(祝日の場合は営業) 交JR勝瑞駅から車で15分 P60台 MAP P157A3

紙漉き体験も楽しめる
吉野川
阿波和紙伝統産業会館《あわわしでんとうさんぎょうかいかん》 ❻
☎0883-42-6120 住吉野川市山川町川東141 ⏰9〜17時 休月曜(祝日の場合は翌日) 交JR阿波山川駅から徒歩15分 P10台 MAP 折込裏G2

陶芸体験に挑戦
鳴門
大谷焼《おおたにやき》 元山窯《もとやまがま》 田村陶芸展示館《たむらとうげいてんじかん》 ❼
☎088-689-4039 住鳴門市大麻町大谷字中通り3-1 ⏰9〜17時 休無休 交JR阿波大谷駅から徒歩3分 P5台 MAP P157B2

和三盆をふんだんに使ったスイーツ専門店
阿波
BON COFFRET《ぼん こふれ》 ❽
☎なし 住阿波市吉野町西条東姥御前279-1 ⏰10〜18時 休火曜(祝日の場合は翌日) 交徳島自動車道土成ICから車で10分 P20台 MAP 折込裏H2

大自然に包まれて味わい、癒やされる 徳島のとっておきの宿

ここがうれしい!
別荘気分で過ごせるメゾネット
オーダーメイドの家具を配したゆったりした客室。ミニシンクも備える

鳴門　(別料金)

リゾートホテル《りぞーとほてる》 モアナコースト《もあなこーすと》

地中海の旅籠をイメージしたプチリゾートホテル

全16室のみの隠れ家的ホテル。客室はメゾネットタイプで、全室スイート仕様。本館客室の屋上には専用ジャクジーとロウリュ式サウナを備え、鳴門海峡のパノラマをひとりじめして心ゆくまでバスタイムを楽しめる。食事は鳴門の海の恵み、自家栽培の新鮮な野菜やハーブをふんだんに使ったイタリアンコースをいただこう。

☎088-687-2255 住鳴門市鳴門町土佐泊浦高砂186-16 交JR鳴門駅から車で10分 P70台 送迎なし MAP P157C1 ●16室 ●全室専用ジャクジーバス、サウナ

CHECK
1泊2食付き料金
平　日　1万9000円～
休前日　2万4000円～
IN 15時 OUT 11時

ラグジュアリーな新館スイート

全室に完備された半露天ジャグジー

寝具は最高級綿といわれる新疆綿で統一

シモンズ社製ベッドが心地よい眠りへ誘う

旬の食材を生かしたイタリア家庭料理。自家製パンはおみやげにも!

うっとりエステ

館内エステサロン（11～22時、受付は～20時）で極上の癒しを体験しよう。フェイシャル60分1万1000円～、ボディトリートメント50分9900円～。オールハンドの施術とアロマの香りに身も心もときほぐされる。

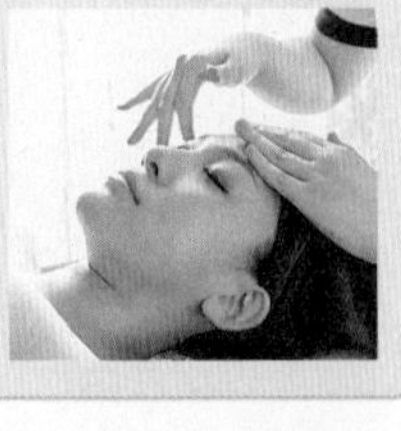

源泉掛け流し　部屋食　エステ有　禁煙ルーム有　大浴場有　インターネット有　ひとり宿泊OK　立ち寄り湯

鳴門　(ロビーのみ)

アオアヲ《あおあを》 ナルト《なると》 リゾート《りぞーと》

キラキラの青い海と天然温泉 大塚国際美術館やうず潮の観光に

瀬戸内海国立公園内に立ち、鳴門海峡を一望。鳴門鯛や阿波野菜ほか山海の幸が味わえる5つのレストラン、ビーチ&プール、テニス、チャペルなど施設が充実。クルージングに鯛の釣り堀、阿波踊りライブ、阿波藍染め、大谷焼絵付け、秋の鳴門金時芋ほり、早春のワカメ漁など自然と文化が体感できる。

☎088-687-2580 住鳴門市鳴門町土佐泊浦字大毛16-45 交JR鳴門駅から車で15分（鳴門北ICから左折1分）P200台 バス高速バス高速鳴門バス停から送迎あり（要予約）MAP P157C1 ●208室（和室41室、洋室167室）●露天風呂2（男湯1、女湯1）、展望大浴場2（男湯1、女湯1）

CHECK

1泊2食付き料金
- 平　日　1万9650円～
- 休前日　2万5150円～
- IN 15時 OUT 11時

ここがうれしい!

絶景オーシャンビュー

部屋のバルコニーや露天風呂からは海に昇る朝日や満月の前後にはムーンロードが眺められる

縁日遊びも楽しめる「阿波の國」やご当地スイーツが人気のテラスカフェ オーゲ（→P111）など館内には撮影スポットがたくさん

1 潮風が心地よい露天風呂。8階には展望温泉も 2 郷土料理バイキングの阿波三昧は、お造りや寿司など、昼60種、夜90種もの料理が並ぶ

祖谷渓　(別料金)

和の宿《なのやど》 ホテル祖谷温泉《ほてるいやおんせん》

祖谷の断崖に佇む一軒宿で 源泉掛け流しの湯を堪能

ケーブルカーで下りる露天風呂で有名。白濁した湯に身を浸せば、大自然に抱かれている心地がする。客室は落ち着いた設え。渓谷の絶景を展望できる「ふわり」6室も人気。食事は地の食材を生かしたスローフードを。

☎0883-75-2311 住三好市池田町松尾松本367-28 交JR大歩危駅から車で35分 P37台 バス送迎あり（要予約）MAP P156B3 ●20室（和室14室、露天風呂足湯付き客室1、展望風呂付き客室2、露天風呂付き客室3室）●露天風呂2（男湯1、女湯1）、大浴場2（男湯1、女湯1）、貸し切り露天風呂1 ●日帰り入浴：1700円、7時30分～18時（受付は～17時）、不定休

CHECK

1泊2食付き料金
- 平　日　2万2150円～
- 休前日　2万6550円～
- IN 15時 OUT 11時

ここがうれしい!

露天風呂へはケーブルカーで

170mの谷底にある露天風呂へはケーブルカーで約5分。祖谷渓の大パノラマが迫る

1 湯の花が浮かぶ天然温泉。川のせせらぎをBGMにゆったりと 2 露天風呂や月見台付きの贅沢な造りの「ふわり」

ここがうれしい!
ケーブルカーで景色を楽しみながら山上へ。期待がふくらむ

山小屋風のケーブルカーで天空露天風呂へ一直線

祖谷渓 ゆ (ロビーのみ)

湯元新祖谷温泉ホテルかずら橋《ゆもと しんいやおんせん ほてるかずらばし》

天空露天風呂で絶景をひとりじめ

ケーブルカーで登る天空露天風呂が自慢の宿。雲海をも見下ろし、満天の星を仰ぐ眺望のよさが魅力。宿泊者のみの貸し切り風呂は懐かしい五右衛門風呂。湯上がりは湯歩道を散策したり、湯上がり処で寛ごう。食事は囲炉裏端で川魚や阿波牛、山菜などの地の食材を使った郷土料理を。青石造りの露天風呂付き客室や、広い湯船にゆったりと入れる

CHECK
1泊2食付き料金
- 平　日 1万8150円~
- 休前日 2万1450円~
- IN 15時 OUT 10時

☎0883-87-2171 住三好市西祖谷山村善徳33-1 交JR大歩危駅から車で16分 P30台 送迎なし MAP P156B4 ●25室(露天風呂付き客室1室、展望風呂付き客室2室、和室19室、和洋室3室) ●露天風呂(男湯1、女湯1)、大浴場(男湯1、女湯1)、貸し切り五右衛門風呂3(40分2200円)、貸し切り露天風呂(45分3850円) ●日帰り入浴:10~16時1200円、不定休

天空露天風呂からのパノラマ眺望はまさに「天空」

ここがうれしい!
囲炉裏のある和室、ベッドのある洋室を備えた離れスイート。内風呂は陶器、露天風呂は檜と、贅沢な湯三昧が楽しめる

1時間を忘れてくつろげる離れスイート 2食事は個室囲炉裏でゆったりと季節替わりの郷土料理を

祖谷渓 (スイートのみ) (ロビー、スイートのみ)

渓谷の隠れ宿 祖谷美人《けいこくのかくれやど いやびじん》

露天風呂付き客室のみの小さな宿

渓谷の断崖に立つ、まさに隠れ宿。檜や陶器の露天風呂を備えた全8室に加え、絶景の露天風呂と個室囲炉裏が魅力の新館「離れスイート」も備える。源泉掛け流しの湯に心ゆくまで身を浸そう。湧水仕込みの手打ちそばやシシ鍋などの郷土料理も自慢。

☎0883-87-2009 住三好市西祖谷山村善徳9-3 交JR大歩危駅から車で15分 P17台 送迎なし MAP P156B4 ●9室(露天風呂付き客室7室、特別室1室、離れスイート1室) ●2006年開業、2011年3月改装

CHECK
1泊2食付き料金
- 一般客室　2万2900円~
- 特別室　2万7900円~
- 離れスイート　3万8900円~
- IN 15時 OUT 10時

観光拠点に便利な徳島タウンのおすすめホテル

ゆ

ホテルサンルート徳島《ほてるさんるーととくしま》

天然温泉を備えたビジネスホテル

JR徳島駅前という立地のよさと、露天ジャクジーやサウナも備えた最上階の天然温泉「びざんの湯」で人気。部屋はシンプル&スタイリッシュなデザインで全室にWi-Fi、有線LAN、空気清浄機、携帯電話充電器を完備。アメニティも充実しており、女性スタッフ中心のきめ細やかな対応や隣接の別館も好評。DATA ☎088-653-8111 住徳島市元町1-5-1 ¥シングル7400円~、ツイン1万2600円~ IN14時 OUT11時　全239室(シングル119室、ツイン54室、ダブル66室) 交JR徳島駅から徒歩1分 P提携約60台(1泊800円) 送迎なし MAP 折込表B1 ●日帰り入浴:7~12時530円、12~20時730円 ●2006年3月開業、2016年8月別館開業

アグネスホテル徳島《あぐねすほてるとくしま》

リピーターの多い人気ホテル

アクセスもよく、朝食サービス付きのリーズナブルな価格でリピーターの多いビジネスホテル。部屋はシンプルながら、高い天井、最高級ポケットコイルマット使用のセミダブルベッドなど快適さは申し分なし。1階には厳選素材を使ったスイーツが並ぶペストリーブティックがあり、女性に大人気。宿泊者は、向かいにできた新館「アグネスホテルプラス」の大浴場を無料で使用でき、好評。DATA ☎088-626-2222 住徳島市寺島本町西1-28 ¥シングル8500円~、ツイン1万7000円~ IN15時 OUT11時　全61室(シングル51室、ツイン10室) 交JR徳島駅から徒歩3分 P80台 送迎なし MAP 折込表A1 ●2003年開業

源泉掛け流し　部屋食　エステ有　禁煙ルーム有　ゆ 大浴場有　インターネット有　ひとり宿泊OK　立ち寄り湯

お遍路さんでぐるっと四国を一周、お大師さまゆかりの地を巡りましょう

思い立ったら、いつでもどこからでも始められる
四国八十八ヵ所霊場巡り。
巡る順番も、手段も自由のおおらかさだから、
メジャーな観光地のそばにある札所から巡るのはいかが？

四国遍路の原点を1日でめぐる 徳島・はじめての歩き遍路

ココロの原点を巡る旅 1

第1番霊山寺からはじめる歩き遍路は、はじめてでもチャレンジしやすい道のりです。遍路グッズを身にまとい1日歩き遍路に挑戦してみましょう。

1樹齢1200余年といわれる長命杉 2願い事をして持ち上げ、軽く感じたら願い事が叶いやすいといわれる抱き地蔵

1 第1番 霊山寺《りょうぜんじ》

四国遍路のはじまりの寺

「一番さん」とよび親しまれている発心の寺。本堂の幻想的な吊り灯籠や迫力のある龍の天井画などみどころも多い。これから遍路をはじめる人、88カ寺打ち終えてお礼参りに訪れる人など、様々な思いを抱いた参拝客でいつも賑わう。

☎088-689-1111 住鳴門市大麻町板東126 ¥境内自由 交JR板東駅から徒歩15分 P100台 MAP P157A2

1本堂天井の吊り灯籠は圧巻 2風格のある仁王門を出て、次の札所を目指そう

2 第2番 極楽寺《ごくらくじ》

朱塗りの山門の先に見事な庭園が広がる

厳かな気持ちにさせてくれる庭園が、山門を抜け本堂まで続く。弘法大師お手植え杉「長命杉」は、木に結ばれた紐を握れば長寿のご利益も。境内にはほかにも、抱き地蔵や安産大師など、ご利益を得られる場所が点在している。

☎088-689-1112 住鳴門市大麻町檜段の上12 ¥境内自由 交JR阿波川端駅から徒歩20分 P50台 MAP P157A2

コースガイド

所要約6時間

START! JR板東駅 → 徒歩15分 → 1 霊山寺 → 徒歩15分 → 2 極楽寺 → 徒歩40分 → 3 金泉寺 → 徒歩75分 → 4 大日寺 → 徒歩30分 → 5 地蔵寺 → 徒歩50分 → GOAL! JR板野駅

column

お遍路グッズが一式揃う巡礼用品取扱所

霊山寺の売店では、四国遍路に必要な遍路グッズが豊富に揃う。この寺で装束を揃えスタートする人も多いだけあって、必需品はもちろん、あると便利な用品まですべて手に入る。価格もお手頃価格から少し高価なものまで幅広いので、賢くセレクトしたい。 ◷7～17時 休無休

必需品は1番札所で準備しておきたい

3 第3番 金泉寺《こんせんじ》

大師ゆかりの黄金の井戸で運試し

源義経が戦勝祈願に訪れたといわれる寺。その際に弁慶が持ち上げたという力石が残る。弘法大師巡錫の際に湧き出たといわれる「黄金の井戸」は、井戸をのぞき水面に自分の姿が映ると長生きできるといわれている。

☎088-672-1087 住板野町大寺亀山下66 ¥境内自由 交JR板野駅から徒歩15分 P15台 MAP P157A3

1 行きと帰りで少し違った趣をみせる山門 2 黄金の井戸は黄金地蔵尊とともに祀られている

▲1層が角柱、2層が円柱になった珍しい鐘楼門

4 第4番 大日寺《だいにちじ》

山間にある静寂に包まれた古刹

林を抜ける山道の先にある山間の寺。朱塗りの鐘楼門が周囲の緑に映える。弘法大師の手で刻まれたという大日如来が本尊。秘仏であるため拝観は前仏のみ可能。本堂と大師堂を結ぶ回廊には三十三観音が安置されている。

☎088-672-1225 住板野町黒谷字居内28 ¥境内自由 交JR板野駅から車で15分 P50台 MAP折込裏H2

5 第5番 地蔵寺《じぞうじ》

喜怒哀楽の表情豊かな五百羅漢

樹齢800年を超える大イチョウが境内に枝を広げる。奥の院にある羅漢堂の五百羅漢が有名。羅漢堂（拝観200円、8時～16時30分）には様々な表情の羅漢像があり、自分に縁のある人に似た顔が必ずあるといわれているので探してみよう。

☎088-672-4111 住板野町羅漢林東5 ¥境内自由 交JR板野駅から車で10分 P30台 MAP折込裏H2

1 約200体の等身大でカラフルな羅漢像が並ぶ 2 色鮮やかなレリーフが特長の大師堂

札所近くの寄り道グルメ

歩き遍路を楽しみながら周辺の美味しいグルメも一緒に味わってみましょう。

第1番近く

門前一番街《もんぜんいちばんがい》

霊山寺門前にあり、焼き餅「あわくった」140円が有名。栗とよもぎ味の2種類があり。 ☎088-689-4388 住鳴門市大麻町板東字西山田23 ◷7～17時 休無休 交JR板東駅から徒歩15分 P40台 MAP P157A2

第3番近く

手打ちうどんこんせん《てうちうどんこんせん》

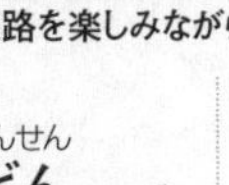

こんせんうどん小850円は豪華なトッピングに優しいだしがほど良くからむ。☎088-672-2215 住板野町川端字金泉寺南1-2 交JR板野駅から徒歩8分 ◷11時～売り切れ次第終了 休水曜 P20台 MAP P157A3

第5番近く

フジムラベーカリー《ふじむらべーかりー》

昔ながらの柔らかいパンに、クリームがたっぷり入ったクリームパン194円が人気。☎088-672-2461 住板野町黒谷字中通27 ◷9時～売り切れ次第閉店 休日・月曜 交JR板野駅から車で10分 P10台 MAP折込裏H2

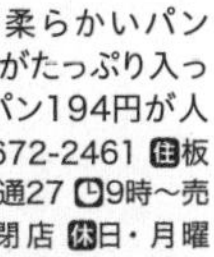

第5番近く

岡田製糖所《おかだせいとうしょ》

安永5年（1776）創業。口溶けがよく、上品な味わいで知られる阿波和三盆糖の製造所。干菓子648円～。☎088-694-2020 住上板町泉谷原中筋12-1 交JR板野駅から車で15分 ◷9～17時（土・日曜、祝日は10時～） 休無休 P30台 MAP折込裏H2

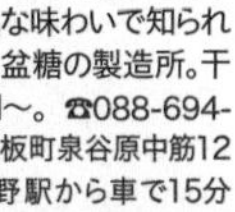

ココロの原点を巡る旅②

1200年超の歴史ある四国遍路 道後・石手寺のパワースポット巡り

道後温泉駅から徒歩15分の石手寺は、石にちなんだ伝説に彩られたパワースポット。話題の開運スポットにも立ち寄りながらお遍路さん気分を味わってみましょう。

仁王門《におうもん》

鎌倉末期に建てられた全国屈指の楼門で、国宝に指定されている。門にかかる約3mの大ワラジを触って自分の足を触るとご利益があるのだとか。❶

迫力ある姿の仁王門

境内裏手の山上からお遍路さんを見守る、高さ16mの「弘法大師像」にびっくり

境内に入るとすぐに美しい姿が現れる

三重塔《さんじゅうのとう》

高さ25mの三重塔は鎌倉末期に建てられた重要文化財。88の札所と高野山の砂が詰められた「四国八十八ヶ所霊場お砂撫で」がある。❷

砂の入った袋を撫でながら祈ると一気に結願できるかも!?

第51番 石手寺《いしてじ》(❶〜❻)

お遍路さんの元祖・衛門三郎《えもんさぶろう》ゆかりの寺

6万6000㎡の広大な境内には、国宝の仁王門をはじめ、重要文化財の本堂や三重塔など、歴史的建造物が建ち並ぶ。寺名の由来になった「衛門三郎玉の石」をはじめ、石にまつわる御利益スポットも多い。

☎089-977-0870 住松山市石手2-9-21 ¥境内自由（団体観光有料）交伊予鉄道道後温泉駅から徒歩15分 P有料80台 MAP折込表□D1

コースガイド

所要約3時間

- スタート 伊予鉄道道後温泉駅
- ▶ 徒歩15分
- 石手寺
- ❶ 仁王門
- ❷ 三重塔
- ❸ 本堂
- ❹ 訶梨帝母天堂
- ❺ マントラ洞窟
- ❻ 奥の院
- ▶ 徒歩15分
- 放生園
- ▶ 徒歩すぐ
- ゴール 伊予鉄道道後温泉駅

❶〜❻は石手寺内のパワースポットです

column

四国遍路が庶民に広まったきっかけ「衛門三郎」の玉の石伝説

伊予の豪族であった衛門三郎は、托鉢に訪れた僧を弘法大師と知らずに手荒く追い返してしまう。その後、8人の子どもを次々に失った三郎は、無慈悲な振る舞いを詫びたいと僧を追って八十八カ所を巡りはじめる。札所を21回も巡り、ついに息を引き取る直前、大師の許しを得た三郎は、その後、望み通り伊予の領主の嫡男に生まれ変わった。その赤ん坊の手には、「衛門三郎再来」と書かれた石が握られていたという。石手寺の由来となった伝説の「玉の石」は宝物館（入館料200円）にある。

本堂《ほんどう》

鎌倉末期に建てられた風格漂う本堂は国の重要文化財。本堂横の「七転八起衛門三郎の再生石」は、元気が得られる石といわれ、1個持ち帰り、1年後に7個足して8個返すという願掛けスポットだ。❸

本堂の前には金色に輝く大きな五鈷杵

子宝安産石智慧誕生の輪くぐり

訶梨帝母天堂《かりていぼてんどう》

鬼子母神を祀っており、子授け安産石を持ち帰ると子宝に恵まれるといわれる。恵まれたら2個足して3個返すのが習わし。❹

マントラ洞窟《まんとらどうくつ》

本堂北側の洞窟。入口からまっすぐ進むと金剛曼荼羅の世界、右手方向に進めばミニ八十八カ所霊場と弘法大師修行場がある。❺

神秘的なパワーが感じられる長い洞窟

奥の院《おくのいん》

マントラ洞窟を抜け、道なりに進んだ先に、マントラ塔とよばれる黄金に輝くパゴダがある。その横にはやせ細った釈迦苦行像と五百羅漢像。❻

まるで円盤のような形をしたパゴダ

疲れた足をしばし休息

放生園《ほうじょうえん》

坊っちゃんやマドンナが登場する坊っちゃんカラクリ時計を眺めながら無料の足湯で疲れを癒やそう。 (☞P54)

＼スイーツでひと休み／

五十一番《ごじゅういちばん》食堂《しょくどう》

参道沿いにある茶店。かつてはお遍路さんの接待に出されていた薄型の焼き餅「おやき」は1個90円。こしあん入りで白とヨモギの2種類がある。DATA ☎089-977-3003 住松山市石手2-9-20 ◷8～17時 休不定休 P周辺駐車場利用 MAP折込表◙D1

10 FACTORY《てんふぁくとりー》 道後店《どうごてん》

道後商店街内にある愛媛県産みかんの加工品を取り扱う専門店。イートインスペースも充実しており、季節によってみかんの種類が変わるジェラートダブル500円やみかん果汁をブレンドしたみかんビール600円などが味わえる。(☞P54)

道後温泉開運スポットめぐり

今話題の乙女ゴコロをつかむ開運スポット巡りを楽しんでみましょう。

ご利益 圓満寺《えんまんじ》

カラフルでビッグな湯の大地蔵尊で有名。お結び玉300円は湯玉がモチーフ。持ち帰り可。DATA ☎089-946-1774 住松山市道後湯月町4-49 交伊予鉄道道後温泉駅から徒歩5分 Pなし MAP折込表◙D3

ご利益 湯神社《ゆじんじゃ》

道後温泉本館南側にある温泉の守り神で、縁結びや健康祈願の神様として有名。お菓子の神様を祀る中嶋神社も。DATA ☎089-921-0480 住松山市道後湯之町4-10 交伊予鉄道道後温泉駅から徒歩4分 P80台 MAP折込表◙D3

ご利益 道後温泉 第4分湯場《どうごおんせん だいよんぶんとうじょう》

道後温泉源泉の手湯で湯のパワーを感じてみよう。DATA ☎089-921-5141(道後温泉本館事務所) 住松山市道後湯之町7-28 交伊予鉄道道後温泉駅から徒歩すぐ ◷9～20時※手湯は24時間 休無休 P近隣有料駐車場利用 MAP折込表◙D3

ご利益 宝厳寺《ほうごんじ》

「捨莉紙(しゃりがみ)」500円は、心のモヤモヤを紙に書き、手水舎の水で流してスッキリ。なりたい自分を書く願い紙とお札は持ち帰る。DATA ☎089-946-2418 住松山市道後湯月町5-4 交道後温泉駅から徒歩9分 ◷9～17時 P40台 MAP折込表◙D1

ココロの原点を巡る旅③

1200年超の歴史ある四国遍路 お大師さま誕生の地・善通寺さんぽ

こんぴらさんから車で約20分の善通寺は、弘法大師・空海の生まれ育った場所です。レトロな町並みをとどめるお大師さまのふるさとで、ココロの原点を旅してみましょう。

元禄12年(1699)に再建

金堂《こんどう》（本堂《ほんどう》）

国の重要文化財。南大門の正面に見えるのが金堂（本堂）で、運長が刻んだ薬師如来が鎮座。建物の周囲には創建当時の礎石が残る。❶

善通寺のシンボル・五重塔

五重塔《ごじゅうのとう》

国の重要文化財。現在の五重塔は明治35年(1902)に完成したもので、高さ43mは四国最大。❷

五百羅漢のユニークなポーズや表情に癒やされよう

第75番 善通寺《ぜんつうじ》（❶〜❺）

弘法大師の生誕地は三大霊跡のひとつ

真言宗善通寺派の総本山。唐から帰朝した大師が、自分が生まれ育った地に建立した。寺域は4万5000㎡あり、金堂、五重塔などが建ち並ぶ「東院」、お大師さまの誕生地である邸宅跡にあたる「西院」の東西二院に分かれている。

☎0877-62-0111（代） 住善通寺市善通寺町3-3-1 ¥境内自由 交JR善通寺駅から徒歩20分 P220台（1回300円） MAP P150B3

東院

大師自らが建立した寺

コースガイド

所要3時間

- スタート JR善通寺駅
- ▶徒歩20分
- 善通寺
- ❶金堂（本堂）
- ❷五重塔
- ❸御影堂（大師堂）
- ❹戒壇めぐり
- ❺御影の池
- ▶徒歩20分
- ゴール JR善通寺駅

東院（❶〜❷） 西院（❸〜❺）

column

善通寺が生んだ平安の巨人 弘法大師・空海の人生

弘法大師空海は、宝亀5年（774）、善通寺西院の佐伯家に生まれた。幼名は真魚(まお)という。その利発さから両親は「貴物(とうともの)」と呼び寵愛した。15歳で京に上り、18歳から大学に入学するが、学問だけでは人々を救えないと仏門入りを決意。室戸岬や石鎚山で厳しい修行を重ね、22歳で名を空海と改めた。その後、留学僧として唐に渡って密教を学び、帰国後は高野山を密教修行の場とした。また民衆のための教育機関「綜芸種智院(しゅげいしゅちいん)」の設立や、日本最大の灌漑用ため池「満濃池」の改修指揮など、社会事業の面からも人々を救済した。

御影堂（大師堂）《みえどう（だいしどう）》

佐伯家の邸宅地に建つ御影堂は、大師が誕生したと伝わるところ。奥殿には大師自らが描いたとされる「瞬目（めひき）大師像」（秘仏）がまつられている。❸

善通寺という寺名は、父の善通（よしみち）公から名付けられたという

スリル満点の貴重な修行体験

戒壇めぐり《かいだんめぐり》

御影堂地下の暗闇のなか、約100mの距離を左側の壁を伝って「南無大師遍照金剛」と唱えながら進む。大師が生まれたという場所の真下にある祭壇で、音声学者が大師の絵姿から再現した大師の声でありがたいメッセージを聞くことができる（¥宝物館入館共通500円、🕒8～17時、受付～16時30分）。❹

西院

父・佐伯善通公の邸宅があった

『瞬目大師』はここで描かれた

御影の池《みかげのいけ》

唐に留学する直前にこの地を訪れた大師が母・玉寄御前《たまよりごぜん》のために、池に自分の姿を映して自画像を描いたという。大師像の前には父・母の姿がある。❺

廻廊でチェック

廻廊には大師の生涯を描いた絵の額が掛かる

善通寺・門前ひと休みスポット

熊岡《くまおか》菓子店《かしてん》

門前の老舗店。名物は驚くほど硬いカタパン、5種類あり1枚20円～。DATA ☎0877-62-2644 住善通寺市善通寺町3-4-11 🕒9～16時 休火曜、第3水曜 P5台 MAP P150B3

こだわり八輻《はちや》

善通寺駐車場からすぐ。国産小麦のもっちりとした麺と、バランスのよいだしが抜群。かけうどん小250円～。DATA ☎0877-62-8818 住善通寺市善通寺町1059-1 🕒10～14時（売切れ次第終了）休火曜 P30台 MAP P150B3

レトロな町並み散策

明治から昭和初期の近代建築が点在する善通寺の町並みをお散歩してみましょう。

旧善通寺偕行社《きゅうぜんつうじかいこうしゃ》

重文。明治36年（1903）建設の旧陸軍第十一師団将校の社交場を修理復元。DATA ☎0877-63-6362 住善通寺市文京町2-1-1 ¥入館無料 🕒10～16時 休無休 交JR善通寺駅から徒歩5分 P善通寺市役所利用 MAP P150B3

偕行社かふぇ《かいこうしゃかふぇ》

レトロカフェ。善通寺ダイシモチ麦を使ったドーナツはドリンクとセットで800円。DATA ☎0877-62-4906 住善通寺市文京町2-1-1 🕒8時30分～17時 休無休 交JR善通寺駅から徒歩5分 P善通寺市役所利用 MAP P150B3

善通寺市観光交流センター《ぜんつうじしかんこうこうりゅうせんたー》

昭和初期の趣を残す料亭建築の建物を改装。DATA ☎0877-64-1250 住善通寺市善通寺町2-8-23 ¥入館無料 🕒9～19時 休火曜 交JR善通寺駅から徒歩15分 P6台 MAP P150B3

乃木館《のぎかん》

明治31年（1898）建設の旧陸軍第十一師団司令部。初代師団長・乃木希典《のぎまれすけ》ゆかりの品を展示。DATA ☎0877-62-2311 住善通寺市南町2-1-1 ¥入館無料 🕒9～12時、13～16時 休水曜 交JR善通寺駅から徒歩20分 P5台 MAP P150B3

ふむふむコラム

fumu fumu

四国遍路を始める前に知っておきたいこと

四国遍路は約1200年前に弘法大師が修行した足跡をたどる癒しの旅。パワースポットとしても注目を集めています。

お参りする気持ちが一番大切なお遍路旅

全行程は約1400kmと長丁場だけれど、巡り方にルールはなし。観光や門前スイーツといった旅のお楽しみもプラスしたいですね。

そもそも四国遍路とは

約1200年前、真言宗の開祖・弘法大師が42歳のとき、自身と人々の災厄を除くために歩いた道を仏道修行の道場として札所にしたのが始まりという。徳島の23カ寺を「発心の道場」、高知の16カ寺を「修行の道場」、愛媛の26カ寺を「菩提の道場」、香川の23カ寺を「涅槃の道場」といい、八十八カ寺を巡ることで八十八の煩悩が除かれ、八十八のご利益が得られるとか。歩き遍路だと40～60日、車の場合でも10日以上はかかるが、一度に巡る必要はないので、フレキシブルにプランを立てよう。

お参りのお作法いろは

知っていると差が出る！参拝方法をお勉強しましょう。

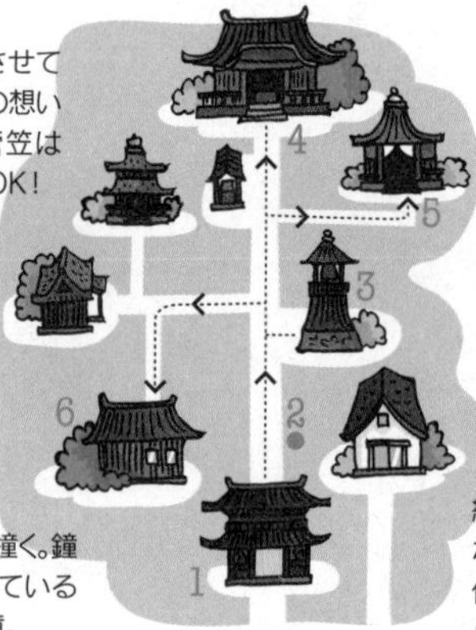

1 山門《さんもん》
「これからお参りさせていただきます」との想いを込めて一礼。菅笠はかぶったままでもOK！

2 手水場《ちょうずば》
柄杓の水で左手右手の順に洗う。左手に受けた水で口をすすぐ。

3 鐘楼《しょうろう》
参拝前に1～2度撞く。鐘を撞くのを禁止している寺もあるので注意。

4 本堂《ほんどう》
本尊を祀った本堂では、納札を納め、ろうそく、線香を立て、賽銭を供え、合掌・読経をする。

5 大師堂《だいしどう》
弘法大師を祀っているのが大師堂。本堂と同じ手順でお参りをする。

6 納経所《のうきょうしょ》
納経の証として、納経帳などに朱印を受ける。受付時間は7～17時ごろ(季節により変動のある寺も)。

お遍路さんのマストアイテム

できたら揃えておきたいグッズはこちら。第1番霊山寺や門前の売店などで購入可能。

納経帳《のうきょうちょう》
各札所で納経の証として墨書や朱印をいただく。種類も豊富で、持ち運びに便利なコンパクトサイズもある

白衣《びゃくえ》
一目でお遍路さんとわかるアイテム

金剛杖《こんごうづえ》
弘法大師の化身と言われ、丁寧に扱う

菅笠《すげがさ》
日除けや雨具の役割を果たす

納札《おさめふだ》
住所と名前を書いて本堂と大師堂に納める

[ご利益グッズも見逃せない!]

各札所では限定のお守りを要チェック。お参りの記念やおみやげにいかが。

第8番熊谷寺の寺名にちなんだクマ守り300円

願い事が善く通る寺・第75番善通寺の五大の力のお守り500円

第30番善楽寺のフェルト地の地蔵絵馬300円

愛媛【菩提《ぼだい》の道場】

40 観自在寺《かんじざいじ》
☎0895-72-0416
住 南宇和郡愛南町御荘平城2253-1
MAP 折込裏B6

41 龍光寺《りゅうこうじ》
☎0895-58-2186
住 宇和島市三間町戸雁173
MAP 折込裏C5

42 佛木寺《ぶつもくじ》
☎0895-58-2216
住 宇和島市三間町則1683
MAP 折込裏B5

43 明石寺《めいせきじ》
☎0894-62-0032
住 西予市宇和町明石205
MAP 折込裏B4

44 大寶寺《だいほうじ》
☎0892-21-0044
住 上浮穴郡久万高原町菅生二番耕地1173-2
MAP 折込裏C3

45 岩屋寺《いわやじ》
☎0892-57-0417
住 上浮穴郡久万高原町七鳥1468
MAP 折込裏D3

46 浄瑠璃寺《じょうるりじ》
☎089-963-0279
住 松山市浄瑠璃町282
MAP P153C2

47 八坂寺《やさかじ》
☎089-963-0271
住 松山市浄瑠璃町八坂773
MAP P153C2

48 西林寺《さいりんじ》
☎089-975-0319
住 松山市高井町1007
MAP P153C1

49 浄土寺《じょうどじ》
☎089-975-1730
住 松山市鷹子町1198
MAP P153C1

50 繁多寺《はんたじ》
☎089-975-0910
住 松山市畑寺町32
MAP P153C1

51 石手寺《いしてじ》
☎089-977-0870
住 松山市石手2-9-21
MAP 折込表回D1

52 太山寺《たいさんじ》
☎089-978-0329
住 松山市太山寺町1730
MAP 折込裏C3

53 圓明寺《えんみょうじ》
☎089-978-1129
住 松山市和気町1-182
MAP 折込裏C3

54 延命寺《えんめいじ》
☎0898-22-5696
住 今治市阿方甲636
MAP P152A4

55 南光坊《なんこうぼう》
☎0898-22-2916
住 今治市別宮町3-1
MAP P152A1

56 泰山寺《たいさんじ》
☎0898-22-5959
住 今治市小泉1-9-18
MAP P152A4

57 栄福寺《えいふくじ》
☎0898-55-2432
住 今治市玉川町八幡甲200
MAP P152A4

58 仙遊寺《せんゆうじ》
☎0898-55-2141
住 今治市玉川町別所甲483
MAP 折込裏D2

59 国分寺《こくぶんじ》
☎0898-48-0533
住 今治市国分4-1-33
MAP 折込裏D2

60 横峰寺《よこみねじ》
☎0897-59-0142
住 西条市小松町石鎚2253
MAP 折込裏D3

61 香園寺《こうおんじ》
☎0898-72-3861
住 西条市小松町南川甲19
MAP 折込裏D3

62 宝寿寺《ほうじゅじ》
☎0898-72-2210
住 西条市小松町新屋敷甲428
MAP 折込裏D3

63 吉祥寺《きちじょうじ》
☎0897-57-8863
住 西条市氷見乙1048
MAP 折込裏D3

64 前神寺《まえがみじ》
☎0897-56-6995
住 西条市洲之内甲1426
MAP 折込裏D3

65 三角寺《さんかくじ》
☎0896-56-3065
住 四国中央市金田町三角寺甲75
MAP 折込裏E2

香川【涅槃《ねはん》の道場】

66 雲辺寺《うんぺんじ》
☎0883-74-0066
住 三好市池田町白地ノロウチ763
MAP P156A1

67 大興寺《だいこうじ》
☎0875-63-2341
住 三豊市山本町辻4209
MAP P150A4

68 神恵院《じんねいん》
☎0875-25-3871
住 観音寺市八幡町1-2-7
MAP P150A4

69 観音寺《かんのんじ》
☎0875-25-3871
住 観音寺市八幡町1-2-7
MAP P150A4

70 本山寺《もとやまじ》
☎0875-62-2007
住 三豊市豊中町本山甲1445
MAP P150A4

71 弥谷寺《いやだにじ》
☎0875-72-3446
住 三豊市三野町大見乙70
MAP P150A3

72 曼荼羅寺《まんだらじ》
☎0877-63-0072
住 善通寺市吉原町1380-1
MAP P150B3

73 出釋迦寺《しゅっしゃかじ》
☎0877-63-0073
住 善通寺市吉原町1091
MAP P150B3

74 甲山寺《こうやまじ》
☎0877-63-0074
住 善通寺市弘田町1765-1
MAP P150B3

75 善通寺《ぜんつうじ》
☎0877-62-0111
住 善通寺市善通寺町3-3-1
MAP P150B3

76 金倉寺《こんぞうじ》
☎0877-62-0845
住 善通寺市金蔵寺町1160
MAP P150B2

77 道隆寺《どうりゅうじ》
☎0877-32-3577
住 仲多度郡多度津町北鴨1-3-30
MAP P150B2

78 郷照寺《ごうしょうじ》
☎0877-49-0710
住 綾歌郡宇多津町1435
MAP P150B2

79 天皇寺《てんのうじ》
☎0877-46-3508
住 坂出市西庄町字天皇1713-2
MAP P150C2

80 國分寺《こくぶんじ》
☎087-874-0033
住 高松市国分寺町国分2065
MAP P151D2

81 白峯寺《しろみねじ》
☎0877-47-0305
住 坂出市青海町2635
MAP P150C1

82 根香寺《ねごろじ》
☎087-881-3329
住 高松市中山町1506
MAP P151D1

83 一宮寺《いちのみやじ》
☎087-885-2301
住 高松市一宮町607
MAP P151D2

84 屋島寺《やしまじ》
☎087-841-9418
住 高松市屋島東町1808
MAP P151E1

85 八栗寺《やくりじ》
☎087-845-9603
住 高松市牟礼町牟礼3416
MAP P151F1

86 志度寺《しどじ》
☎087-894-0086
住 さぬき市志度1102
MAP P151F1

87 長尾寺《ながおじ》
☎0879-52-2041
住 さぬき市長尾西653
MAP P151F2

88 大窪寺《おおくぼじ》
☎0879-56-2278
住 さぬき市多和兼割96
MAP P151F3

四国八十八ヵ所ガイド

徳島の1番札所から
香川の88番札所まで
四国をぐるり1周します。

徳島【発心《ほっしん》の道場】

1 霊山寺《りょうぜんじ》
☎088-689-1111
住 鳴門市大麻町板東126
MAP P157A2

2 極楽寺《ごくらくじ》
☎088-689-1112
住 鳴門市大麻町檜段の上12
MAP P157A2

3 金泉寺《こんせんじ》
☎088-672-1087
住 板野郡板野町大寺字亀山下66
MAP P157A3

4 大日寺《たいにちじ》
☎088-672-1225
住 板野郡板野町黒谷字居内28
MAP 折込裏H2

5 地蔵寺《じぞうじ》
☎088-672-4111
住 板野郡板野町羅漢字林東5
MAP 折込裏H2

6 安楽寺《あんらくじ》
☎088-694-2046
住 板野郡上板町引野寺ノ西北8
MAP 折込裏H2

7 十楽寺《じゅうらくじ》
☎088-695-2150
住 阿波市土成町高尾字法教田58
MAP 折込裏H2

8 熊谷寺《くまだにじ》
☎088-695-2065
住 阿波市土成町土成字前田185
MAP 折込裏G2

9 法輪寺《ほうりんじ》
☎088-695-2080
住 阿波市土成町土成田中198-2
MAP 折込裏G2

10 切幡寺《きりはたじ》
☎0883-36-3010
住 阿波市市場町切幡字観音129
MAP 折込裏G2

11 藤井寺《ふじいでら》
☎0883-24-2384
住 吉野川市鴨島町飯尾1525
MAP 折込裏G2

12 焼山寺《しょうさんじ》
☎088-677-0112
住 名西郡神山町下分地中318
MAP 折込裏G2

13 大日寺《だいにちじ》
☎088-644-0069
住 徳島市一宮町西丁263
MAP 折込裏H2

14 常楽寺《じょうらくじ》
☎088-642-0471
住 徳島市国府町延命606
MAP 折込裏H2

15 國分寺《こくぶんじ》
☎088-642-0525
住 徳島市国府町矢野718-1
MAP P157A4

16 観音寺《かんおんじ》
☎088-642-2375
住 徳島市国府町観音寺49-2
MAP P157A4

17 井戸寺《いどじ》
☎088-642-1324
住 徳島市国府町井戸北屋敷80-1
MAP P157A4

18 恩山寺《おんざんじ》
☎0885-33-1218
住 小松島市田野町字恩山寺谷40
MAP 折込裏H2

19 立江寺《たつえじ》
☎0885-37-1019
住 小松島市立江町若松13
MAP 折込裏H2

20 鶴林寺《かくりんじ》
☎0885-42-3020
住 勝浦郡勝浦町生名鷲ケ尾14
MAP 折込裏H3

21 太龍寺《たいりゅうじ》
☎0884-62-2021
住 阿南市加茂町龍山2
MAP 折込裏H3

22 平等寺《びょうどうじ》
☎0884-36-3522
住 阿南市新野町秋山177
MAP 折込裏H3

23 薬王寺《やくおうじ》
☎0884-77-0023
住 海部郡美波町奥河内字寺前285-1
MAP 折込裏H3

高知【修行《しゅぎょう》の道場】

24 最御崎寺《ほつみさきじ》
☎0887-23-0024
住 室戸市室戸岬町4058-1
MAP 折込裏G5

25 津照寺《しんしょうじ》
☎0887-23-0025
住 室戸市室津2652-イ
MAP 折込裏G5

26 金剛頂寺《こんごうちょうじ》
☎0887-23-0026
住 室戸市元乙523
MAP 折込裏G5

27 神峯寺《こうのみねじ》
☎0887-38-5495
住 安芸郡安田町唐浜2594
MAP 折込裏F4

28 大日寺《だいにちじ》
☎0887-56-0638
住 香南市野市町母代寺476
MAP 折込裏F4

29 国分寺《こくぶんじ》
☎088-862-0055
住 南国市国分546
MAP 折込裏E4

30 善楽寺《ぜんらくじ》
☎088-846-4141
住 高知市一宮しなね2-23-11
MAP 折込裏E4

31 竹林寺《ちくりんじ》
☎088-882-3085
住 高知市五台山3577
MAP P155C2

32 禅師峰寺《ぜんじぶじ》
☎088-865-8430
住 南国市十市3084
MAP 折込裏E4

33 雪蹊寺《せっけいじ》
☎088-837-2233
住 高知市長浜857-3
MAP P155A4

34 種間寺《たねまじ》
☎088-894-2234
住 高知市春野町秋山72
MAP 折込裏E4

35 清瀧寺《きよたきじ》
☎088-852-0316
住 土佐市高岡町丁568-1
MAP 折込裏E4

36 青龍寺《しょうりゅうじ》
☎088-856-3010
住 土佐市宇佐町竜601
MAP 折込裏E4

37 岩本寺《いわもとじ》
☎0880-22-0376
住 高岡郡四万十町茂串町3-13
MAP P154C2

38 金剛福寺《こんごうふくじ》
☎0880-88-0038
住 土佐清水市足摺岬214-1
MAP 折込裏D6

39 延光寺《えんこうじ》
☎0880-66-0225
住 宿毛市平田町中山390
MAP 折込裏C6

四国への交通

観光の起点となる高松、徳島、高知、松山へは飛行機、鉄道、高速バス、フェリーの便がある。飛行機はLCC（格安航空会社）や事前購入の割引運賃がお得。

高松(香川県)へ

東京 羽田空港 → 高松空港
ANA　JAL　1時間20分
ANA34,600円～、JAL34,540円～

成田空港 → 高松空港
JJP　1時間35分
4,990円～

●高松空港から高松駅へ：ことでんバス35～45分、1,000円

東京駅 → 岡山駅 → 高松駅
JR新幹線 のぞみ／JR快速 マリンライナー
4時間25分　18,750円

東京駅 → 高松駅
JR寝台特急　サンライズ瀬戸
9時間37分　21,550円(B寝台ソロ)　1日1本

名古屋駅 → 岡山駅 → 高松駅
JR新幹線 のぞみ／JR快速 マリンライナー
2時間50分　12,700円

新大阪駅 → 岡山駅 → 高松駅
JR新幹線 のぞみ／JR快速 マリンライナー
1時間55分　8,210円

大阪駅 JR高速BT → JR なんば駅 → 高松駅 高速BT
西日本JRバス　高松エクスプレス大阪号
3時間40～48分　4,500円

大阪 阪急三番街 → JR なんば駅 → 高松駅 高速BT
阪急観光バス　さぬきエクスプレス大阪号
3時間25～35分　4,500円

なんば 高速BT → 大阪駅前 桜橋口高架下 → 高松駅 高速BT
高松エクスプレス　フットバス大阪号
3時間39分～4時間12分　4,500円

徳島へ

東京 羽田空港 → 徳島空港
ANA　JAL　1時間15分
ANA34,400円～、JAL34,320円～

●徳島空港から徳島駅へ　徳島バス28分、600円

東京駅 → 新神戸駅 → 徳島駅
JR新幹線 のぞみ／西日本JRバス 阿波エクスプレス神戸号
5時間05分　19,090円

東京港フェリーターミナル → 徳島港
オーシャン東九フェリー　17時間50分
14,080円(2等洋室)、37,950円(乗用車)
1日1便(夜行便)

●徳島新ターミナル（沖洲）（オーシャン東九フェリー）から徳島駅へ 徳島市営バス35分、210円

名古屋駅 → 新神戸駅 → 徳島駅
JR新幹線 のぞみ／西日本JRバス 阿波エクスプレス神戸号
3時間23分　12,030円

なんば 高速BT → 大阪阪急 三番街 → 徳島駅
南海バス、阪急観光バス　サザンクロス号など
3時間～3時間09分　3,800円

大阪駅 JR高速BT → 湊町BT → 徳島駅
西日本JRバス　阿波エクスプレス大阪号
2時間43～51分　3,800円

高知へ

東京 羽田空港 → 高知空港
ANA　JAL　1時間20分
ANA36,900円～、JAL36,850円～

成田空港 → 高知空港
JJP　1時間40分
4,990円～　1日1便(午後発)

●高知空港から高知駅へ：とさでん交通・高知駅前観光35～45分、740円

東京駅 → 岡山駅 → 高知駅
JR新幹線 のぞみ／JR特急 南風
5時間59分　22,370円

名古屋 中部空港 → 高知空港
FDA　JAL　55分
FDA27,500円～、JAL29,920円～

名古屋駅 → 岡山駅 → 高知駅
JR新幹線 のぞみ／JR特急 南風
4時間16分　17,530円

大阪 伊丹空港 → 高知空港
ANA　45分
19,900円～

神戸空港 → 高知空港
FDA　JAL　45分　1日1便(午後発)
FDA20,000円～　JAL19,800円～

新大阪駅 → 岡山駅 → 高知駅
JR新幹線 のぞみ／JR特急 南風
3時間24分　12,820円

大阪駅 JR高速BT → 湊町BT → 高知駅 BT
西日本JRバス　高知エクスプレス号
5時間12～28分　6,900円

大阪 阪急三番街 → 高知駅 BT
阪急観光バス　よさこい号
4時間48分～5時間05分　6,900円

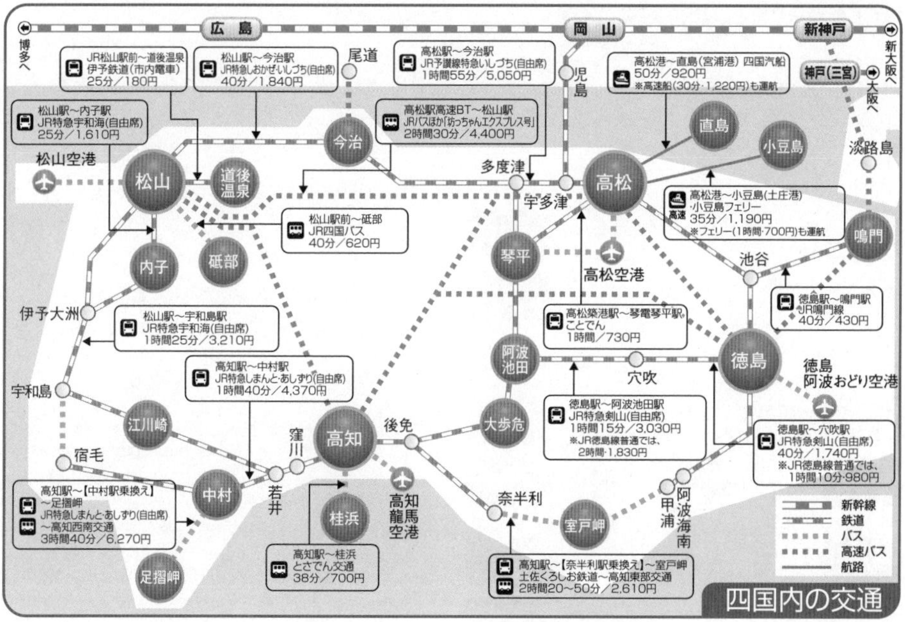

松山(愛媛県)へ

- **東京 羽田空港** → ANA　JAL　1時間30分 → **松山空港**
  ANA37,000円～、JAL36,960円～
- **成田空港** → JJP　1時間50分 → **松山空港**
  4,990円～

●松山空港からJR松山駅へ：伊予鉄バス15分、700円
●松山空港から松山市駅へ：伊予鉄バス25分、790円

- **東京駅** → JR新幹線 のぞみ → 岡山駅 → JR特急 しおかぜ → **松山駅**
  6時間05分　22,920円
- **名古屋 中部空港** → ANA　1時間05分 → **松山空港**
  27,700円～
- **名古屋駅** → JR新幹線 のぞみ → 岡山駅 → JR特急 しおかぜ → **松山駅**
  4時間25分　18,300円
- **大阪 伊丹空港** → ANA　JAL　50分 → **松山空港**
  ANA19,900円～、JAL19,800円～
- **新大阪駅** → JR新幹線 のぞみ → 岡山駅 → JR特急 しおかぜ → **松山駅**
  3時間45分　13,590円
- **大阪駅 JR高速BT** / **湊町BT** → 西日本JRバス 松山エクスプレス号 → **松山駅**
  5時間37分～6時間01分　7,500円
- **大阪 阪急三番街** → 阪急観光バス オレンジライナーえひめ → **松山市駅**
  5時間10分～6時間45分　7,500円
- **神戸 三宮BT** → 西日本JRバス 松山エクスプレス号 → **松山駅**
  4時間56分　7,000円

※特急のねだんは、通常期に普通車指定席を利用した場合のものです。
※航空のねだんは目安で、搭乗日や空席状況により変動します。
利用空港により別途旅客施設使用料、航空会社(おもにLCC)により、座席指定や預け手荷物に別料金が必要となります。
※所要時間は利用する列車、便により異なります。また、およその乗り換え時間を含みます。

お得に行こう!
航空のお得な運賃(ANA／JAL)

●スーパーバリュー(ANA)
●スペシャルセイバー(JAL)

路線により異なるが、高い割引率が魅力。予約期限が28日前、45日前、75日前までなどで、予約の変更は、できない。また、取消手数料が高めになるので注意。

四国内の交通

四国4県の県庁所在地である、高松、徳島、松山、高知間の移動は鉄道かバスを利用する。高速バスはねだんが手ごろで便数も多い。

高松⇔徳島

- 高松駅 → 徳島駅：JR特急うずしお　1時間05分　2,840円　1時間1本
- 高松駅高速BT → 徳島駅：大川バスほか／高徳エクスプレス　1時間28分　2,300円　1日10～12便

高松・徳島・松山⇔高知

- 高松駅高速BT → 高知駅BT：JR四国バスほか／黒潮エクスプレス　2時間03～13分　3,900円　1日9便
- 徳島駅 → 高知駅：JR特急剣山 → 阿波池田駅 → JR特急南風　2時間40分　5,830円　1日5～7本
- 徳島駅 → 高知駅BT：JR四国バスほか／高知徳島エクスプレス　2時間43分　4,000円　1日4便
- 松山駅 → 高知駅BT：JR四国バス／なんごくエクスプレスほか　2時間38～41分　4,000円　1日10便

高松・徳島⇔松山

- 高松駅 → 松山駅：JR特急いしづち　2時間25分　6,160円　1時間1本
- 高松駅高速BT → 松山駅：JR四国バスほか／坊ちゃんエクスプレス　2時間30～50分　4,400円　1日12便
- 徳島駅 → 松山駅：JR四国バスほか／吉野川エクスプレス　3時間28分　4,800円　1日6便

※特急のねだんは普通車自由席を利用した場合のものです。

プランニングのヒント

四国内の鉄道を利用する時に不便なのは、ほとんどの路線で列車の本数が少ないことだ。特急はほぼ1時間に1本あるが、特急券が別に必要になる。だが四国では近距離の場合も気軽に乗ろう。JR四国のエリアは自由席で25kmまでなら450円の割安な特急料金で利用できるので、普通列車の少ない区間では特急を上手に利用するといい。

お得にまわろう!

●四国フリーきっぷ
18,000円　3日間有効
JR四国の鉄道全線、土佐くろしお鉄道の窪川～若井間、JR四国バスの一部路線に乗り降り自由。特急列車は、普通車自由席が利用できる。JR四国の主な駅などで発売。

●ことでん・JRくるり～んきっぷ
2,200円　1日間有効
ことでん(高松琴平電鉄)全線とJRの高松～多度津～琴平、高松～志度の普通、快速列車の普通車自由席に1日乗り降り自由になる。JR四国の駅のみどりの窓口、高松琴平電鉄のおもな駅などで発売。

●Sきっぷ
4日間有効
四国内の特急列車の普通車自由席が利用できる往復割引きっぷ。高松～徳島が5,500円、松山～今治が3,560円など。四国内の主な駅などで発売。

●四国再発見早トクきっぷ
2,400円　1日間有効
JR四国の鉄道全線と土佐くろしお鉄道の窪川~岩井間の快速・普通列車の普通車自由席と、JR四国バスの路線バス(高速バスを除く)が土曜・休日のいずれか1日乗り降り自由。特急は利用できないが、四国全線がこのねだんで乗れるので使い方によってはかなりおトクだ。JR四国の主な駅で利用の前日までに発売。利用当日の発売はないので注意。

●四万十・宇和海フリーきっぷ
フリータイプ…4,100円　3日間有効
片道タイプ…5,400円　4日間有効
フリータイプは、土佐くろしお鉄道窪川～中村～宿毛間、JR予土線若井～宇和島間、宇和島バスの宿毛～宇和島間が3日間乗り降り自由。特急の普通車自由席も利用できる。片道タイプは高知→フリー区間→松山(この逆も可)の片道に乗車でき、特急の普通車自由席が利用できる。発売はJR四国の主な駅で。

問合せ先

- ●ANA(全日空) ☎0570-029-222
- ●JAL(日本航空) ☎0570-025-071
- ●JJP(ジェットスター) ☎0570-550-538
- ●FDA(フジドリーム) ☎0570-55-0489
- ●JR四国 ☎0570-00-4592
- ●JR西日本 ☎0570-00-2486
- ●JR東海 ☎050-3772-3910
- ●阪急観光バス ☎0570-089006
- ●南海バス ☎06-6643-1007
- ●西日本JRバス ☎0570-00-2424
- ●高松エクスプレス ☎087-874-7777
- ●JR四国バス(高松) ☎087-825-1657
- ●JR四国バス(松山) ☎089-941-0489
- ●JR四国バス(高知) ☎088-866-2489
- ●大川バス ☎087-851-8684
- ●ことでんバス ☎087-821-3033
- ●伊予鉄バス ☎089-948-3172
- ●とさでん交通バス ☎088-884-5666
- ●高知駅前観光貸切バス ☎088-831-8891
- ●徳島バス ☎088-622-1811
- ●徳島市営バス ☎088-623-2154
- ●オーシャン東九フェリー ☎0570-055-048

四国ドライブガイド

**本州から四国へ車で行く場合、3つの本四連絡橋のいずれかを利用する。
四国4県の高速道路は、中央部の川之江JCT、川之江東JCTで交差するのがポイント。**

高松へ

- **中国吹田IC** → **高松中央IC**
  中国道～山陽道～瀬戸中央道～高松道
  248km　約3時間　5,850円
- **中国吹田IC** → **高松中央IC**
  中国道～山陽道～神戸淡路鳴門道～高松道
  202km　約2時間40分　6,880円

松山へ

- **西瀬戸尾道IC** → **松山IC**
  西瀬戸道→今治IC～今治バイパス～今治湯ノ浦IC→今治小松道路～松山道
  117km　約1時間50分　4,440円
- **中国吹田IC** → **松山IC**
  中国道～山陽道～瀬戸中央道～高松道～松山道
  353km　約4時間10分　8,330円
- **中国吹田IC** → **松山IC**
  中国道～山陽道～神戸淡路鳴門道～徳島道～松山道
  341km　約4時間20分　9,360円

徳島へ

- **岡山IC** → **徳島IC**
  山陽道～瀬戸中央道～高松道～徳島道
  145km　約1時間50分　5,540円
- **中国吹田IC** → **徳島IC**
  中国道～山陽道～神戸淡路鳴門道～徳島道
  159km　約2時間　5,540円

高知へ

- **西瀬戸尾道IC** → **高知IC**
  西瀬戸道→今治IC～今治バイパス～今治湯ノ浦IC→今治小松道路～松山道～高知道
  193km　約2時間50分　6,430円
- **中国吹田IC** → **高知IC**
  中国道～山陽道～瀬戸中央道～高松道～高知道
  326km　約4時間　7,730円
- **中国吹田IC** → **高知IC**
  中国道～山陽道～神戸淡路鳴門道～徳島道～高知道
  309km　約4時間10分　8,760円

※高速料金は、普通車通行料金でETC利用（平日）のものです。
現金払いでは異なることがあります。

料金割引でお得にドライブ

NEXCO西日本、中日本、東日本では、土・日曜、祝日に約30%割引（都市部を除く）になる休日割引（ETC車限定）などを実施している。また、本四高速（神戸淡路鳴門道・瀬戸中央道・西瀬戸道）でも、ETC車を対象に、休日割引などを行っている。詳しくは各社サイトで確認を。

レンタカー情報

各空港と四国内18の駅にはレンタカーの営業所がある。
詳しくは、レンタカー予約センターに問合せしよう。

☎問合せ先

- **●駅レンタカー**
  ※問合せは各営業所へ
- **●トヨタレンタカー**
  ☎0800-7000-111
- **●ニッポンレンタカー**
  ☎0800-500-0919
- **●日産レンタカー**
  ☎0120-00-4123

おトクなきっぷ

●レール&レンタカーきっぷ
JRと駅レンタカー券を一緒に購入すると、同乗者全員分のJRきっぷが割引になり、駅レンタカーがお得になる。JR線を片道・往復で201km以上利用するなど条件がある。

高速道路料金&区間距離

神戸淡路鳴門自動車道

8,760	9,360	6,880	5,540	4,480	–	2,120	中国吹田
7,370	8,010	5,060	3,710	2,490	–	布施畑	61.6
7,270	7,910	4,960	3,610	2,390	垂水	–	–
5,050	5,690	2,740	1,390	淡路島南	65.8	69.6	131.2
3,900	4,550	2,100	徳島	26.9	92.7	96.5	158.1
3,350	3,910	高松中央	65.6	70.7	136.5	140.3	201.9
3,740	松山	151.1	182.7	209.6	275.4	279.2	340.8
高知	142.9	123.6	150.8	177.7	243.5	247.3	308.9

※中国吹田、布施畑、垂水、淡路島南のICと、松山IC/高知IC間の料金・距離は徳島自動車道経由のものです。

瀬戸中央自動車道

7,730	–	8,330	5,850	6,370	7,250	4,400	中国吹田
5,570	5,540	6,130	3,610	2,930	3,860	岡山	168.4
7,990	8,050	8,510	6,470	5,960	広島	148.7	317.1
2,920	2,780	3,480	840	坂出	175.9	54.2	222.6
3,350	2,100	3,910	高松中央	25.1	201.0	79.3	247.7
3,740	4,550	松山	151.1	130.0	305.9	184.2	352.6
3,900	徳島	182.7	65.6	90.7	266.6	144.9	–
高知	150.8	142.9	123.6	102.5	278.4	156.7	325.1

西瀬戸自動車道（しまなみ海道）

2,950	2,800	–	1,660	1,420	690	310	西瀬戸尾道
2,770	2,620	–	1,480	1,240	510	向島	6.6
–	–	–	–	–	因島北	6.7	13.3
1,690	1,540	–	400	大三島	–	22.9	29.5
1,450	1,300	–	伯方島	6.8	–	29.7	36.3
1,050	900	大島南	–	–	–	–	–
–	今治北	7.3	17.9	24.7	–	47.6	54.2
今治	–	12.5	23.1	29.9	–	52.8	59.4

左上太字は普通車通行料金（円）で、ETC利用（平日）の場合です。
現金払いでは、異なることがあります。右下は区間距離（km）です。

四国の知っておきたいあれこれ

それぞれ独自の文化や雰囲気をもつ四国四県。
旅のプラン作成にも役立つ情報を紹介します。

読んでおきたい本

ドラマや映画の原作本が多く、四国を代表する歴史上の人物を主人公とした小説なども多い。

二十四の瞳

小豆島を舞台に新米先生と12人の子どもたちの師弟愛を描いた昭和27年(1952)発表の不朽の名作。小豆島に文学館も。

新潮文庫刊／1957年／壺井栄著／396円(税込)

海辺のカフカ(上・下)

15歳の誕生日、家を出て四国へ向かい、高松の小さな図書館で暮らし始めた少年カフカ。小説に登場する図書館は残念ながら実在しない。

新潮文庫刊／2005年／村上春樹著／上880円、下935円(税込)

坊っちゃん

夏目漱石が英語教師として赴任した松山を舞台に描いた名作。道後温泉本館は、坊っちゃんが通った温泉のモデルといわれている。

岩波書店刊／1950年／夏目漱石著／440円(税込)

坂の上の雲〈新装版〉(全8巻)

松山出身の秋山好古・真之兄弟、正岡子規を中心に、明治の日本を描いた長編小説。坂の上の雲ミュージアム(☞P58)で小説の世界にふれてみよう。

文春文庫刊／1999年／司馬遼太郎著／1～8巻各803円(税込)

巡礼の家

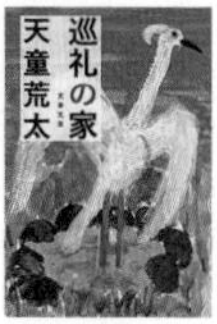

行き倒れた15歳の少女が、道後温泉にある架空の宿・さぎのやの女将や地元の人々との交流を通じて、自らの生き方を模索する物語。

文春文庫刊／2022年／天童荒太著／935円(税込)

村上海賊の娘(全4巻)

戦国時代の木津川合戦の史実をベースにした一大巨篇。しまなみを席巻した海賊の当主の娘・村上景が活躍する痛快な歴史小説。

新潮文庫刊／2016年／和田竜著／1～2巻各693円、3～4巻各737円(税込)

竜馬がゆく(全8巻)

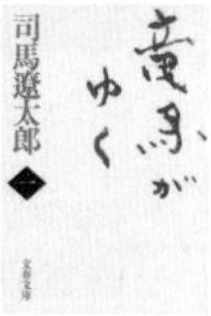

土佐の郷士の次男坊ながら、維新回天の立役者となった坂本竜馬の生涯を、多数の重要人物とともに描いた永遠の青春小説。

文春文庫刊／1998年／司馬遼太郎著／1～8巻各825円(税込)

眉山

母の命が尽きるとき、娘は故郷・徳島に戻り、毅然と生きてきた母の切なく苦しい愛を知る。映画化もされた感動の長編小説。

幻冬舎刊／2007年／さだまさし著／545円(税込)

うどんの国の金色毛鞠(全12巻)

香川県を舞台に、主人公の青年が人間の姿に化けたタヌキ・ポコと繰り広げるハートフルストーリー。栗林公園や小豆島も登場。

新潮社バンチコミックス刊／2012～2019年／篠丸のどか著／1～6巻各607円、7～12巻各638円(税込)

観ておきたい映画

四国四県の土地柄をたっぷり表現した作品をピックアップ。ロケ地巡りを楽しみたい人にもおすすめ。

八日目の蝉

©2011映画『八日目の蝉』製作委員会

過去と向き合うため、誘拐犯に育てられた主人公が、かつて母と慕った人と暮らした小豆島へ。寒霞渓や中山千枚田などの小豆島の美しい自然や観光スポットが登場する。

DVD通常版4180円(税込)発売中／発売元・販売元：アミューズソフト／2011年／出演：井上真央、永作博美／監督：成島出

書道ガールズ!! わたしたちの甲子園

日本有数の紙生産量を誇る四国中央市を舞台に、女子高生が書道で町おこしに挑んだ実話を元に映画化。毎年夏に開催される「四国中央紙まつり」で、書道パフォーマンスが見られる。

DVD5280円&Blu-ray6380円(税込)発売中／発売元：バップ／2010年／出演：成海璃子／監督：猪股隆一／©NTV

祭り・イベント

一年を通じて四季を感じる祭りやイベント多数。特に各県それぞれの特色ある夏まつりはイチ押し。

4月 四国こんぴら歌舞伎大芝居

現存する日本最古の芝居小屋で開催される琴平に春を告げる歌舞伎芝居。全国から多くの歌舞伎ファンが訪れる。

☎0877-75-6714（四国こんぴら歌舞伎大芝居事務局）住琴平町1241旧金毘羅大芝居（金丸座）MAP P25、P150B3

5月 Tシャツアート展

砂浜をまるごと美術館にした、砂浜美術館の人気アート展。約1000枚の公募作品Tシャツがズラリと並ぶ風景は圧巻。

☎0880-43-4915（砂浜美術館事務局）住黒潮町入野海岸 MAP P154B3

7月 土佐赤岡絵金祭り

幕末の絵師・金蔵（通称・絵金）の独特の世界が描かれた芝居絵屏風が商家の軒先に並ぶ。蝋燭に照らされた屏風は迫力満点。

☎0887-54-3014（香南市商工会）住香南市内の商家 MAP 折込裏F4

8月 よさこい祭り

高知の熱い夏をさらに熱くする4日間。揃いの衣装で鳴子を手に激しく踊る姿はエネルギッシュ。（☞P106）

☎088-875-1178（よさこい祭振興会）住高知市内競演場・演舞場 MAP P106

8月 阿波おどり

400年以上の伝統を誇る祭り。艶やかな衣装の踊り子と鳴り物からなる「連」が、通りを埋め尽くし観客を魅了する。（☞P120）

☎088-678-5181（阿波おどり未来へつなぐ実行委員会事務局）住徳島市内演舞場 MAP P121

8月 さぬき高松まつり

3日間にわたり開催される香川県下最大級の祭り。中央公園で行われるステージイベントや、華やかな衣装の踊り子が舞う総おどりにも注目。

☎087-839-2416（高松市観光交流課）住高松市立中央公園ほか MAP 折込表㋑C2

10月 西条まつり

西条市内を豪華絢爛なだんじり・みこし・たいこだいが練り歩く。美しい伝統工芸が織り成す時代絵巻の世界に浸れる。

☎0897-56-2605（西条市観光物産協会）住西条市内の4つの神社 MAP 折込裏D3

11月 龍馬まつり

龍馬の誕生日であり命日の15日に最も近い日曜日に開催される。龍馬像のある桂浜公園で様々なイベントが行われる。

☎088-823-4016（高知市観光協会）住高知市桂浜 MAP P83

花

ここで見たい、ここでしか見られない花の名所を開花時期に合わせて訪ねてみよう。

オリーブ

小豆島を代表する乳白色のかわいい花。開花は5月末ごろから約2週間。

ソメイヨシノ

松山城には約200本の桜があり、大半が3月下旬から4月初旬に見ごろを迎える。香川の紫雲出山（しうでやま）の山頂展望台（MAP 折込裏E2）では、瀬戸内海と桜の絶景が楽しめる。

スイレン

北川村「モネの庭」マルモッタンでは、5～10月に多種のスイレンが見られる。

紅葉

祖谷のかずら橋付近の紅葉は、11月中旬ごろ。平地部より少し早目に訪れる。

旬のフルーツ

四国といえばやっぱり柑橘類の宝庫。食感や甘さもさまざまなので、好みのものを探してみて。

温州みかん

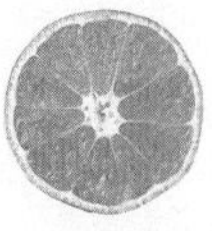

柑橘王国愛媛を代表し、広く親しまれている柑橘。10～12月が旬。

いよかん

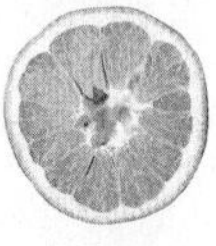

「いい予感」の語呂合わせで根強い人気の爽やかでジューシーな柑橘。1～3月が旬。

せとか

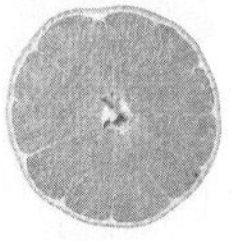

ジューシーで濃厚な甘さが特徴の注目度の高い柑橘。2～3月が旬。

ユズ

高知では皮は薬味や料理に、果汁は寿司や酢の物など利用方法もさまざま。11～12月が旬。

土佐《とさ》文旦《ぶんたん》

透明感のあるプリプリした果肉と上品な甘さがくせになる。2～3月が旬。

スダチ

1年を通して出荷。徳島は生産量全国1位。さわやかな酸味と清々しい香りで、料理を引き立てる。

N
手島
丸亀市
小手島
フェリー待合室
フェリー待合所
広島
迎木山
王頭山
江ノ浦港フェリーターミナル
早崎
高無防山
長徳寺
本島
本島汽船
フェリー乗り場
牛島
小与島
与島PA
与島
瀬戸大橋
小瀬居島
小槌瀬戸
小槌島
大崎ノ鼻
乃生岬
木沢湾
乃生湾
王越山
慈雲院
前山
坂出市
佐柳島
小島
瀬戸内海
高見島
高見島局
西浦漁港
瀬戸大橋記念公園
道の駅瀬戸大橋記念公園
香川県立東山魁夷せとうち美術館
P.38 日の出製麺所
坂出港
坂出市観光案内所 P.39
P.143 白峯寺
土岳
北峰
雄山
神谷神社
五夜嶽
P.39 本格手打ちうどん おか泉
坂出北
P.29 四国水族館
上真島
道の駅恋人の聖地うたづ臨海公園
蓬莱海浜公園
宇多津駅
八十場駅
坂出駅
鴨川駅
烏帽子山
P.143 天皇寺
城山温泉
P.45 天空のアクアリウム ソラキン
丸亀港
P.39 まるがめレンタサイクル
78 郷照寺 P.143
坂出
常山
P.37 がもううどん
備後灘
丸亀港フェリーターミナル
丸亀駅
丸亀城 P.44
讃岐塩屋駅
郷師山
城山
讃岐府中駅
多度津港
堀江公園
予讃線
府中湖
粟島
紫谷山
志々島
多度津町
77 道隆寺 P.143
坂出JCT
422m
飯野山
(讃岐富士)
三谷寺
四手池
府中湖PA
多度津駅
桃陵公園
釜あげうどん
長田in香の香 P.38
府中湖スマートIC
東白方海岸
亀笠島
P.37 根ッ子うどん
金蔵寺駅
純手打うどん よしや P.38
なかむら P.38
横山
P.141 善通寺市観光交流センター
76 金倉寺 P.143
サン・ビレッジ土器川
道の駅滝宮
高谷鼻
三野津湾
海岸寺駅
P.143 甲山寺
丸亀市
宝憧寺池
あやうた製麺 P.39
滝宮駅
津島ノ宮駅
塩生山
詫間港
瀬戸マリーナ
タクママリーナ
黒戸山
弥谷山
天霧山
71 弥谷寺 P.143
木熊野神社
善通寺
山下うどん P.39
善通寺駅
堤山
栗熊駅
P.143 曼荼羅寺
道の駅ふれあいパークみの
甲山
筆ノ山
鉢伏山
如意山
明水亭 P.39
浄覚寺
横峯山
妙見山
詫間駅
毘沙古山
P.141 こだわり八幡
P.143 出釈迦寺
高津神社
土讃線
岡田駅
P.37 山越うどん
火上山
熊岡菓子店 P.141
西山
レオマリゾート
P.45
大高見峰
高尾木山
汐木山
三豊鳥坂
高松自動車道
善通寺市
中津山
ホテルレオマの森
みの駅
七宝山
仁尾局
琴平町
大麻神社
善通寺 P.140・143
東部山
大麻山
616m
P25 琴平駅
城山
猫山
鷹丸山
尊光寺
小蔦島
山条山
吉津峠
仁尾港
父母ケ浜 P.44
爺神山
権現神社
こんぴら温泉
志保山
高瀬駅
高瀬PA
鬼ケ臼山
乃木館 P.141
琴平山
朝日山
光教寺
恵光寺
扇山
亀越池
三豊市
金刀比羅宮
P.141 旧善通寺偕行社
P.141 偕行社かふぇ
旧金毘羅大芝居(金丸座)
四国こんぴら歌舞伎大芝居会場 P.25・149
比地大駅
高屋神社
七宝山
眉山
満濃池
江甫草山
眉山トンネル
香川県
P.22
竜王山
塩入駅
タカガワ新琴南GC
本山寺 P.143
本山駅
さぬき豊中
道の駅空の夢もみの木パーク
春光寺
国営讃岐まんのう公園 P.44
有明浜
有明海水浴場
二ノ宮窯跡
塩入温泉
琴平CC
黒川駅
やまうちうどん P.36
観音寺市
観音寺駅
道の駅ことひき
三本松緑地
一ノ谷池
多治川ダム
讃岐財田駅
燧灘
観音寺市総合運動公園
道の駅たからだの里さいた
香川用水記念公園
68 神恵院 P.143
69 観音寺 P.143
67 大興寺 P.143
東山峠
東みよし町
三好市
大野原
粟井神社
菩提山
大池
阿讃サーキット
二本栗キャンプ村

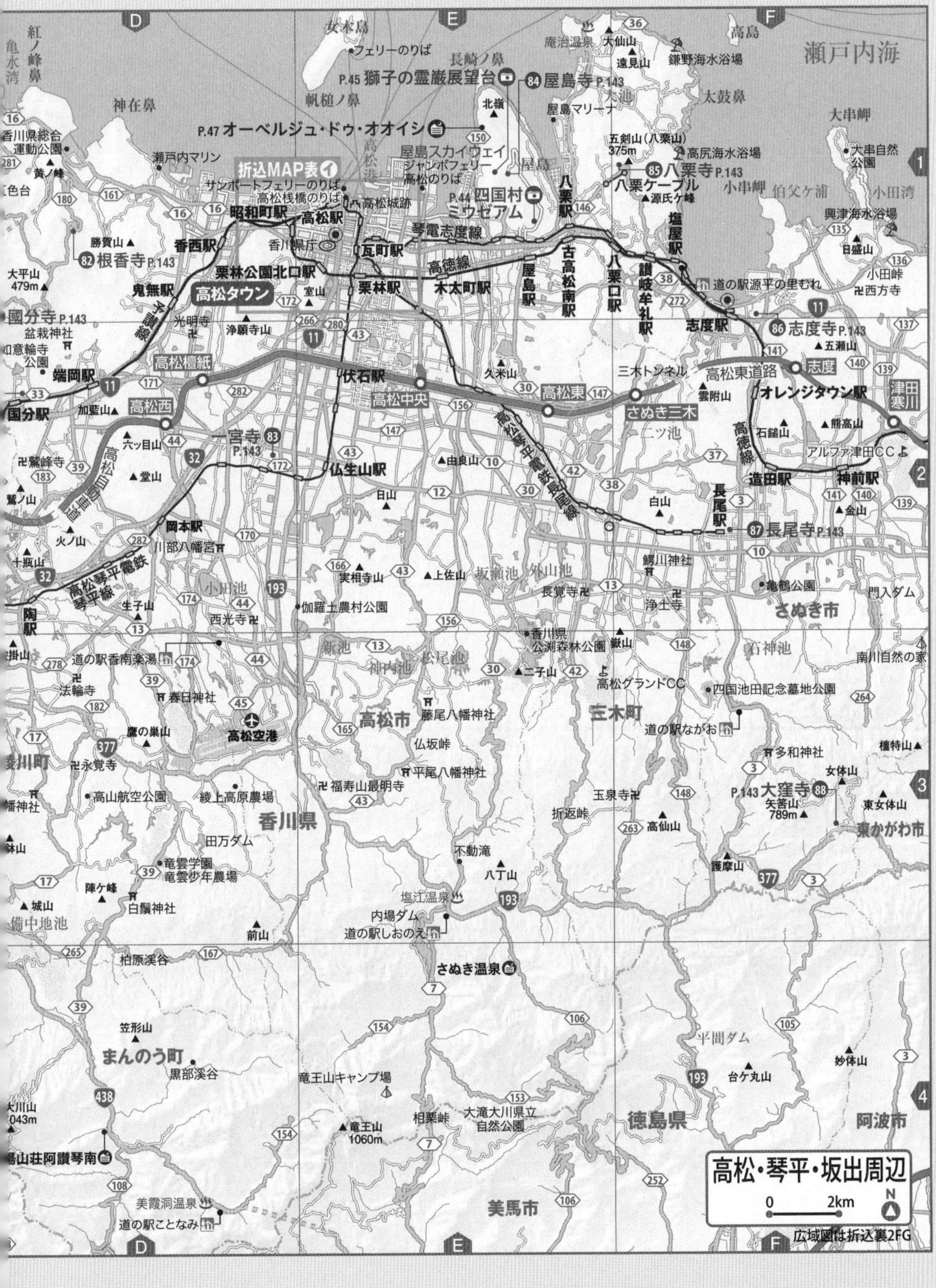
高松・琴平・坂出周辺
0
2km
N
広域図は折込裏2FG
瀬戸内海
女木島
フェリーのりば
長崎ノ鼻
P.45 獅子の霊巌展望台
84 屋島寺 P.143
P.47 オーベルジュ・ドゥ・オオイシ
帆極ノ鼻
神在鼻
紅ノ峰鼻
亀水湾
香川県総合運動公園
黄ノ峰
瀬戸内マリン
折込MAP表
サンポートフェリーのりば
高松桟橋のりば
高松城跡
屋島スカイウェイ
ジャンボフェリー高松のりば
P.44 四国村ミウゼアム
北嶺
屋島マリーナ
庵治温泉
大仙山
遠見山
鎌野海水浴場
高島
太鼓鼻
大串岬
大串自然公園
五剣山（八栗山）375m
高尻海水浴場
85 八栗寺 P.143
八栗ケーブル
源氏ヶ峰
小串岬
伯父ケ浦
小田湾
興津海水浴場
日盛山
小田峠
西方寺
昭和町駅
高松駅
香西駅
香川県庁
瓦町駅
琴電志度線
高徳線
勝賀山
82 根香寺 P.143
大平山 479m
鬼無駅
栗林公園北口駅
栗林駅
木太町駅
屋島駅
古高松南駅
八栗口駅
讃岐牟礼駅
塩屋駅
道の駅源平の里むれ
志度駅
86 志度寺 P.143
五瀬山
高松タウン
予讃線
室山
光明寺
浄願寺山
80 國分寺 P.143
盆栽神社
加意輪寺公園
端岡駅
高松檀紙
伏石駅
高松中央
久米山
三木トンネル
高松東道路
志度
津田寒川
高松東
さぬき三木
雲附山
オレンジタウン駅
熊高山
石鎚山
アルファ津田CC
国分駅
加藍山
高松西
一宮寺 83 P.143
六ッ目山
鷲峰寺
堂山
鷲ノ山
高松自動車道
仏生山駅
由良山
二ツ池
高徳線
造田駅
神前駅
白山
長尾駅
87 長尾寺 P.143
金山
岡本駅
川部八幡宮
火ノ山
瀬山
高松琴平電鉄琴平線
実相寺山
上佐山
坂瀬池
外山池
鰐川神社
長覚寺
浄土寺
亀鶴公園
門入ダム
さぬき市
小田池
伽羅土農村公園
生子山
西光寺
陶駅
香川県公渕森林公園
嶽山
石神池
南川自然の家
道の駅香南楽湯
新池
松尾池
神内池
二子山
高松グランドCC
四国池田記念墓地公園
法輪寺
春日神社
高松空港
高松市
藤尾八幡神社
三木町
道の駅ながお
鷹の巣山
仏坂峠
多和神社
永覚寺
平尾八幡神社
福寿山最明寺
女体山
檀特山
P.143 大窪寺 88
矢筈山 789m
東女体山
高山航空公園
綾上高原農場
香川県
玉泉寺
折返峠
高仙山
東かがわ市
田万ダム
不動滝
竜雲学園
竜雲少年農場
八丁山
護摩山
陣ケ峰
白鬚神社
城山
塩江温泉
備中地池
内場ダム
道の駅しおのえ
前山
柏原渓谷
さぬき温泉
笠形山
まんのう町
黒部渓谷
平間ダム
妙体山
竜王山キャンプ場
台ケ丸山
大川山 1043m
相栗峠
大滝大川県立自然公園
竜王山 1060m
徳島県
阿波市
美霞洞温泉
道の駅ことなみ
美馬市

今治
0 300m
徒歩約4分
南光坊西
南光坊 P.143
Tamaya P.66
別宮山
南光坊
伊予北条駅へ
辰の口公園
今治市役所
やきとり山島 P.67
鳥林 P.67
白楽天 今治本店 P.67
今治駅
今治局
今治署
今治セントラルクリニック
今治城
今治東門局
今治国際ホテル
今治タオル 本店 P.66
テクスポート今治
今治市公設地方卸売市場
今治港
今治松本局
予讃線
玉川へ
伊予桜井駅へ
三原市
新尾道駅
福山駅へ
東尾道駅
西瀬戸尾道
平木山
三原駅へ
米田山
山陽新幹線
鳴滝山
尾道市
尾道大橋
尾道駅
糸崎駅
山陽本線
戸崎
西岩岳
高丸山
向島
向島洋らんセンター
尾道糸崎港
岩子島
高見山
加島
小佐木島
細島
因島大橋
観音崎
小細島
大浜PA
向山
佐木島
因島北
因島水軍城
竹原駅
大乗駅
安芸長浜駅
忠海駅
安芸幸崎駅
竹原港
呉線
安芸津駅へ
ハチ岩
的場公園
阿波島
北海水浴場
大久野島
小久野島
向田港
耕三寺博物館
平山郁夫美術館
高根島
高根山
因島
椋浦港
生口橋
因島南
奥山
備後灘
契島
生口島
広島県
尾道市
生口島北
洲江トンネル
生野島
佐組島
鶴島
土生港旅客ターミナル
ニツ頭
三本榧
二反山
WAKKA P.65
垂水港
しまなみ海道（西瀬戸自動車道）
瀬戸田トンネル
平内島
立石山
三山
船島
道の駅しまなみの駅御島
今治市
井口港
大三島
生口島南
生名島
伊勢山
弓削島
上島町
大崎上島
鏡山
大空山
多々羅大橋
城山
岩城島
積善山
岩城橋
弓削港
大崎上島町
大山祇神社 P.65
大横島
御串山
多々羅岬
瀬戸田PA
道の駅今治市多々羅しまなみ公園
マーレ・グラッシア大三島
安神山
大三島
高辻山
天満港
生樹の御門
台ダム
上浦PA
開山
赤穂根島
佐島
インランド・シー・リゾート・フェスパ
南城山
神峰山
大三島橋
今治市
伯方島
津波島
福島
柏島
宗方漁港
大三島
道の駅伯方S・Cパーク
伯方港
見近島
大下島
ところミュージアム大三島 P.65
大島大橋
ドルフィンファームしまなみ
鵜島
小大下島
大下島
肥島
今治市伊東豊雄建築ミュージアム P.65
カレイ山
念仏山
宮窪トンネル
戸代鼻
大島北
今治市村上海賊ミュージアム
大三島ふるさと憩の家
今治市岩田健母と子のミュージアム
よしうみバラ公園
大頭山
愛媛県
今治市
横島
燧灘
津島
大島
大角鼻
九十九島
瀬戸内海
来島海峡大橋 P.64
斎灘
梶取ノ鼻
小島
大島南
森上港
波方港
道の駅よしうみいきいき館
武志島
梶島
明神島
高山
波方公園
馬島
中渡島
館山
亀老山展望公園 P.64
家ノ島
鼠島
波止浜駅
来島マリーナ
結乃屋MITSUBACHI P.64
小部漁港
波方駅
来島海峡SA
今治北
ANDO POINT P.65
美濃島
コンテックスタオルガーデン今治 P.66
予讃線
中央レンタサイクル（しまなみレンタサイクル） P.65
大浜港
今治自然塾しまなみアースランド
重松飯店 P.67
新味鳥 P.67
近見山
花木山
延命寺 P.143
訶訪ノ鼻
大西駅
オルネット P.66
今治港
松山駅へ
今治駅
今治城
左上図
比岐島
小比岐島
のまうまハイランド
今治
日本食研食文化博物館
今治市
泰山寺 P.143
東村海岸公園
大黒屋飯店 P.67
さいさいきて屋 P.67
伊予富田駅
栄福寺 P.143
伊予小松駅へ
国道11号へ
登泉堂 P.66
唐子浜
しまなみ海道
0 4km
広域図は折込裏D2

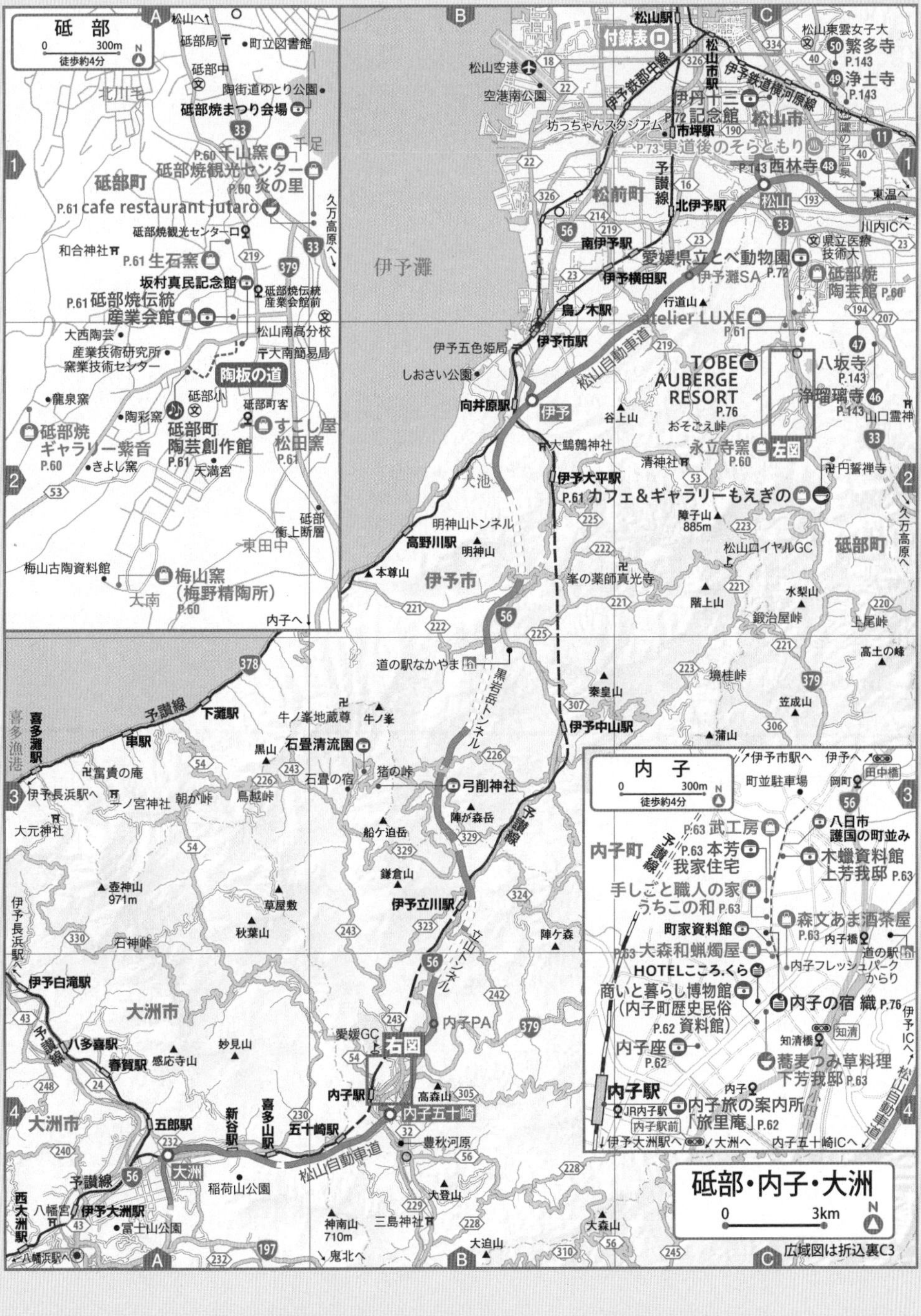
砥部・内子・大洲
0
3km
N
広域図は折込裏C3
砥部
0
300m
徒歩約4分
松山へ
砥部局
町立図書館
砥部中
陶街道ゆとり公園
北川毛
砥部焼まつり会場
千足
P.60 千山窯
砥部焼観光センター
P.60 炎の里
砥部町
P.61 cafe restaurant jutaro
砥部焼観光センター口
和合神社
P.61 生石窯
久万高原へ
坂村真民記念館
砥部焼伝統産業会館前
P.61 砥部焼伝統産業会館
大西陶芸
松山南高分校
産業技術研究所
窯業技術センター
大南簡易局
陶板の道
龍泉窯
砥部小
砥部町客
陶彩窯
砥部焼ギャラリー紫音
P.60
砥部町陶芸創作館
P.61
すこし屋松田窯
P.61
きよし窯
天満宮
砥部衝上断層
東田中
梅山古陶資料館
梅山窯（梅野精陶所）
P.60
大南
内子へ
松山駅
付録表
松山空港
空港南公園
伊予鉄道郡中線
松山市駅
伊予鉄道横河原線
伊丹十三記念館
P.72
坊っちゃんスタジアム
市坪駅
松山市
P.73 東道後のそらともり
予讃線
松前町
北伊予駅
南伊予駅
伊予灘
伊予横田駅
伊予灘SA
愛媛県立とべ動物園
P.72
鳥ノ木駅
行道山
atelier LUXE
P.61
伊予五色姫局
伊予市駅
松山自動車道
しおさい公園
向井原駅
伊予
TOBE AUBERGE RESORT
P.76
谷上山
おそごえ峠
大鶴鶉神社
清神社
永立寺窯
P.60
左図
大池
伊予大平駅
P.61 カフェ＆ギャラリーもえぎの
障子山
885m
明神山トンネル
高野川駅
明神山
松山ロイヤルGC
本尊山
伊予市
峯の薬師真光寺
階上山
道の駅なかやま
黒岩岳トンネル
秦皇山
牛ノ峯地蔵尊
牛ノ峯
予讃線
下灘駅
喜多灘駅
串駅
伊予中山駅
黒山
石畳清流園
富貴の庵
伊予長浜駅へ
石畳の宿
猪の峠
弓削神社
一ノ宮神社
朝か峠
鳥越峠
大元神社
陣が森岳
船ケ迫岳
予讃線
鎌倉山
壺神山
971m
草屋敷
伊予立川駅
秋葉山
石神峠
伊予長浜駅へ
伊予白滝駅
立山トンネル
陣ケ森
大洲市
内子PA
愛媛GC
右図
八多喜駅
妙見山
春賀駅
感応寺山
内子駅
高森山
内子五十崎
五郎駅
新谷駅
喜多山駅
五十崎駅
大洲市
豊秋河原
大洲
予讃線
松山自動車道
稲荷山公園
八幡宮
伊予大洲駅
西大洲駅
大登山
富士山公園
神南山
710m
三島神社
大森山
大迫山
八幡浜駅へ
鬼北へ
松山東雲女子大
P.143 繁多寺
P.143 浄土寺
鷹の子温泉
P.143 西林寺
松山
東温へ
川内IC へ
県立医療技術大
P.60 砥部焼陶芸館
八坂寺
P.143
浄瑠璃寺
P.143
山口霊神
円智禅寺
久万高原へ
砥部町
水梨山
鍛冶屋峠
上尾峠
高土の峰
境桂峠
笠成山
蒲山
内子
0
300m
徒歩約4分
伊予市駅へ
伊予へ
田中橋
町並駐車場
岡町
内子町
予讃線
P.63 武工房
八日市護国の町並み
P.63 本芳我家住宅
木蝋資料館上芳我邸
P.63
手しごと職人の家うちこの和 P.63
町家資料館
森文あま酒茶屋
P.63
内子橋
P.63 大森和蝋燭屋
道の駅
HOTELこころ.くら
内子フレッシュパークからり
商いと暮らし博物館（内子町歴史民俗資料館）
P.62
内子の宿 織 P.76
伊予IC へ
知清
知清橋
内子座
P.62
蕎麦つみ草料理下芳我邸 P.63
内子
内子駅
JR内子駅
内子駅前
内子旅の案内所「旅里庵」 P.62
伊予大洲駅へ
大洲へ
内子五十崎IC へ
松山自動車道

四万十川
0 4km
広域図は折込裏C5
大洲へ
鬼北町
愛媛県
近永へ
長山
地蔵山
笹平山
竹平山
仁淀川へ
梼原町
小松尾山
松葉川温泉
大小権現山
扇山
四万十川
ヒロハチシャノキ
枝折山
石槌山
梼原川
西峰山
東峰山
崎山
大又山
八坂神社
仁井田駅へ
道の駅四万十とおわ P.100
十川駅
重利山
吹の峰
P.91 道の駅あぐり窪川
桧生原神社
源太夫串山
(一社)四万十町観光協会 P.88
須崎へ
窪川駅
川平トンネル
江川トンネル
柳瀬温泉
土佐昭和駅
屋敷峠
予土線
河内神社
柳がさこ山
P.143 岩本寺
P.91 古民家カフェ半平
弓場神社
P.100 水車亭
半家駅
ホテル星羅四万十
鷹の巣山
江川崎駅
宇和島へ
唐谷山
土佐大正駅
旧竹内家住宅
若井駅
四万十町西
道の駅 よって西土佐 P.101
大中尾山
ストローベイルSANKANYA P.91
打井川駅
土佐くろしお鉄道中村線
五在所ノ峯
四万十・川の駅カヌー館 P.88
地吉山
道の駅四万十大正
四万十ひろば
堂が森 857m
四万十町
杓子峠
海洋堂かっぱ館
家地川駅
高知自動車道
いわき食堂 P.91
津大橋
海洋堂 ホビー館 四万十 P.89
河内神社
河内神社
不動山
黒潮拳ノ川
荷稲駅
岩間沈下橋 P.88
方が森
扇山
松が塔
天神社
仏が森
白石
伊与喜駅
古尾峰
高知県
百塔
黒潮町
かつおふれあいセンター黒潮一番館 P.97
前が森
道の駅なぶら土佐佐賀
四万十川
衣掛
四万十市
黒塔
二が森
土佐佐賀駅
曽我神社
小川境
白尾山
鹿島
佐賀公園駅
右城
森が峰
物産館「ひなたや」 P.103
浮鞭駅
海の王迎駅
土佐上川口駅
有井川駅
土佐白浜駅
大川観光キャンプ場
四万十カヌーとキャンプの里 かわらっこ P.89
八丁山
土佐くろしお鉄道中村線
鍋が森
明星が森
道の駅ビオスおおがた
川登大橋
土佐入野駅
砂浜美術館 P.102
井ノ岬
石見寺山
Tシャツアート展会場 P.149
佐田沈下橋 P.4・88
西大方駅
ネスト・ウエストガーデン土佐
白皇神社
安並水車の里
大方ホエールウォッチング P.103
土佐湾
P.89 舟母(舟母浪漫 松廣屋)
右下図
飯積山
土居鼻
大塔山
高森山
四万十川橋
宿毛市
トンボ自然公園
中村駅
渡川大橋
古津賀駅
双海崎
工業団地駅
高尾山
有岡駅
国見駅
具同駅
四万十温泉
間インター
四万十インター
下鼻
宿毛へ
土佐くろしお鉄道宿毛線
四万十市
P.90 四万十屋
平田駅
オートキャンプ場とまろっと
宿毛駅へ
四万十いやしの里
四万十の宿
道崎
四万十いやしの里 P.89
大文字の送り火
三原村
土佐清水へ
八幡宮
中村駅周辺
0 600m
徒歩約8分
土佐中村局
郷土料理 花ぜん P.90
市立文化センター
一條神社(一條大祭)
市民病院前
新ロイヤル ホテル四万十
味劇場ちか P.91
市役所前
四万十市役所
四万十川橋
P.88 四万十市観光協会
中村プリンスホテル
幡多公設地方卸売市場
宿毛駅へ
土佐くろしお鉄道宿毛線
中村駅
物産館 サンリバー四万十

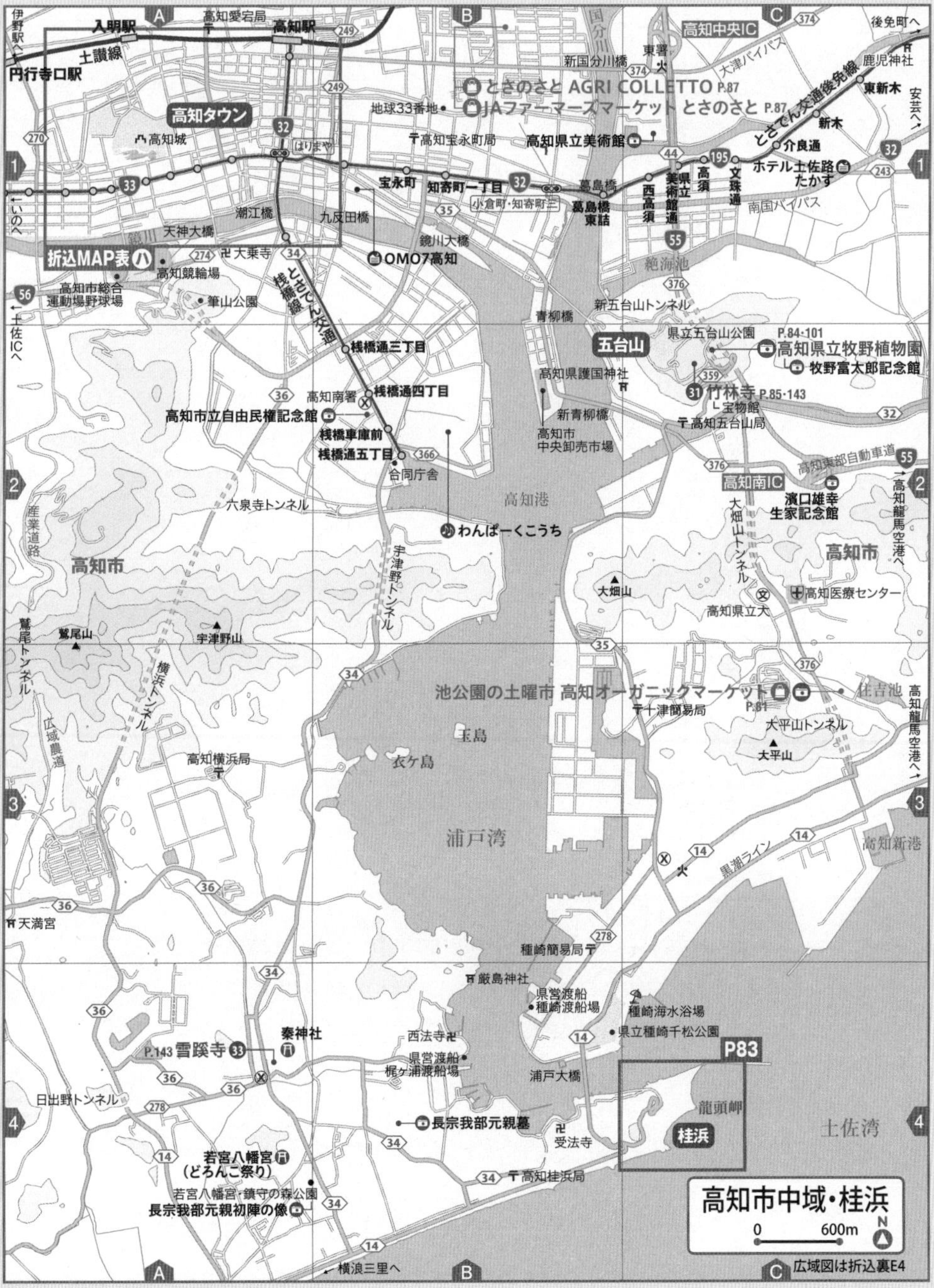

高知市中域・桂浜
0 600m
広域図は折込裏E4
入明駅
高知駅
円行寺口駅
伊野駅
土讃線
高知愛宕局
高知タウン
高知城
はりまや
宝永町
知寄町一丁目
小倉町・知寄町三
葛島橋
葛島橋東詰
西高須
県立美術館通
高須
文珠通
介良通
新木
東新木
鹿児神社
とさでん交通後免線
後免町へ
安芸へ
ホテル土佐路たかす
南国バイパス
大津バイパス
高知中央IC
東署
新国分川橋
国分川
とさのさと AGRI COLLETTO P.87
JAファーマーズマーケット とさのさと P.87
地球33番地
高知宝永町局
高知県立美術館
潮江橋
天神大橋
九反田橋
鏡川
鏡川大橋
OMO7高知
いの へ
折込MAP表 ハ
大乗寺
高知競輪場
高知市総合運動場野球場
筆山公園
土佐ICへ
とさでん交通桟橋線
桟橋通三丁目
桟橋通四丁目
高知南署
高知市立自由民権記念館
桟橋車庫前
桟橋通五丁目
合同庁舎
絶海池
新五台山トンネル
青柳橋
五台山
県立五台山公園
P.84・101
高知県立牧野植物園
牧野富太郎記念館
高知県護国神社
31 竹林寺 P.85・143
宝物館
新青柳橋
高知五台山局
高知市中央卸売市場
高知東部自動車道
高知南IC
濱口雄幸生家記念館
高知龍馬空港へ
高知港
わんぱーくこうち
六泉寺トンネル
産業道路
高知市
宇津野トンネル
大畑山トンネル
大畑山
高知県立大
高知医療センター
鷲尾トンネル
鷲尾山
宇津野山
横浜トンネル
広域農道
池公園の土曜市 高知オーガニックマーケット P.81
十津簡易局
住吉池
大平山トンネル
大平山
玉島
衣ケ島
高知横浜局
浦戸湾
黒潮ライン
高知新港
天満宮
種崎簡易局
厳島神社
県営渡船 種崎渡船場
種崎海水浴場
県立種崎千松公園
P83
秦神社
P.143 雪蹊寺 33
西法寺
県営渡船 梶ケ浦渡船場
浦戸大橋
龍頭岬
桂浜
土佐湾
日出野トンネル
長宗我部元親墓
受法寺
若宮八幡宮（どろんこ祭り）
高知桂浜局
若宮八幡宮・鎮守の森公園
長宗我部元親初陣の像
横浪三里へ

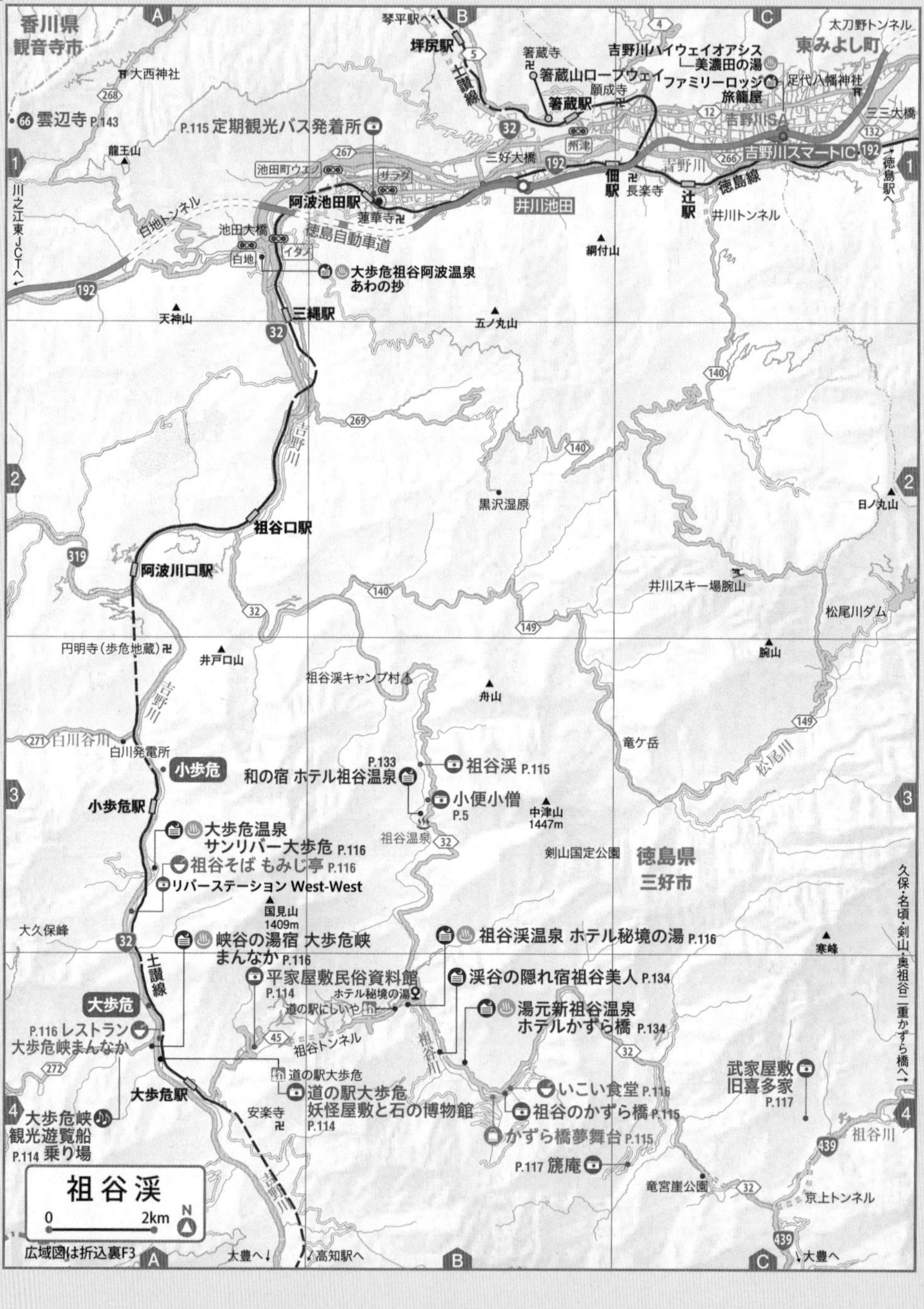

A
B
C
1
2
3
4
香川県
観音寺市
琴平駅へ
坪尻駅
土讃線
箸蔵寺
箸蔵山ロープウェイ
願成寺
箸蔵駅
吉野川ハイウェイオアシス
美濃田の湯
ファミリーロッジ旅籠屋
足代八幡神社
太刀野トンネル
東みよし町
吉野川SA
三三大橋
吉野川スマートIC
徳島駅へ
大西神社
66 雲辺寺 P.143
P.115 定期観光バス発着所
龍王山
池田町ウエノ
サラダ
州津
三好大橋
吉野川
井川池田
佃駅
長楽寺
辻駅
徳島線
井川トンネル
川之江東JCTへ
白地トンネル
阿波池田駅
蓮華寺
徳島自動車道
池田大橋
イタノ
白地
大歩危祖谷阿波温泉
あわの抄
綱付山
天神山
三縄駅
五ノ丸山
吉野川
黒沢湿原
日ノ丸山
祖谷口駅
阿波川口駅
井川スキー場腕山
松尾川ダム
円明寺（歩危地蔵）
井戸口山
腕山
祖谷渓キャンプ村
舟山
吉野川
白川谷川
白川発電所
竜ケ岳
松尾川
小歩危
P.133
和の宿 ホテル祖谷温泉
祖谷渓 P.115
小便小僧
P.5
中津山
1447m
小歩危駅
祖谷温泉
大歩危温泉
サンリバー大歩危 P.116
祖谷そば もみじ亭 P.116
剣山国定公園
徳島県
三好市
リバーステーション West-West
国見山
1409m
大久保峰
峡谷の湯宿 大歩危峡
まんなか P.116
祖谷渓温泉 ホテル秘境の湯 P.116
寒峰
久保・名頃・剣山・奥祖谷二重かずら橋へ
土讃線
平家屋敷民俗資料館
P.114
渓谷の隠れ宿祖谷美人 P.134
大歩危
ホテル秘境の湯
道の駅にしいや
湯元新祖谷温泉
ホテルかずら橋 P.134
P.116 レストラン
大歩危峡まんなか
祖谷トンネル
祖谷川
武家屋敷
旧喜多家
P.117
道の駅大歩危
道の駅大歩危
妖怪屋敷と石の博物館
P.114
いこい食堂 P.116
祖谷のかずら橋 P.115
大歩危駅
大歩危峡
観光遊覧船
乗り場
P.114
安楽寺
かずら橋夢舞台 P.115
祖谷川
P.117 鏡庵
竜宮崖公園
京上トンネル
祖谷渓
0
2km
N
吉野川
広域図は折込裏F3
大豊へ
高知駅へ
大豊へ

千畳敷展望台
ベイリゾートホテル鳴門海月
P.111 カリフォルニアテーブル
P.111 うづ乃家
ホテルリッジ
鳴門パークヒルズ
島田島
P.110 エスカヒル・鳴門
鳴門公園
播磨灘
鳴門CC
高速観潮船うずしお号 乗り場
四方見展望台
堀越橋
牛ノ鼻
日出湾
亀浦観光港
P.110 水中観潮船アクアエディ乗り場
大型観潮船わんだーなると乗り場
大毛山
吉祥寺
ウチノ海
鳴門北
折野簡易局
折野港
P.133 アオアヲ ナルト リゾート
P.115 テラスカフェオーゲ
大塚国際美術館
大鳴門橋遊歩道 渦の道
櫛木
鳴門ウチノ海総合公園
P.128 HORIZON
明神
大毛島
P.111 豊田商店
吉野川バイパス
P.132 リゾートホテル モアナコースト
徳島県
鳴門市
中山トンネル
小鳴門海峡
第二鳴門トンネル
グランディ鳴門GC36
丹生神社
小鳴門橋
大桑島
大鳴門橋架橋記念館エディ
P.112
P.111
天円山
イルローザ鳴門店 P.157
P.128 味処あらし
大麻山
鳴門市観光情報センター
にちにち雑貨店 P.129
神戸淡路鳴門自動車道
卯辰越
門前一番街 P.137
御嶽神社
鳴門駅
妙見山
東林院（大谷焼窯まつり会場）
鳴門JCT
鳴門
撫養トンネル
撫養町斎田
妙見山公園
道の駅第九の里
大麻比古神社
大谷焼窯元森陶器 P.128
教会前駅
撫養駅
NFT鳴門美術館 P.128
船本うどん 大麻店 P.127
P.131 大谷焼 元山窯 田村陶芸展示館
金比羅前駅
斎田
大井食堂 P.128
ドイツ軒 P.129
鳴門西PA
大谷トンネル
鳴門線
鳴門市公設地方卸売市場
引田ICへ
極楽寺 P.136・143
高松自動車道
土御門天皇火葬塚
立道駅
木津野
霊山寺 P.136・143
吉野川バイパス
板野
高徳線
阿波大谷駅
撫養川
菓舗ふくおか P.127
板東駅
池谷駅
P.130 道の駅 くるくる なると
大手海岸
阿波川端駅
大津橋
旧吉野川
金泉寺 P.137・143
徳島とくとくターミナル
向喜来
粟津港
旧吉野川
板野駅
高徳線
松茂PA
松茂スマートIC
川崎橋
春日神社
手打ちうどん こんせん P.137
勝瑞城跡
松茂町
徳島阿波おどり空港
北島チューリップ公園
加賀須野橋
広島
神明神社
勝瑞駅
北島町
月見ヶ丘海浜公園
藍住町
月見ヶ丘海水浴場
伊比良美神社
吉成駅
成興寺
松茂町歴史民俗資料館・人形浄瑠璃芝居資料館
藍住
北島応神橋
共栄橋
藍屋敷おくむら P.130
徳島自動車道
今切川
鯛浜橋
名田橋
吉野川
榎瀬
今切港
P.126 ムッシュ藤田 城ノ内店
徳島
阿波木偶人形会館 P.128
P.125 支那そば三八田宮店
吉野川橋
鈴江南
小松海水浴場
大坪
十郎兵衛屋敷前
徳島GC
吉野川大橋
徳島県立阿波十郎兵衛屋敷 P.128
徳島大学附属薬用植物園
徳島市
不動橋
トラットリア ピッツェリア スガッチィー P.127
P.128 徳島県立文学書道館
北常三島町・北常三島
万代中央ふ頭 P.123
中鮎喰橋
阿波しらさぎ大橋
井戸寺 P.143
蔵本駅
徳島南部自動車道
紀伊水道
石井駅へ
鮎喰駅
佐古駅
佐古一番町
支那そば 巽屋 P.125
徳島線
府中駅
徳大医学部前
徳島駅
吉野川サンライズ大橋
上鮎喰橋
浄智寺
眉山ロープウェイ
元町
徳島県物産センター P.130
穴吹へ
東大工町
海女料理ししくい P.126
観音寺 P.143
P.123 眉山公園
眉山公園 展望広場
阿波富田駅
徳島沖洲
鳴門・徳島市郊外
眉山 290m
牟岐線
昭和町七
0 2km
阿波史跡公園
昭和町八
國分寺 P.143
眉山CC
折込MAP表二
二軒屋駅
津田橋
徳島港フェリーターミナル
広域図は折込裏H2

INDEX さくいん

観光みどころ　寺社　プレイスポット　レストラン・食事処　カフェ・喫茶　居酒屋・BAR　みやげ店・ショップ　宿泊施設　立ち寄り湯

ココミル cocomiru　四国

中国四国④

2023年6月15日初版印刷
2023年7月1日初版発行

編集人：米谷奈津子
発行人：盛崎宏行
発行所：JTBパブリッシング
〒135-8165
東京都江東区豊洲5-6-36 豊洲プライムスクエア11階

編集・制作：情報メディア編集部
編集スタッフ：中村紘
取材・編集：えひめリビング新聞社
編集工房リテラ／C&E／クエストルーム／
赤澤良久／大門義明

アートディレクション：APRIL FOOL Inc.
表紙デザイン：APRIL FOOL Inc.
本文デザイン：APRIL FOOL Inc.
C&E／ジェイヴイコミュニケーションズ／宮本里美／
東画コーポレーション（三沢智広）／プラスタック
イラスト：平澤まりこ／井上ミノル
撮影・写真：酒井羊一／小川康貴／谷口 哲／田村和成／
高知県立牧野植物園／竜串観光汽船／三豊市観光交流局／
PIXTA／関係各市町村／関係各施設
地図：ゼンリン／千秋社／ジェイマップ
組版・印刷所：佐川印刷

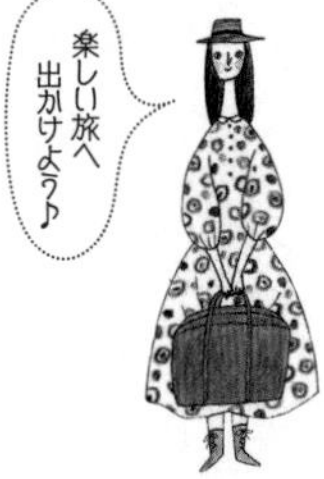

編集内容や、商品の乱丁・落丁の
お問合せはこちら

JTB パブリッシング お問合せ

https://jtbpublishing.co.jp/contact/service/

本書に掲載した地図は以下を使用しています。
測量法に基づく国土地理院長承認（使用）R 2JHs 293-1474号
測量法に基づく国土地理院長承認（使用）R 2JHs 294-645号

●本書掲載のデータは2023年4月末日現在のものです。発行後に、料金、営業時間、定休日、メニュー等の営業内容が変更になることや、臨時休業等で利用できない場合があります。また、各種データを含めた掲載内容の正確性には万全を期しておりますが、お出かけの際には電話等で事前に確認・予約されることをお勧めいたします。なお、本書に掲載された内容による損害賠償等は、弊社では保障いたしかねますので、予めご了承くださいますようお願いいたします。●本書掲載の商品は一例です。売り切れや変更の場合もありますので、ご了承ください。●本書掲載の料金は消費税込みの料金ですが、変更されることがありますので、ご利用の際はご注意ください。入園料などで特記のないものは大人料金です。●定休日は、年末年始・お盆休み・ゴールデンウィークを省略しています。●本書掲載の利用時間は、特記以外原則として開店（館）～閉店（館）です。オーダーストップや入店（館）時間は通常閉店（館）時刻の30分～1時間前ですのでご注意ください。●本書掲載の交通表記における所要時間はあくまでも目安ですのでご注意ください。●本書掲載の宿泊料金は、原則としてシングル・ツインは1室あたりの室料です。1泊2食、1泊朝食、素泊に関しては、1室2名で宿泊した場合の1名料金です。料金は消費税、サービス料込みで掲載しています。季節や人数によって変動しますので、お気をつけください。●本誌掲載の温泉の泉質・効能等は、各施設からの回答をもとに原稿を作成しています。

本書の取材・執筆にあたり、
ご協力いただきました関係各位に厚くお礼申し上げます。

おでかけ情報満載　https://rurubu.jp/andmore/

233221　280202
ISBN978-4-533-15483-6 C2026

2307